主要な市・町などの位置関係（概念図）

歌が誘《いざな》う北海道の旅

珠玉の78曲

藤尾 均
fujio hitoshi

新評論

まえがき

日本の流行歌・歌謡曲には、「ご当地ソング」と呼ばれるものがたくさんある。むろん、北海道も例外ではなく、どちらかといえばその密度は高い。有名なところでは、北島三郎の『函館の女』、島倉千代子や森進一の『襟裳岬』、布施明の『霧の摩周湖』、水森かおりの『釧路湿原』などが挙げられる。そんな数々の歌と、北海道を広範にわたって旅した私自身の記憶と記録とを、ドッキングさせてエッセイ風にまとめたのが本書である。

まずは、本として著すことになった経緯と、本書の構成を簡単に述べておこう。

東京生まれの東京育ちという筆者が北海道旭川市に移住したのは、一九九八年。新たな勤務先が旭川医科大学（専門は医学史・医療倫理・医系文学）となったからだ。それまでは、北海道には縁もゆかりもなかった。徐々に北海道での生活に馴染み、人間関係にも恵まれたおかげで、仕事の関係などで道内の大学や研究所などを訪れたり、「観光地」と呼ばれるところに足を運んだりしているうちに、言葉としては知っていた「風光明媚なところ」が多いことを肌で実感した。

確かに、旅行パンフレットに描かれているような雄大な姿が随所で見られたのである。

自分のことを「学者」と呼ぶのもおこがましいが、そのような職業柄か、それぞれの土地の歴史や地域の特性にも興味をもつようになり、少しずつだが頭に入れ、「北海道人」としての気質を身につけていった（つもりである）。とはいえ、旭川というそこそこの都会で生活をしていると、職業柄も手伝って、どうもさまざまな情報を「文字（知識）」のみで吸収しようとしてしまいがちでもあった。そして、たった数日の旅行に行っただけで、すべてが分かったように錯覚してしまうことも少なくなかった。都会人の習性といえばそれまでだが、反省しなければいけないところである。

ともあれ、旭川が北海道のほぼ中央部に位置しているという地の利もあって、二〇世紀末からの北海道での体験や各地で得られた知識は、東西南北、それこそ膨大なものとなってきた。それらを、生来の歌謡曲・流行歌趣味（とりわけ演歌）とドッキングさせて何らかの形で発表できないだろうかと考えていた矢先の二〇一五年、旭川とその周辺地域のさまざまな話題を紹介している地元の月刊総合情報誌「メディアあさひかわ」から連載執筆の依頼をいただいた。もちろん、連載当初から本にすることを考えていたわけではないので、各記事はランダムな掲載となっていたが、このたびの書籍化に際して、以下のように整理することにした。

本州以南にお住まいの方々にとっての北海道の「玄関口」といえば函館市となる。そこで、まずは函館を起点にして、渡島《おしま》管内から胆振《いぶり》管内・日高管内を経て十勝管内まで訪れる旅を「第1章」（一六曲）とした。いわば、北海道の南部を中心とする旅である。

次は、十勝管内の東隣、釧路管内からスタートして、根室管内を経てオホーツク管内まで足を延ばすという設定にした。これが本書の「第2章」となり、二三曲とともにめぐる北海道東部の旅となる。

「第3章」は、オホーツクの北に隣接する宗谷管内からスタートし、留萌《るもい》管内を経て上川管内への旅となる。北海道北部を中心とした一六曲の旅である。そして、最後の「第4章」（二三曲）は、上川管内の西に隣接する空知《そらち》管内からスタートして、石狩管内・後志《しりべし》管内を経て檜山《ひやま》管内の江差をゴールとする、北海道西部の旅となる。

要するに、四回の旅で、北海道を南部、東部、北部、西部と反時計回りにめぐって踏破するという設定にしたわけである。六年半にわたる連載によって取り上げた歌は七八曲。みなさんがよくご存じの歌もあれば、ほぼ地元でしか知られていないという歌もある。ただ、このように構成したことで、「はるばる来たぜ函館へ」（北島三郎『函館の女』冒頭）ではじまり、最後は江差から「津軽の海を越えて」（こまどり姉妹『ソーラン渡り鳥』冒頭）本州に渡る、という旅路が完結することになった。

なお、選曲にあたっては、北海道の「ご当地ソング」と呼ぶにふさわしい、完成度の高い作品を客観的に選ぶように努めたほか、古い作品にも目配りした。ちなみに、もっとも古い歌は『札幌シャンソン』（一九四九年）、最新の歌は『終着…雪の根室線』（二〇二〇年）となり、約七〇年の歌謡史となる。北海道全域からまんべんなく、バランスよく選ぶことにも心掛けたつもりである。ヒットしたかどうか、また歌手の知名度にはこだわらなかった。ただ、歌手一人当たり一曲に限定するという方針だけは貫くことにした。

一方、意図的に選曲から外したものもある。まず、一曲のなかに距離の離れた複数の地名が脈絡なく出てくるものは排除した。次に、舞台は北海道だと推知できても地名などの固有名詞が一切登場しないものも対象外とし、さらに、地域との関係性が希薄で、地名を取り替えても成立してしまうような曲も排除している。

最後に、映画の主題歌や小説をもとにした歌のように、当該の映画や小説の筋を知らないと理解できないものも原則として対象外としている。

このような基準を設けると、漠然と「北海道の歌」と呼ばれているものは数多く存在するが、私が言うところの北海道の「ご当地ソング」はそう多くないことになる。選びに選んだ七八曲は、粒よりの「ご当地ソング」であると自負している。

歌いこまれた景観や歌手・作詞者・作曲者のプロフィール、それぞれの歌がもつ「現代的意義」などを、一曲当たり数千字程度で紹介していくわけだが、現代的意義というのは、北海道が抱え続けている深刻な問題を各楽曲が照射しているということである。たとえば、北方領土問題、赤字ローカル線問題、漁業斜陽化の問題、アイヌ民族に対する差別・偏見という問題、そして急激な過疎化の進行などであるが、少し意識をしながら読み進めていただければ幸いである。

「歌は世につれ世は歌につれ」という言葉ではないが、約七〇年に及ぶ、歌を通して「読む」北海道の旅を楽しんでいただきたい。「写真映え」するところばかりを訪れる旅やグルメ情報に翻弄される旅にそろそろ「飽きた」であろうみなさんが、本書を片手に、道内の各地域をめぐるという様子を思い描いている。

最後に二点、お断りをしておきたい。

本書の内容は、前述のように、歌をガイドにして北海道の南・東・北・西の四エリアを順に旅するという設定のエッセイであるが、この私の四区分は、一般の地図で伝統的に採用されている「道南」、「道東」、「道北」、「道央」の区分とは一致しないことをご理解いただきたい。

伝統的な区分では、「道西」は存在しないばかりか、太平洋に面した室蘭市・苫小牧市・えりも町や日本海に面した小樽などが「道央」（つまり、北海道の真ん中）に分類されてしまって、本州以南の方々がかえって混乱をきたす大きな要因となってきたため、あえて本書では採用しなかった。「道央」の名称は、もともと「北海道の政治・経済・文化の中心地」という意味で用いられ出したものと思われるが、現在では混乱の原因となっていることが少なくない。

次に、それぞれの楽曲は、歌詞に盛りこまれている季節感がまちまちであり、私が実際に各地を訪れた時期もまちまちであったため、いくら連続的な「旅」を装っても、いわば「季節感のズレ」とでも呼ぶべきものがどうしても生じてしまうこともご理解いただきたい。読み進められていく際に感じられることになるこのズレは、どうかみなさんの感性において補正していただきたい。

前置きが長くなってしまったが、さあ、いよいよ出発である。

もくじ

北海道の14エリア（振興局管内）

（注）離島は本図から割愛したが、このうち、いわゆる北方領土は根室振興局、利尻島・礼文島は宗谷総合振興局、天売島・焼尻島は留萌振興局、奥尻島は檜山振興局の、それぞれ管内に属する。

第3章 宗谷から留萌《るもい》を経て上川へ

歌が誘《いざな》う北海道の旅——珠玉の78曲

お断り

歌手・作詞者・作曲者などの基本情報（生没年・出身地・代表作品など）の収集にあたっては、インターネット上の百科事典である「ウィキペディア」の該当項目や人名辞典などを参照し、また、北海道内の名所・旧跡などの基本情報の収集にあたっては、それぞれ当該自治体（北海道および道内各市町村）の公式ホームページを参照した。

参考文献については巻末に掲載した。なお、地名の由来については、そこで挙げた大著『北海道の地名』に多くを負っている。

第1章

渡島《おしま》から胆振《いぶり》・日高を経て十勝へ

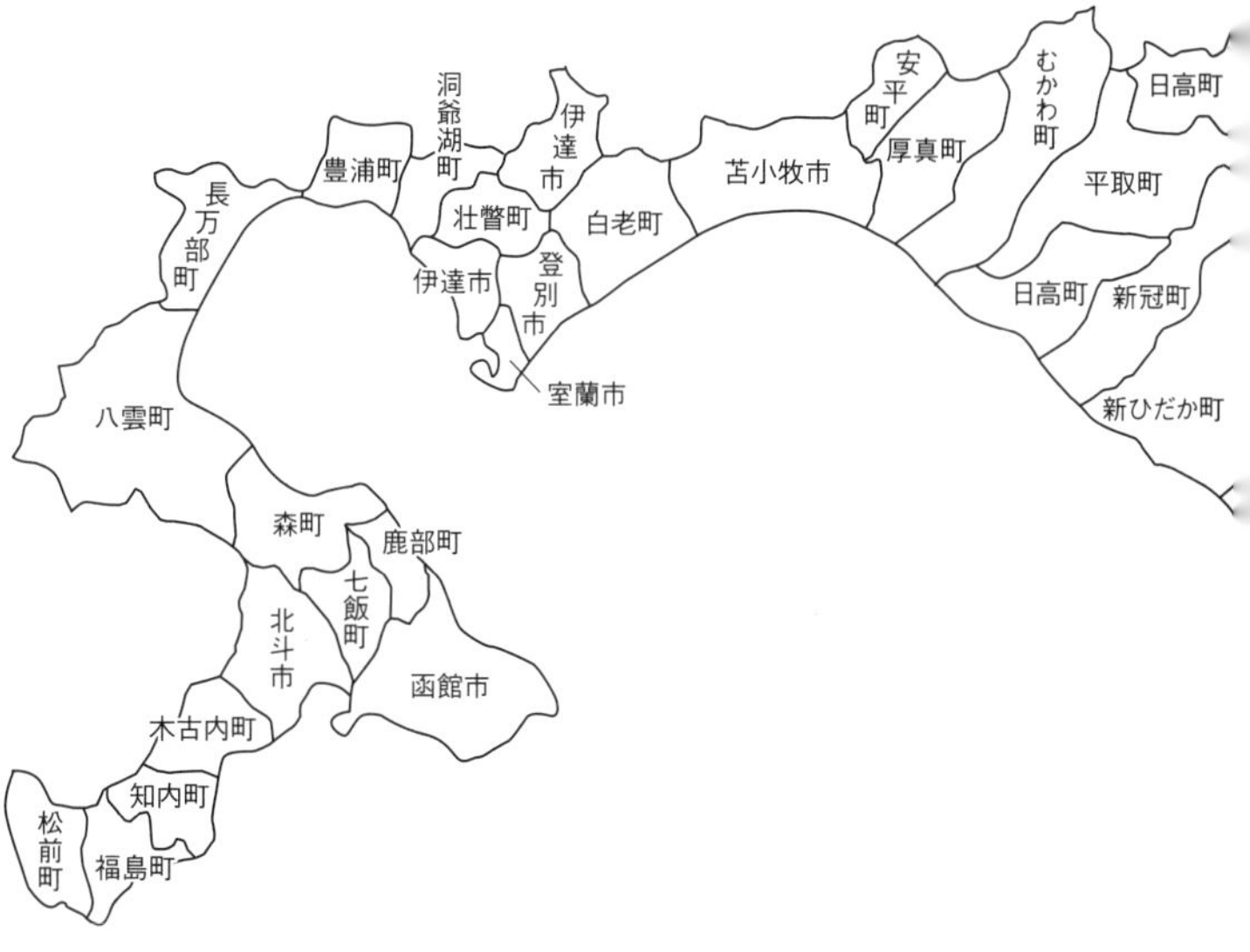

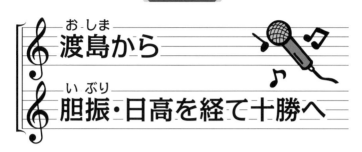

1 『函館の女』（北島三郎）

☆ミリオンセラー『函館の女』

一九三六年生まれの北島三郎といえば演歌界の大御所で、『なみだ船』、『帰ろかな』、『与作』、『風雪ながれ旅』、『北の漁場』などヒット曲は枚挙にいとまがない。出身地の上磯郡知内村（現・知内町《しりうち》）に近い函館を舞台にした、一九六五年一一月に発売された『函館の女』は、詞と曲の斬新さに北島の伸びやかな声と抜群の歌唱力とがあいまって、ミリオンセラーとなった。

この歌は、折からの高度経済成長を背景に、本州以南から北海道への観光客の大幅増加を牽引した。「女」を「ひと」と読ませる奇抜性も強いインパクトを与えたようだが、実はこの手法は、その二年前にヒットした春日八郎の『長崎の女』（31参照）にあやかったものであった。

主人公には、「あとは追うな」と言われたが、どうしても忘れられない女性がいて、彼は彼女を追って函館に「はるばるきた」。要するに「迎えにきた」のである。「松風町」にいると聞いて訪れたが、「噂もきえはて」再会はかなわなかった。あまりにも有名な歌なので、これ以上の内容説明は不要であろう。

作詞した星野哲郎については、41『氷雪の門』のところなどで改めて触れることにして、作曲者の島津伸男（一九三五〜二〇一三）について簡単に紹介しよう。鹿児島県の出身で、北島と同じく船村徹（35・61参照）の門下生で、長年にわたって北島のバックバンドの指揮を担当していた。ほかの作品に、山田太郎が歌って大ヒットした『新聞少年』（一九六五年）などがある。

書いている私が言うのも何だが、懐かしさがこみ上げてくる。

☆「女《ひと》シリーズ」全一三作品

『函館の女』が大ヒットしたため、「星野・島津・北島トリオ」によって『尾道の女』、『博多の女』など続編が次々とつくられ、最終的に「女《ひと》シリーズ」は全一三作となっている。主人公と相手の女性が同一人物とは到底思えないが、男が女を追い掛けるという設定は全作を通じてほぼ不変である。これほどまで「追跡」が執拗だと、現在なら「ストーカー規制法」の対象になりかねない。

全一三曲の、タイトルに含まれる地名、発表年、歌詞に登場する地名、名所旧跡のほか、当該地らしさを演出する「道具立て」を整理したのが七ページの表である。

函館の夜景

タイトルの地名、函館・尾道・名古屋・横浜はご存じのとおり歴史ある市名であるが、なぜか、名古屋だけは仮名書き表記となっている。他方、薩摩・伊予・伊勢・加賀・伊豆は江戸時代までの旧国名である。鹿児島・愛媛・三重・石川・静岡とするよりは情緒がある、と考えられたのであろう。

「みちのく」は古くからの広域名称、そして沖縄は、当時、アメリカから施政権が返還されて新たな県名となったばかりであり、ご存じのように現在は市名でもある。木曽路（中山道）めぐりとして多くの観光客を集めている木曽は、当時、地域名かつ郡名であったが、現在は町名ともなっている（長野県木曽郡木曽町）。そして博多は、当時、福岡市およびその郊外を指す地域名であったが、一九七二年に同市が政令指定都市となったときに同市の行政区名の一つ（博多区）となっている。ただ、ＪＲの駅名は「博多駅」となっていることもあって、全国的にこのエリアは「博多」の知名度のほうが高い。

このように、シリーズとはいってもタイトルの付け方はさまざまで、それぞれに工夫が凝らされていた。当然、制作スタッフの購買層への配慮であろうが、②～⑬は、『函館の女』を超えるヒットにはならなかった。

せっかく津軽海峡を渡り、これから北海道の旅をしようという矢先に、本州以南の話になってしまって恐縮であるが、本節では、本州以南が舞台となっている②～⑬と比較することによって、

表 「女シリーズ」全13作品のキーワード

タイトル地名	発表年	歌詞に登場する地名、名所旧跡	道具立て
①函館	1965年	函館・函館山・松風町	さかまく波・潮風・北国・しぶき
②尾道	1966年	尾道	花街・のみ屋・霧笛・いさり火
③博多	1967年	博多・那珂川・中州	さざ波
④薩摩	1968年	天文館《てんもんかん》通・桜島・錦江湾	ドラ・出船
⑤伊予	1968年	松山・三津ヶ浜・道後・奥道後・石手川	かすり・湯の町
⑥伊勢	1968年	鳥羽（の港）・二見ヶ浦	南の風・海女・磯笛・夕陽・真珠
⑦加賀	1969年	香林坊・金沢・天神橋	細白糸・加賀宝生・木洩れ陽・石だたみ
⑧伊豆	1970年	音無の森・伊豆・熱川・赤沢	湯舟・十六夜《いざよい》・ヤマモモ
⑨なごや	1971年	広小路・庄内川	ネオン・かきつばた・名古屋帯
⑩沖縄	1972年	那覇・コザ	古都・デイゴ・さんごのかんざし・シュロ・椰子
⑪木曽	1973年	馬籠・中仙道・木曽・御岳・南木曽・寝覚の床	なかのり・花馬祭・お六櫛
⑫みちのく	1974年	石巻・みちのく・国分町・北上川	わくら葉
⑬横浜	1979年	函館・薩摩・ヨコハマ（の港）・博多・伊勢佐木町	潮風

なぜ『函館の女』がもっともヒットしたのか、なぜ②以降はそれを超えることができなかったのかについて考えてみたい。歌による北海道の「旅」をあらかじめ展望する際にきっと役立つと思うからである。

☆ヒットのための仕掛け

②には、①と同じく「北国」、「潮風」という語もあり、主人公が函館で逢えなかった女性を追って尾道まで来たことが暗示され、名実ともに①の続編となっている。③は地名が定番にわたりすぎ、道具立てが極めて少ない。④には、薩摩はおろか鹿児島の語すらない。同じく、⑤には伊予も愛媛も出てこない。しかし、ともに当該地域ならではの情緒は歌詞に滲んでいる。

⑥は、伊勢といっても「鳥羽」と「二見が浦」に限定されていて、やや不当表示のきらいがあるし、⑫のタイトルもいささか大仰《おおぎょう》である。⑦の「加賀宝生」は金沢市指定無形文化財の「宝生流能楽」を意味しており、「天神橋」と「細白糸」は金沢出身の小説家泉鏡花（一八七三〜一九三九）の『義血侠血』（映画・演劇などでは『滝の白糸』）から借りた道具立てとなっており、文化・伝統の香りを十分に活かしている。一三作のなかで、歌詞の格調がもっとも高いと言える。

⑧で歌われている「ヤマモモ」は暖地に生育する果実で、伊豆では、その飲料づくりが盛んだという。⑨の歌詞には、カジュアルな趣の名古屋原産の帯「名古屋帯」が登場しているほか、愛

知県の県花「かきつばた」が登場する。そして⑩の歌詞だが、エキゾチックな香りが漂いすぎて、当時の演歌ファンには違和感が強すぎたように思われる。

　道具立てが多すぎるのが⑪で、「なかのり」とは民謡『木曽節』にも登場する木曽川の木材運搬人のことで、「花馬祭」とは五穀豊穣に感謝する南木曽《なぎそ》の祭り、「お六櫛《ろくぐし》」は木祖《きそ》村《むら》薮原《やぶはら》で生産されている伝統工芸品の梳き櫛のことである。そして⑬では、シリーズ全体が総括され、とくに函館・薩摩・博多が回顧されている。

　このように、それぞれの曲には十分な仕掛けが凝らされている。ただ、ヒットするかどうかは、メロディーやアレンジの良否なども関係するだろうが、ご当地ソングの場合、粋な地名とよい道具立てがなければやはりヒットはおぼつかない。かといって、それらが多すぎるとコンセプトが拡散してしまうだろう。さらに、聴く側が備えている教養という問題もある。つまり、制作側の仕掛けに気付いてくれるかどうかである。

『函館の女』では、地名は「函館」とその全体が俯瞰できる「函館山」、そして、いかにも「噂もきえはて」そうな名の「松風町」の三つとなっている。道具立てにいたっては、津軽海峡の「さかまく波」がメインで、やはりいたってシンプルである。まさに、「シンプル・イズ・ベスト」と言える。

　もっともヒットしたのは歌詞がシンプルな『函館の女』、次いで地域情緒の濃い『薩摩の女』、さらに文化・伝統の香りが高い『加賀の女』だが、ほかの曲はさほど注目されなかった。どうやら、ヒットするか否かは単なる偶然ではないように思われる。むろん、これらの教訓は、次節以降で紹介する北海道の歌にもあてはまってくる。

2 『いさりび鉄道』（浅田あつこ）

☆道南いさりび鉄道線

かつて、青森駅と函館駅との間には日本国有鉄道（国鉄・現ＪＲ）による「青函連絡船」が運航されていたが、一九八八年三月に青函海底トンネルが開通すると本州と北海道は鉄路で結ばれ、連絡船は翌年の一九八九年に廃止された。そして、両駅を結ぶ鉄路群には「津軽海峡線」の愛称が付けられた。

津軽海峡線は、青森駅から東津軽郡外ヶ浜町の新中小国《しんなかおぐに》信号場までの「津軽線」、同信号場から上磯郡木古内《きこない》町の木古内駅までの「海峡線」、同駅から函館市の五稜郭駅までの「江差線」、そして同駅から隣の函館駅までの「函館本線」からなっていた。津軽線はＪＲ東日本、ほかの三線はＪＲ北海道の管轄である。ちなみに江差線だが、かつては檜山郡江差町の江差駅まで延びていたのがその名の由来となっている。

トンネル開通から二八年を経た二〇一六年三月、新青森駅・新函館北斗駅間に「北海道新幹線」が開業した。これに伴い、青森・木古内間の在来線定期旅客列車は消滅し、「津軽海峡線」という愛称も廃止された。そして、木古内・五稜郭間は第三セクターによる運行となっている。

この第三セクターは、沿線の函館市・北斗市・木古内町や北海道などの出資によって二〇一四年八月に設立されているが、社名の「道南いさりび鉄道株式会社」は公募によるものである。そして、路線の名称は「道南いさりび鉄道線」となっている。

いさりび（漁火）とは、魚介類を漁船のほうへ誘い寄せるために焚かれる火のことであるが、この路線の車窓からは、とりわけイカ釣り船の火ならぬ電灯が数多く見られ、観光資源ともなっている。ここで取り上げる曲は、この路線を舞台にした演歌、文字どおり『いさりび鉄道』である。

☆木古内・上磯・函館

道南いさりび鉄道線は、厳密にいえば木古内駅から五稜郭駅までの約三八キロを結ぶ路線であるが、五稜郭駅発着

1975年２月20日に撮影された青函連絡船「石狩丸」（写真提供：堀口幸祐氏）

の列車はなく、すべてが隣の函館駅の発着となっている。ほぼ全線が国道228号線沿いに津軽海峡を望んでいる。新幹線の乗換駅である木古内《きこない》と札苅《さつかり》・泉沢《いずみさわ》・釜谷《かまや》の各駅は木古内町に、渡島《おしま》・当《とう》別《べつ》・茂辺地《もへじ》・上磯《かみいそ》・清川口《きよかわぐち》・久根別《くねべつ》・東久根別《ひがしくねべつ》・七重浜《ななえはま》の各駅は北斗市に、そして五稜郭・函館の各駅は函館市にある。このうち、『いさりび鉄道』の歌詞に登場するのは木古内・上磯・函館の各駅である。

歌ったのは、一九七二年生まれ、大阪府出身の浅田あつこ。一九九四年にメジャーデビューを果たし、現在「ラジオ大阪」の「金曜19時の生歌」という番組のパーソナリティーを務めるほか、バラエティー番組などでも活躍しているようだ。持ち歌は、『霧多布岬』（二〇〇五年）など三〇曲を超える。ここで紹介している『いさりび鉄道』は、二〇一八年一二月に発売された「デビュー二五周年記念曲」である。

作詞したのは鈴木紀代《きよ》。専業主婦であったが、四〇歳にして作詞家を志し、松井由利夫（33参照）などから薫陶《くんとう》を受けた。代表作は、日本作詞大賞優秀作品賞を受賞した『じょんから女節』や『捨てられて』（ともに長山洋子）などであるが、山内恵介（56参照）が歌う『釧路空港』、『風蓮湖』、『野付半島』など、北海道にちなんだ歌も多く作詞してきた。

一方、作曲は一九五九年に北海道富良野市で生まれた杉尾聖二。一九九一年に歌手としてＣＤデビューし、北海道を中心に歌手やラジオパーソナリティーとして活動する傍ら、作詞や作曲もこなすという人である（歌手としての活動については53参照）。

☆シュルシュルシュラリ……

主人公は「ひたすら北へ」と一人で旅をする女性である。新幹線を利用して本州から来た彼女は木古内駅で降りて、いさりび鉄道に乗り換える。木古内は「足がおぼえた駅」、つまり彼女には土地勘があるということになる。それもそのはず、かつて彼女は、小雪の舞う日に男と二人でいさりび鉄道を利用し、上磯を経て函館方面へ旅をしていた。その彼に「逢いたさつのる」気持ちを抑えきれず、再び訪れたわけである。

彼女は今でも彼を愛しており、もう「逢えるはずない」のに、彼と「同じ景色を分かち合」うという夢を見ている。夜の車窓には、津軽海峡の「イカ釣り」船の灯りが揺れている。

一番から三番までの歌詞すべてで、「いさりび鉄道」という言葉の直後に「シュルシュルシュラリ／シュルシュラリ」と出てくる。これは擬音語であろうか。森昌子（4参照）の『越冬つばめ』には「ヒュルリヒュルリララ」とあるが、これはツバメの鳴き声である。また、大川栄策が歌った77『江差・追分・風の街』にも「ヒュルヒュルヒュル」とあるが、これは尺八の音色であり、風の音でもある。

いずれの場合も「擬音語」と呼ぶのがふさわしいわけだが、『いさりび鉄道』の「シュルシュルシュラリ……」はどうだろうか。線路の軋《きし》む音なら、もっと金属音らしい表現があるだろうに。「シュ」の音、蒸気機関車なら納得できるが、ディーゼル車にはそぐわない。また、列車が雪を蹴立てる音や海風に雪が舞い散る音なら「ラリ」は不自然である。どうやら、擬音語ではなさそうである。

　意味が判然としない囃し言葉を差し挟む技法を「ワンポイント・ルーズ」といい、歌謡曲にはよくあるものだが、その言葉には、歌詞本体から派生したものと、本体とはまったく無関係のものがある。北原ミレイが歌った[69]『石狩挽歌』に出てくる「オンボロロ／オンボロボロロ」は前者で、昔の栄華が消え失せたニシン御殿などの「おんぼろ」ぶりから派生している。これに対して、青江三奈の『伊勢佐木町ブルース』にある「ドゥドゥビドゥビドゥビ／ドゥビドゥバ」は後者であり、まったくもって意味不明である。「シュルシュルシュラリ……」も、後者の一つと解釈するのがよいのだろうか……。

　いや、そうでもなさそうだ。一番の最終行に、「ままにならない命なら／逢いたさつのる」とある。助動詞「なら」は、ここでは「なので」とほぼ同義である。どうやら、ヒロインは病気で、余命がそう長くないからこそかつての恋人に逢いたがっているようである。

　私には、「シュルシュルシュラリ……」は、消え去りそうな、命の光のつぶやきに思えてならない。花火さながらに「シュルシュル」と消えそうになりながらも、時折、一縷《いちる》の望みをかけるかのように、「キラリ」とまではいかなくても「シュラリ」と闇に煌《きらめ》く光。まさに、遠くに見える「イカ釣り」船のそれである。何とも、せつない。

そういえば、半世紀以上も前の小野由紀子が歌った『函館ブルース』（一九六七年発売）にも、「漁火よりも小さなあかり／消された哀しみ誰が知ろ」とあった。

3　『函館青柳町』（三笠優子）

☆啄木とその妻節子

函館の青柳町こそかなしけれ
友の恋歌
矢ぐるまの花

『一握の砂』に収められている石川啄木（一八八六〜一九一二）の短歌である。函館山の東南の山裾に、青柳町はある。

岩手県渋民《しぶたみ》村での生活苦に耐えかねた啄木は、同人誌がもたらした縁で新生の地として函館を選び、一九〇七年五月、青柳町一八番地に居住しはじめた。小学校の代用教員などで糊口《ここう》をしのぎ、七月には妻と娘が、八月には母親と妹も到着した。そして同月、代用教員を続けながら「函館日日新聞」の遊軍記者となった。

ところが、同月某夜、函館は全市の三分の二を焼失する大火に見舞われた。小学校も新聞社も全焼し、啄木は職を失ってしまった。そして九月、小樽に寄って、姉夫婦に家族の受け入れを頼んだあと、単身札幌に赴き、「北門新報」の校正係となった。札幌で妻子と暮らすことも計画したが、結局、断念して小樽へ移っている。

一〇月、「小樽日報」に三面主任として入社し、妻・子・母親との小樽暮らしがはじまったが、ほどなく社内でトラブルを起こし、一二月には退社している。そして、翌年一月には、単身釧路の新聞社に移ることになる。

啄木の妻は名を節子（一八八六〜一九一三）という。一八九九年、盛岡女学校一年生の彼女は、盛岡中学校二年生の啄木と知りあい、愛を育みはじめた。ともに、数え年一四歳。双方の親に反対されつつも愛を貫き、六年後の一九〇五年に結婚した。

一九〇七年以降、渋民村を捨てた夫に従って、函館・小樽・東京と転居した。夫の才能を信じ

盛岡市にある「啄木新婚の家」©矢内

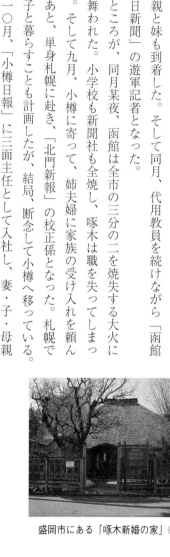

て、その精神的な支えとなり続け、一九一二年に啄木が二六歳で没したあとは彼の日記と遺稿を守ったが、翌一九一三年に二七歳で死去している。次節で紹介する『立待岬』で改めて触れるが、夫妻をはじめ啄木一族の墓は、函館の立待岬に通じる坂道の一角にある。

節子の生涯については、澤地久枝による伝記『石川節子　愛の永遠を信じたく候』（講談社、一九八一年）によって広く知られるようになった。『函館青柳町』は、この節子をヒロインとし、啄木に寄せる彼女の愛と献身を描いた文芸調の歌謡曲で、函館での数か月に及ぶ二人の生活を題材にしている。澤地の伝記が作詞において大きな資料となったのだ。

☆石本美由紀の作詞で三笠の歌唱

作詞は、広島県大竹市が出身という石本美由紀（一九二四〜二〇〇九）。「美由紀」となっているが、男性である。一九四四年、海軍大竹海兵団に入隊したが、体調を崩して病院生活を余儀なくされたという。慰問に来た歌手の東海林《しょうじ》太郎（一八九八〜一九七二）を通じて歌の魅力に開眼し、戦後、作詞活動をはじめ、同人誌などに投稿するようになった。『長崎のザボン売り』が作曲家江口夜詩《よし》（一九〇三〜一九七八）の目に留まり、一九四八年、小

石川啄木の墓

畑実（一九二三〜一九七九）の歌唱でレコード化され、大ヒットした。

一九五〇年にプロの作詞家となり、日本音楽著作権協会理事長、日本作詞家協会会長などを歴任し、晩年は作詞界の大御所となっている。代表作として、美空ひばり（38参照）が歌った『港町十三番地』、『哀愁波止場』、『悲しい酒』、島倉千代子（13参照）の『逢いたいなァあの人に』、こまどり姉妹の『ソーラン渡り鳥』（78参照）や『浅草姉妹』、都はるみ（45参照）の『おんなの海峡』のほか、『憧れのハワイ航路』（岡晴夫）、『逢いたかったぜ』（同）、『さだめ川』（ちあきなおみ）、そして、五木ひろしが歌い、日本レコード大賞に輝いた『長良川艶歌』などがあり、ヒット曲が多い。

作曲したのは伊藤雪彦である。一九三五年生まれの愛知県出身で、バンドリーダーを経て一九六六年に作曲家としてデビューしている。代表曲に、大月みやこ（27参照）が歌い、日本レコード大賞に輝いた『白い海峡』、石原裕次郎（62参照）と八代亜紀がデュエットした『別れの夜明け』のほか、『おんな港町』（八代亜紀）、『そんな女のひとりごと』（増位山太志郎）、『木曽路の女』（原田悠里）、『汽笛』（五木ひろし）などがあり、こちらもヒット曲が多い。

さて、歌ったのは、一九四九年生まれ、愛媛県出身の三笠優子である。中学二年のときに浪曲師の松平国十郎（一九一〇〜一九九七）に師事したが、胸膜炎のため浪曲は断念し、福岡県博多でクラブ歌手を経験したのち、一九七七年にメジャーデビューを果たした。一九七九年に発表した『夫婦舟』が大ヒットし、続く『夫婦川』と『夫婦橋』もヒット曲となり、その後、地道に歌手活動を展開している。

☆英傑男性を陰で支えた女性たち

『函館青柳町』の歌詞では、一番で、節子が啄木との恋をじっくりと「育てて咲かせ妻とな」った身であることが示唆される。そんな二人だから、異郷函館での暮らしも辛くはない。二番で彼女は、渋民《しぶたみ》村を捨てたことに「悔いはありません」と言い、「今日がいい日であれば」それだけで幸せだと言う。住まいは、同人誌仲間が調えてくれた「情け宿」である。

そして三番では、わずか数か月で函館を去らねばならなくなり、「やすらぐ土地はどこにある」と嘆きながらも、「明日は小樽へ旅立つ」夫を案じる節子が描かれている。作詞の石本は、「秋が泣かせる節子草《せつこぐさ》」と、秋に枯れる儚い草に彼女をたとえている。

史実に即した完成度の高い歌詞ではあるが、ＣＤに附属されている歌詞カードには「渋民村」が「渋谷村」と誤記されており、三笠も「しぶたにむら」と歌っている。これが「玉に瑕《きず》」である。

シングルＣＤの発売は一九九〇年三月であるが、もとは、一九八九年四月に発売されたアルバム『日本の妻を唄う　愛彩歌集』に収録されていた一曲である。このアルバムには、夢を追い続ける日本史上の英傑男性を陰で支えた妻の物語を中心にして、計一〇曲が収録されている。

土佐浪士の坂本龍馬（一八三六～一八六七）を支えたお竜《りょう》（一八四一～一九〇六）、薩摩藩士の西郷隆盛（一八二八～一八七七）を支えた愛佳那《あいかな》（一八三七～一九〇二）、歌人の与謝野鉄幹（一八七三～一九三五）を支えた晶子（一八七八～一九四二）、新派劇役者の川上音二郎（一八六四～一九一一）を支えた貞奴（一八七一～一九四六）、画家・詩人の竹久夢二（一八八四～一九三四）を支えた岸たまき（一八八二～一九四五）、棋士の坂田（阪田）三吉（一八七〇～一九四六）を支えた小春などである。

ちなみに、このアルバムは日本レコード大賞企画賞に輝いている。

なお、小春という名は、戯曲『王将』を書いた北条秀司（一九〇二～一九九六）の創作で、坂田三吉の妻の実名は「コユウ」（一八八一～一九二七）である。このアルバムとは別に、三吉を支えた小春を主人公とする曲として、大和さくらが歌った『王将一代　小春しぐれ』（一九八八年発売、のちに都はるみが歌唱）がある。

近年の曲で、歴史上有名な男性を陰で支えた女性の曲が何かないかと探していたら……あった。古都清乃が歌った『加恵　～華岡青洲の妻～』（二〇一〇年発売）である。この曲は、有吉佐和子（一九三一～一九八四）の小説『華岡青洲の妻』（新潮社、一九六七年）に取材している。史実はともあれ、小説でもこの曲でも加恵は、姑《しゅうとめ》と張り合いつつ、夫の青洲（一七六〇～一八三五）

が開発した全身麻酔薬の実験台になるなど、献身的な姿で夫に仕えている。

ご時世ゆえ、そろそろ夢を追い続ける女性を陰で支える男性を主人公とする曲も出てくるのではないだろうか。というか、ぜひ出てきてほしい。

4 『立待岬』（森昌子）

☆阿久悠が仕立てた「待つ女」

森昌子は一九五八年に栃木県で生まれた。中学生のとき、オーディション番組「スター誕生！」（日本テレビ、一九七一年～一九八三年）に出場して初代チャンピオンとなり、一九七二年に『せんせい』でデビューした。若いころ、桜田淳子、山口百恵とともに「花の中三トリオ」などとして活躍したことはご存じだろう。

私は、彼女たちより四歳ほど年上で、高校・大学時代のアイドル歌手といえば、このトリオという世代である。淳子あるいは百恵のファンだという友人たちのなかで、私だけが森昌子のファンであった。友人から、「お前はどうかしている」とよく言われたものだ。

二〇代の私にとって、持ち歌から連想する彼女のイメージは、ただひたすら「待つ女」であった。作詞家の阿久悠（一九三七～二〇〇七）が意図的にそういう女性に仕立てた、と私は想像している。

デビュー曲に続く『同級生』（一九七二年）で彼女が歌うヒロインは、「朝の改札ぬけた時」に「好きでたまらぬ同級生」を「何げないように待っていた」。これが「待つ女」のはじまりであった。そして、『若草の季節』（一九七四年）では、好きな男子同級生を相手に、一年後の「若草が萌えるころ逢いましょう」と呼びかけ、「一日の過ぎるのが遅すぎて何もかも手につかぬ」と、待つ身の辛さを歌っていた。

さらに、『あなたを待って三年三月』（一九七五年）では、約束どおり三年三月を耐えて待ち、待つことによって「私はきれいになった」し、『恋ひとつ雪景色』（一九七六年）では「春まで待て」と言った恋人を慕い、「このままうずもれてその日を待ちたい」という心境に達している。

阿久悠だけではなかった。山口あかり（『あの人の船行っちゃった』一九七五年）、わたなべ研一（『港のまつり』一九七七年）、杉紀彦（『なみだの桟橋』、『春の岬』一九七七年）らの作詞を通しても、彼女は「待つ女」であり続けた。

阿久悠が作詞した『彼岸花』（一九七八年）では、「夕映えに消え」た男を待ち続け、三年経ったときに「あきらめましょう」とつぶやくが、内心は未練を捨てかねている。また、『夕子の四季』（一九七九年）でも、「待つ身待たす身待つ身がつづき」と相変わらず「待つ女」である。

それにしても、こんなにも待ち続ける女が現実にいるのだろうか……。「歌謡界の女王」美空ひばり（38参照）が褒めた歌唱力の森昌子が歌うと、本当に待っていてくれそうだと、ファンである私は何度もそう思ってしまった。

そもそも、彼女が「スター誕生！」で合格したときの歌が都はるみ（45参照）の『涙の連絡船』であった。関沢新一（一九二〇〜一九九二）がつくった歌詞には、「今夜も汽笛が（中略）風の便りを待てと言う」とか「船はいつかは帰るけど待てど戻らぬ人もあろ」とある。戻らないかもしれないが、未練を捨てかね、藁にもすがる思いでヒロインは男を待っているのだ。

森昌子のデビュー曲が決まるまでの経緯を、阿久悠自身が著書『夢を食った男たち――「スター誕生」と歌謡曲黄金の70年代』（文春文庫、二〇〇七年）のなかで語っている。

> デビューする曲で、最も期待に応え（中略）られるのは『涙の連絡船』のような演歌であるかもしれないが、（中略）あの、あどけない、素朴そのものの十三歳の顔がある限り、説得も納得も不可能に思えたのだ。（中略）もう少し歌と歌手の年令が接近したものをと（中略）『せんせい』を書いた。

しかし、『せんせい』に続く『同級生』では、早くも都はるみ路線を意識したようである。

☆吉田旺作詞の『立待岬』

こうして、阿久悠らによって「待つ女」に仕立てられた森昌子が、一九八二年九月に至って、さらに別の作詞家の手に掛かり、「夢を追いかけ」て津軽海峡を本州へと渡った男を函館で待つことになった。その曲が『立待岬』である。

一番で、たとえ「立待岬の花になろうと」、「待って待って待ちわび」ると歌い、続く二番では、「立待岬の石になっても」悔いはない、とさえ歌っている。

死んで「花」や「石」になってもひたすら待つという執念、まさに「北のおんなの一途なおもい」である。ちなみに、この「花」は、「未練」の「紅《くれない》」色をたたえた「はまなす」である。この曲は、第三回古賀政男記念音楽大賞に輝いている。

立待岬

作詞したのは、一九四一年に福岡で生まれた吉田旺《おう》。大学を卒業後、広告代理店勤務などを経て、『雨に濡れた慕情』（ちあきなおみ）で作詞家としてデビューした。代表作として、同じくちあきなおみが歌った『喝采』や『紅とんぼ』のほか、『恋文』（由紀さおり）、『ふたりの夜明け』（五木ひろし）、『東京砂漠』（内山田洋とクール・ファイブ）などがある。

作曲したのは浜圭介であるが、彼については北原ミレイが歌った69『石狩挽歌』のところで詳述する。

立待岬は函館山の南東に位置している。津軽海峡に突き出た断崖上にあって、展望がよく、晴れた日には青森県の下北半島が望める。この岬の名の由来には、激浪に跳ね上がる魚をアイヌたちが立って待っていたことにちなむ、など諸説がある（函館市ホームページなどによる）。

函館市電の「谷地頭《やちがしら》停留場」から坂を上ると岬に至るが、途中にある墓地に石川啄木の墓がある。前節で紹介したように、啄木は二年弱に及ぶ北海道生活を函館青柳町ではじめており、死後、彼が好んだ大森浜を望むこの地に友人らの手で墓が建てられている。墓碑には、彼の有名な歌「東海の小島の磯の白砂に／われ泣きぬれて／蟹とたはむる」が刻まれている。啄木の妻など、彼の一族もここに葬られている。

付近には、岬にちなんだ与謝野鉄幹・晶子夫妻（3参照）の歌の碑もある。鉄幹の歌は、「浜菊を郁雨が引きて根に添ふる／立待岬の岩かげの土」というもので、郁雨《いくう》とは啄木の義弟宮崎郁雨（一八八五～一九六二）のことである。鉄幹の昔から、立待岬といえば「花」が歌われ、「石」（岩）が歌われてきたわけである。

函館の街を走る市電

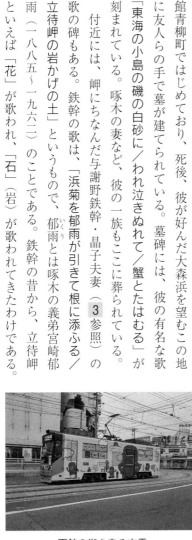

☆死ななくなった森昌子

『立待岬』のヒットから三年後の一九八五年二月、森昌子は『恋は女の命の華よ』で、

あなたに待てと言われたら
死んでも生きて私は待つわ

と歌った。『立待岬』では死んで「花」になり「石」になっても悔いはないと歌った彼女が、『恋は女の命の華よ』に至って、もはや死ななくなった。「死んでも生きて」男を待つというのである。作詞したのは、たかたかしである。同級生を朝の改札口で待ってから一三年の歳月が流れていた。

5 『あゝ洞爺丸』（渡辺はま子）

☆日本海難史上最大の惨事

日本海難史上最大の惨事といえば、一九五四（昭和二九）年九月二六日に起こった洞爺丸事故である。航行中の青函連絡船洞爺丸が台風15号のため沈没し、乗客・乗員一三三七人中一一五五人が死亡・行方不明となった。

当日、洞爺丸は、函館から青森への上り四便となる予定であったが、一五時一〇分、台風接近のために運航を見合せた。しかし、一七時頃には風が収まり、晴れ間がのぞいたために船長は出航を決断し、一八時三九分、遅れ四便として出航した。当時の新聞報道などによると、沈没までの経緯は以下のようになっている。

出航後まもなく南南西の風が激化し、一九時〇一分に船は投錨《とうびょう》。しかし、瞬間五〇メートルを超える暴風と猛烈な波浪のため走錨《そうびょう》。やがて海水が車輌甲板《かんぱん》に滞留し、ボイラー室・機関室への浸水が起こり、ボイラーへの石炭投入は困難になった。浸水のため、発電機は次々に故障し、二一時五〇分頃に左舷《さげん》主機、二二時五分頃に右舷《うげん》主機が運転不能となった。

操船の自由を失った洞爺丸は、遠浅の七重浜への座礁を決め、同一二分頃にその旨を乗客に伝達。同二六分頃、海岸まで数百メートルの地点で座礁し、船体は右舷に四五度傾斜。その後も安定せず、さらに傾斜。同四三分頃、船体

浮揚され、港へ曳航された洞爺丸

を支えていた左舷錨鎖《びょうさ》が切断。大波を受けて船は横転し、同四五分頃、右舷側に約一三五度傾斜し、沈没した。最後には、海底に煙突が突き刺さった状態となった。

暴風雨に情報の混乱なども重なって救助活動は遅れ、七重浜《ななえはま》へ打ち上げられたあとで死亡した乗客も相当数いた。既存の火葬場では処理が追いつかず、七重浜に火葬場が仮設されることになった。

☆事故後四〇日余りで再現映画

東映は、この惨事を題材に四八分のモノクロ映画『あゝ洞爺丸』を制作し、同年一一月八日に公開した。遺族の悲しみも癒えぬ、事故後わずか四三日目のことであった。

商魂たくましい行為とも映るが、テレビがまだ普及していなかった当時、映画には再現映像による速報性も期待されていた。それを考えれば、非難はできない。そして新聞には、「この映画の純利益金は遺族会に弔慰金として贈ることになっております」という社告が掲載された。

私はこの映画を観ていない。今後も観る機会はないであろう。ただ、インターネット上において過去の作品を紹介している日本映画製作者連盟のウェブサイトなどから以下の情報を得たので紹介しておきたい。

監督は小沢茂弘。主なキャストは、船長に宇佐美諄（当時四四歳、時期により淳・淳也の芸名も使用）、その幼い娘に、俳優・声優として長らく活躍した藤田淑子（当時四歳）、通信士に伊藤久哉、船長の息子の友人に、童謡歌手として活躍していた古賀さと子（当時一四歳）、女学生に、現在も女優として活躍している中原ひとみ（当時一八歳）などとなっている。なお古賀は、この映画の挿入歌である『海にいるお母さん』の歌唱も担った。

当時の宣伝文であろう。同サイトには次の文が載っていた。

　生命の限り死と恐怖の波浪と闘い続けた洞爺丸乗員の偽らざる記録、従容と船を守り人を援けて死に就いた後藤船長の最後、純愛の絆に呼び合う若き青春の死別、今は亡き母の面影を慕って浜辺に佇む幼な子の姿など、大自然の暴威に愛と生命を守り続けた人々の群像を描いた感動作。

☆再現映画の主題歌

この映画の主題歌が、同名の『あゝ洞爺丸』である。この曲をご当地ソング扱いするのは不謹慎であろうが、惨事を風化させないためにあえて取り上げることにした。

一番には「かえらぬみ霊《たま》いまいずこ／地獄の海か北の海」、二番には「君をば送る桟橋も／明日なき旅と誰か知る」、三番には「いくたび秋はめぐるとも／涙はつきぬ七重浜」とあって、事故の悲惨さを伝えている。作詞したのは吉川静夫であるが、彼については18『釧路の駅でさようなら』のところで改めて触れることにしたい。

三拍子となっているこの曲の作曲は清水保雄（一九一〇～一九八〇）。東京に生まれ、明治大学でマンドリン部に所属、作曲家の古賀政男（一九〇四～一九七八）に師事し、卒業後の一九四〇年にプロの作曲家となった。

戦時中、南方メロディーにヒントを得た灰田勝彦（一九一一～一九八二）の『マニラの街角で』や『バダビアの夜は更けて』がヒットしたほか、長谷川一夫（一九〇八～一九八四）・山田五十鈴《いすず》（一九一七～二〇一二）主演の東宝映画『婦系図《おんなけいず》』の主題歌で小畑実（3参照）と藤原亮子（66参照）が共唱した『婦系図の歌（湯島の白梅）』や、同じく長谷川・山田主演の東宝映画『伊那の勘太郎』の主題歌『勘太郎月夜唄』（小畑歌唱）が大ヒットし、一躍、人気作曲家となった。もちろん、戦後にも多くのヒット作を手がけている。

『あゝ洞爺丸』の歌唱は渡辺はま子（一九一〇～一九九九）。横浜出身の文字どおり「ハマっ子」という渡辺は、一九三三年に武蔵野音楽学校（のちの武蔵野音楽大学）を卒業後に歌手としてデビューしている。一九三六年、『忘れちゃいやヨ』が内務省（一九四七年廃止）から上演禁止・レコード発売禁止という処分を受けたが、その後、『愛国の花』、『シナの夜』、『何日君再来《ホーリージュンザイライ》』、『蘇州夜曲』などの曲でトップ歌手して活躍した。慰問中の中国天津《てんしん》で終戦を迎えたが、捕虜として一年間の収容所生活を送っている。

戦後も、『桑港《サンフランシスコ》のチャイナ街《タウン》』や『あゝモンテンルパの夜は更けて』などがヒットしている。私よりも少し高齢の方々には、何とも懐かしい曲ばかりであろう。

洞爺丸の惨事をめぐっては、一九五四年当時、歌謡界では『あゝ洞爺丸』（ビクター）のほかに次の二曲も発売されている。西條八十（54参照）が作詞、古賀政男が作曲し、伊藤久男（37参照）が歌った『あゝ青函連絡船』（コロムビア）と、大高ひさを（一九一六～一九九〇）が作詞、上原賢六（42参照）が作曲し、菅原都々子《つづこ》（一九二七～）が歌った『還らぬ連絡船』（テイチク）である。

『あゝ青函連絡船』の歌詞には、「あゝいかにせん洞爺丸」、「神にいのれど情なや」、「藻屑と消えし波の底」などとあり、『還らぬ連絡船』には、「泣いても泣いても泣き切れぬ」、「お母さんお母さん幼き呼び声も」などとある。いずれも、『あゝ洞爺丸』の歌詞に比べるとよりいっそう煽情的である。

ちなみに、水上勉（一九一九～二〇〇四）の小説『飢餓海峡』（朝日新聞社、一九六三年）では、この惨事をモデルにした「層雲丸事故」が重要なプロットをなしている。この作品は、一九六五年に東映で内田吐夢《とむ》（一八九八～一九七〇）監督によりモノクロ映画化された。三國連太郎（一九二三～二〇一三）、左幸子（一九三〇～二〇〇一）、伴淳三郎（一九〇八～一九八一）、高倉健（34参照）、藤田進（一九一二～一九九〇）らが出演した日本映画史上の傑作である。

さらに、三浦綾子（一九二二～一九九九）の代表作である『氷点』（朝日新聞社、一九六五年）では、主人公の医師辻口啓造が洞爺丸事故で九死に一生を得て、その後の人生観が大きく変わっている。

青函海底トンネルの構想は戦前からあったが、洞爺丸の惨事を経て実現への動きが加速したようだ。事故から三四年後の一九八八年に青函トンネルは開通し（2参照）、いまや新幹線までが走っている。もはや、悪夢の再来はない。

新潮文庫

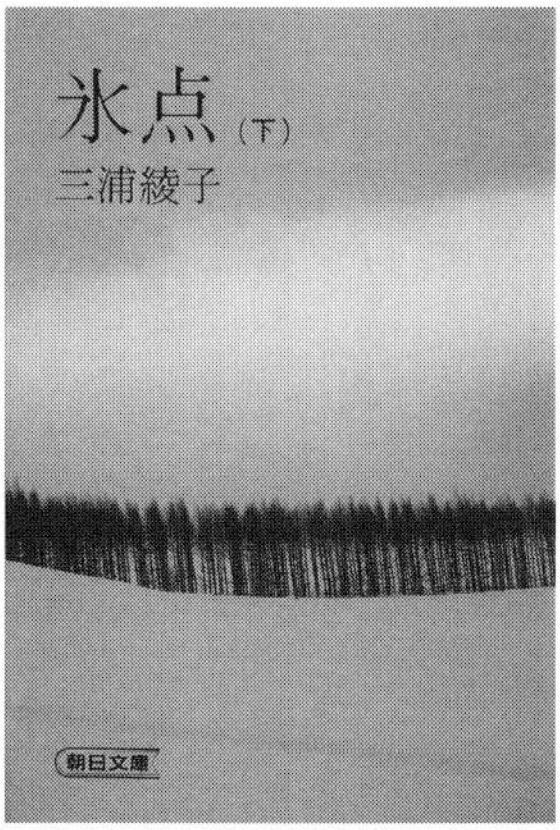

朝日文庫

6 『あゝ五稜郭』（真山一郎）

☆榎本武揚《たけあき》と箱館戦争

幕末に忽然と歴史の表舞台に登場し、現在では函館の観光名所となっている五稜郭。本節では、ここにちなんだ浪曲調の歌謡曲『あゝ五稜郭』を取り上げる。

五稜郭は、江戸幕府によって幕末に箱館（のちの函館）郊外に築造された星形の洋式城郭である。築造のきっかけは、一八五四年に締結した「日米和親条約」によって箱館開港が決まったことに伴い、箱館山麓にあった奉行所を外国船からの攻撃に備えて移転させる必要が生じたことである。一八五四年に着工し、一八六四年に奉行所がここに移転した。一八六六年に完成を見たわけだが、そのわずか二年後、江戸幕府は崩壊した。

新政府によって「箱館府」が設置されると五稜郭は、一八六八年春に箱館奉行から箱館府知事に引き渡された。しかし、同年一〇月二二日、榎本武揚（一八三六～一九〇八）が率いる旧幕府軍が箱館に上陸した。箱館府側は迎撃したが、各地で敗北を繰り返した。同二六日、旧幕府軍は無人となった五稜郭を占拠し、冬期に堤を修復して大砲を設置したほか、濠《ほり》外の堤や門外の胸壁などを構築し、翌一八六九年三月にそれらの工事を終了した。

同年五月一一日に新政府軍が箱館総攻撃を開始した際、旧幕府軍は五稜郭の大砲で七重浜および箱館港方面を砲撃したが、新政府軍は市街を制圧し、翌一二日以降、港内から五稜郭に向けて艦砲射撃を行ったほか、各所に陣を敷いて大砲を並べ、五稜郭への砲撃を開始した。

そして、一六日に新政府軍が五稜郭へ総攻撃開始を通知すると、旧幕府軍では一八日の衆議によって榎本らが降伏し、五稜郭は新政府軍に引き渡された。降伏した旧幕府軍の将兵は弘前藩などに預けられ、幹部については榎本ら七名が東京の牢獄に投ぜられた。

「箱館戦争」を教科書的に叙述すると以上のようになるが、『あ、五稜郭』は、この戦争で活躍した榎本を主人公とする歴史歌謡であり、「戦争終結一〇〇周年」にあたる一九六九年七月に発売された。

五稜郭タワーから見る

☆歌謡浪曲界の巨星

歌唱は、一九二九年に山口県で生まれた真山《まやま》一郎（二〇二一年没）。五歳のときに寿々木米若《すずきよねわか》（一八九九～一九七九）の浪曲『佐渡情話』をうなって天才少年と称された。高校卒業後、華井《はない》新《しん》（一九〇八～一九五九）の門下に入り、まもなく師匠と全国巡業を開始している。さらに、歌の勉強のため作詞・作曲家の豊田一雄（18参照）に師事し、歌手デビューを果たした。

吉《き》良《ら》上野介《こうずけのすけ》（一六四一～一七〇三）に対する浅野《あさの》内匠頭《たくみのかみ》（一六六七～一七〇一）の刃傷沙汰《にんじょうざた》（いわゆる赤穂事件）に材をとった『刃傷松の廊下』が一九六一年に大ヒットしたほか、一九七一年には歌謡浪曲『日本の母』が大ヒットした。その後、洋楽伴奏だけの歌謡浪曲を確立し、「演歌浪曲」と称するようになった。ファンであれば、『河内の次郎長』や『番場の忠太郎』などをまた聴きたいと思うことだろう。一九九五年に大阪府知事表彰を受けたほか、二〇〇二年に文化庁長官表彰を受け、二〇一〇年一二月、国立文楽劇場での公演を最後に引退している。

歌謡浪曲といえば、とかく三波春夫（32参照）が脚光を浴び、それに比べると真山は地味な印象をもたれがちであるが、「いぶし銀」という褒め言葉は真山のためにこそある、と言ってもよいだろう。

作詞の峰田明彦については、旭川市出身であること以外、私には情報がない。「村の渡しの船頭さんは」ではじまる童謡『船頭さん』が日米開戦と同じ一九四一年に発表されたが、戦時色の濃かった武内俊子（一九〇五～一九四五）の歌詞を戦後に改作したのがこの峰田である。「あれは戦地へ行くお馬」が「向う牧場へ乗せてった」となり（二番）、「村の御用やお国の御用」は「川はきらきらさざなみ小波」となった（三番）。

補作詞の藤間哲郎（一九二四〜二〇一二）は東京（府）の出身で、一九五一年から歌謡作詞家として活躍した。代表作として、前掲の『刃傷松の廊下』のほか、三橋美智也（一九三〇〜一九九六）の『おんな船頭唄』、大津美子（26参照）の『東京アンナ』、松山恵子（一九三七〜二〇〇六）の『お別れ公衆電話』、新川二朗（39参照）の『東京の灯よいつまでも』などがある。

作曲したのは、福岡出身の細川潤一（一九一三〜一九九二）である。旧制中学を卒業後、独学でギターと作曲を勉強し、一九三五年にレコード会社専属の作曲家となった。三橋美智也の楽曲を多く担当し、代表作として、『マロニエの木陰』（松島詩子）のほか、三橋が歌った『一本刀土俵入り』、『おさげと花と地蔵さんと』、『古城』などがある。

☆後世の評価はいかに

『あゝ五稜郭』は、榎本を主人公として箱館戦争の顚末《てんまつ》を第三者の視点から簡潔に描いた作品であり、内容の大略は以下のとおりである。

「菊の御旗」を持つ新政府軍に追い詰められた「葵の花」の旧幕府軍は、前途多難を感じつつも最後の意地を示すべく「五稜郭」に「望みを託す」。しかし、「津軽の海」と同じく、寄せくる波は高い（以上一番）。

「武士の面目」にかけて「榎本武揚」が指揮する「壮烈」な戦いは日々に不利で、「屍《かばね》」となった者も少なくない。しかし、それでも味方の「士気」は依然として高い（以上二番）。

新政府軍も旧幕府軍も「国を憂」える想いに相違はなく、「いずれが是非か」は後世の評価に委ねたい。敗北の「白旗」を掲げた五稜郭から、「臥牛《がぎゅう》の山」、すなわち牛が伏した形の函館山を窺うと、見えるのは「明治の空の朝ぼらけ」である（以上三番）。

一八七二（明治五）年に釈放された榎本は、その後、明治新政府に取り立てられ、文部・農商務・外務の各大臣などを歴任した。旧幕臣のなかでは異例の出世を遂げたわけである。そして、一八七五年、日本とロシアは「樺太・千島交換条約」を締結し、日本が樺太での権益を放棄する代わりに、ロシアはウルップ島以北の千島列島を日本に譲渡することなどが取り決められたわけだが、このときの日本側の特命全権大使が榎本であった。

同条約の正文はフランス語である。当時つくられた非公式な日本語訳文には、正文とはニュアンスの異なる個所があったばかりか、条約そのものにも曖昧《あいまい》な点があった。ウルップ島以北に関しては、具体的にどの島々が千島に該当するかが明白であったが、ウルップ島より南の島々（いわゆる北方四島）に関しては、どれが千島列島に属するのか、まったく明記されていなかったのである。このことが遠因となって、日本の千島放棄が盛り込まれた「サンフランシスコ平和条約」が第二次世界大戦後の一九五二年に発効した後、日ソ（現・日ロ）の主張に齟齬《そご》が際立った。『あ、五稜郭』の三番に、旧幕府軍と維新政府軍との「いずれが是非か後《のち》に待つ」とあるが、実は、その是非にも増してわれわれ後世がきちんと評価を下すべき大問題こそ、榎本が締結した「樺太・千島交換条約」の、交渉過程における「詰めの甘さ」の有無である。

7 『道南夫婦船』（島津亜矢）

☆舞台は内浦湾

本節で取り上げるのは二〇〇〇年一二月に発表された『道南夫婦船』である。「道南」の海を舞台に「夫婦」が「船」で漁業に勤しむ、その心意気を妻の視点から描いた作品である。「道南」というと、普通は渡島《おしま》総合振興局・檜山振興局の管内を指し、道南イコール渡島・檜山地方と解されることが多い。しかし、広く後志《しりべし》総合、さらには胆振《いぶり》総合や日高の各振興局管内を含めることもある（「もくじ」扉の地図参照）。この歌で船から見える景色として登場するのが「駒ヶ岳」と「地球岬」である。歌に登場する夫婦は、この二地点に挟まれた海域、つまり内浦湾の出入口寄りあたりで漁業に従事している。

この駒ヶ岳は正式には「北海道駒ヶ岳」と言い、渡島地方の茅部郡《かやべぐん》森町・同鹿部町《しかべちょう》・亀田郡七《なな》飯町《えちょう》にまたがる、標高一一三一メートルの活火山である。地球岬は、胆振総合振興局管内の中核をなす室蘭市の、太平洋に面した岬である。つまり、この楽曲の舞台「道南」は、渡島・胆振地方のそれぞれ一部ということになる。

内浦湾の位置をより厳密に表現すると、渡島半島の基部東岸、駒ヶ岳北東麓、地球岬に囲まれた、ほぼ円形の直径約五〇キロに及ぶ海域である。湾岸の自治体を南から時計回りに並べると、前掲した茅部郡森町にはじまり、二海郡《ふたみぐん》八雲町《やくもちょう》・山越郡長万部町《やまこしぐんおしゃまんべちょう》・虻田郡豊浦町《あぶたぐんとようらちょう》・同洞爺湖町《とうやこちょう》・伊達市を経て室蘭市に至る。

内浦湾は「胆振湾」とも「噴火湾」とも称されている。噴火湾という呼称は、一七九六（寛政八）年に当地を訪れたイギリスの海尉ブロートン（William Robert Broughton, 1762～1821）が、湾がほぼ円形なこと、かつ周囲の駒ヶ岳や有珠山が火山であることから判断して、英語でそう呼んだことに由来するらしい。しかし、湾のあたりに火山噴出

北海道駒ヶ岳　©ユーザー：欅

物はさほど分布せず、これは明らかに誤認であったと思われる。

☆亜矢の力強い労働歌

歌謡曲の類に関するかぎり、道南といえば日本海側の江差や南端の函館などに目が向きがちで、この曲のように渡島《おしま》の東側や胆振の南側を取り上げた歌は少なく、その意味で異色だと言える。また、男（夫）と一緒になって働く女（妻）を主人公とした「労働歌」という意味でも異色である。北島三郎（1参照）のヒット曲に『北の漁場』があるが、その女性版と言えば分かりやすいかもしれない。

歌唱は、一九七一年生まれ、熊本県出身の島津亜矢である。中学時代に上京し、作詞家の星野哲郎に弟子入り。一九八六年に『袴をはいた渡り鳥』でデビューし、一九九一年に『愛染《あいぜん》かつらをもう一度』がヒットした。ほかの持ち歌として、『海鳴りの詩』、『感謝状〜母へのメッセージ〜』、『帰らんちゃよか』、『大器晩成』、『流れて津軽』、『独楽《こま》』などがある。ジャンルを超えた迫力ある歌唱には定評があり、「歌怪獣」の異名もとる島津は、歌謡浪曲の分野でも新境地を開いている。

作詞は師匠の星野であるが、彼については、41『氷雪の門』などで改めて触れることにしよう。彼が作詞しヒットした鳥羽一郎（44参照）の『兄弟船』は、仲良く漁業に従事する兄弟の歌であるが、『道南夫婦船』はその夫婦版と見ることもできる。

作曲は新井利昌《としあき》（一九三二〜二〇二二）。若いころは「サンズ・オブ・ドリフターズ」（ザ・ドリフターズの淵源）や「ロス・プリモス」などのメンバーとして活動し、その後、作曲家に転身したという異才である。代表作に、瀬川瑛子（50参照）が歌った『長崎の夜はむらさき』、森昌子（4参照）が歌った『あなたを待って三年三月』などがある。

『道南夫婦船』のヒロインは、熱い「命潮《いのちじお》」を授かった両親に感謝し、「いつも元気でいて欲しい」と祈りながら、「駒ケ岳」を仰ぎつつ夫と漁に勤しむ（以上一番）。群れ飛ぶカモメに「こぼれ秋刀魚《さんま》」を分け与えながら「地球岬を右に眺めて」、夫とともに荒海に「網を刺す」（以上二番）。氷雪を恐れず「浜の女房」として夫と「愛の人生」を咲かせつつ、「浮気されたらわしの恥」と己を戒める（以上三番）。

内浦湾ではサケ、イカ、カレイなどがよく獲れるほか、ホタテガイの養殖が盛んであるが、この歌で描かれているのは秋刀魚の刺し網漁である。

一番から三番まで「アヨイシヨ」という豪快な掛け声が入る、威勢のよい歌である。「めおとぶね」の語が登場する歌といえば、三笠優子（3参照）の大ヒット曲『夫婦舟』のほうが有名だが、こちらは夫婦の人生を船旅にたとえ、夫婦愛の希望に満ちた前途を上品に表現した歌である。それに対してこの『道南夫婦船』は、決して上品ではなく、一種の労働歌であり、秋刀魚の生臭さや主人公夫婦の気風《きっぷ》のよさ、情の濃さまで伝わってくる作品だと言える。

三番の歌詞に「浮気されたらわしの恥」とあるように、妻は自分を「わし」と呼んでいる。「わし」は「わたし」の転じたもので、江戸時代では主に女性が用いた一人称であった。しかし近年では、主として年配の男性が用い、女性はほとんど使わない。それゆえ、この語が登場すると決して上品な感じがしない。

☆憂慮されるサンマ漁

北海道においてサンマは、伝統的に釧路など道東を中心にして豊漁であった。しかし、近年では不漁が続いている。この曲が発表された二〇〇〇年当時は、サンマの漁場に適した水温一二～一八度の海域が釧路を中心に道東をすっぽりと覆うように存在した。しかし、近年、とりわけ二〇一一年以降は、道東沖の漁場はほぼ消滅し、北方四島の東側と、北海道のはるか東方の北太平洋の公海へと移った。

その最大の原因は海水温の上昇である。千島列島沿いを南下して道東へと流れる寒流が減少したことで、南から北上する暖流が寒流に邪魔されることなく流れこみ、道東沖には暖かい海水が停滞していると見られている。

しかも、外国、とりわけ台湾や中国の大型漁船が北太平洋の公海にやって来て、成長前のサンマを「先取り」するようにもなった。一〇〇〇トンもある大型で冷凍加工装備が備わっている船なら、長期にわたって操業が可能である。日本では、大きく成長してから近海に来たサンマを主に二〇〇トン未満の小型漁船で獲ってきたが、これではもはや太刀打ちできない。まして、釧路からさらに西の内浦湾で、しかも夫婦のみで操業する『道南夫婦船』では、収益も心許ないものとなろう。

北海道の魚といえば、かつてはニシンであり、次いでサケ、さらにはホッケやサンマであったが、もはや、ホッケに次いでサンマも不漁が続いている。漁業関係者の方々が、もうひと踏ん張り、「アヨイショ」と頑張り続けていただけるなら嬉しいのだが……。

8 『洞爺湖畔の夕月に』（福沢恵介）

☆古典的な洞爺湖歌謡

洞爺湖は虻田《あぶた》郡洞爺湖《とうやこ》町と有珠郡壮瞥町《そうべつちょう》にまたがるカルデラ湖、つまり火山活動によって生じた窪地に由来する湖で、支笏《しこつ》洞爺国立公園の一部をなしている。面積七〇平方キロメートル余りのほぼ円形で、日本で九番目、カルデラ湖としては屈斜路湖《くっしゃろこ》（38参照）・支笏湖（11参照）に次いで三番目に大きい湖である。湖の中央には面積五平方キロメートル弱の「中島」がある。湖の南側には有珠山《うすざん》・昭和新山・洞爺湖《とうやこ》温泉・壮瞥《そうべつ》温泉などを擁しており、北海道有数の観光エリアとなっている。

ほぼ真向いの北西岸から湖に張り出した岬の先には、浮見堂という二重の塔が立っている。この堂は、ある行脚僧《あんぎゃ》が大正初期に旧洞爺村にもたらした聖徳太子（五七四〜六二二）の木像を安置すべく、有志によって一九三七（昭和一二）年に建立されたもので、二〇〇三年に落雷により焼失したが、やはり有志の尽力によって翌年に再建された。この浮見堂は、時期によっては夜間にライトアップされている（洞爺湖町ホームページなどによる）。

洞爺湖を舞台とする歌謡曲で、古典的かつもっとも有名なものは、一九六三年六月に発売された三浦洸一が歌った『洞爺湖畔の夕月に』である。作詞は時雨音羽《しぐれおとは》で、作曲は渡久地政信《とくちまさのぶ》（一九一六〜一九九八）である。三浦については 18 『釧路の駅でさようなら』で、時雨については 45 『天塩川』で改めて触れることにしよう。

洞爺湖

渡久地は沖縄生まれの奄美大島育ち。日本大学藝術学部の前身を卒業して、戦時中に歌手デビューし、一九五一年に作曲家に転身した。春日八郎（31参照）の『お富さん』、大津美子（26参照）の『東京アンナ』をはじめとして、『上海帰りのリル』（津村謙）、『島のブルース』（三沢あけみ）、『池袋の夜』（青江三奈）など、ヒット曲が多数ある。

☆「夕月」から「夢灯り」へ

『洞爺湖畔の夕月に』では、主人公の男性が、忘れ得ぬ失恋相手の面影を偲び、去年は一緒に訪れた湖畔に今は一人で来ている。湖畔をめぐっていると、湖面も自分と同じく「青い愁いの目をうるませて」いるかのように感じてくる。かつて、彼女と歩いた道には同じ草花が咲いているが、自分の口笛は虚しく消え去るばかり（以上一番）。

　遥か遠方には蝦夷《えぞ》富士こと「羊蹄《ようてい》」山の姿が見える。それと同様に、彼女の面影も消えない。「峠の道」を、あとを振り返りつつ「若い羊」たちが鳴きながら越えていく（以上二番）。

　そして、「ピリカメノコ」、すなわちアイヌ娘が悲しい歌をうたう声が聞えてくる。「丘のチャペル」には「夕月」が淡く「ほのか」にかかっている。「渡り鳥」でさえ二羽が「頬すり寄せて」休息しているのに、自分は一人きり……（以上三番）。

　湖面の青色、消え去る自分の口笛、遠くの羊蹄山、振り向く若い羊、アイヌ娘のエレジー、チャペルにかかる夕月、つがいの渡り鳥——どれ一つにも主人公は未練を掻き立てられる。

洞爺湖《とうやこ》は、遊覧船による観光も醍醐味の一つであるが、彼は船に乗っているわけではなく、湖畔を徒歩か車で散策しているようだ。「チャペル」とあるが、本来の意味でのクリスチャン礼拝場であれ、ホテル内の結婚式場の俗称であれ、これがあるのは湖畔の南部である。どうやら主人公は、洞爺湖温泉街や壮瞥《そうべつ》温泉街を中心に散策しているらしい。南側であれば、「羊蹄《ようてい》のぞく湖」、つまり羊蹄山がわずかに見える湖という表現とも符合する。


さて、この歌の発売から四五年を経た二〇〇八年、この湖が世界的に脚光を浴びることとなった。同年七月七日から三日間、同湖畔が「第三四回主要国首脳会議」の舞台となったからである。会議の通称は「北海道洞爺湖サミット」。議長は、当時の福田康夫首相（第九一代）。米・露・仏の大統領、日・英・独・伊・加の首相、そして欧州委員会の委員長が一堂に会した。

このサミットの非公式イメージソングとして福沢恵介が作詞・作曲し、自らが歌ったバラードが『夢灯りの夜に』である。CDは、同サミットの直前となる二〇〇八年六月に発売された。福沢は一九五一年生まれ、十勝の浦幌町《うらほろちょう》出身のシンガーソングライターで、STV（札幌テレビ）やHBC（北海道放送）のラジオパーソナリティーとしても活躍した。作品としては、プロサッカークラブ「北海道コンサドーレ札幌」の応援歌『北の風になれ』などがある。

☆三浦版から福沢版へ

『夢灯りの夜に』は、前掲の『洞爺湖畔の夕月に』に想を得た世界平和へのメッセージソングである。後者では、歌詞で見たように、「夕月」は地球のほんの片隅、湖畔南側のチャペルを「ほのか」に照らすだけの存在でしかなかったが、前者は発想を真逆にし、「月の地平線から」「蒼い地球を見」れば、「世界中の悲しい出来事が空しく思えてくる」と説いている。しかも、月という自然照明だけでなく、湖の反対側の人工照明にも眼差しを注ぐ。前述した、夜間にライトアップされた浮見堂である。

「夜の帳《とばり》に広がる夢灯り」がまさにそれで、これが「ひとりひとりの想いを乗せて／優しく煌《きらめ》いている」。堂に祀られているのは、前掲したとおり聖徳太子の木像であり、太子の「十七条憲法」は「和を以て貴しと為し」ではじまる。まさに、世界平和を祈念するにふさわしい「夢灯り」である。

どんなに時代が足早に
風のように過ぎていっても
無くさないで誰の心にもある
大切な愛のほのお

これが、サミットに寄せた福沢のメッセージである。

ＣＤ『夢灯りの夜に』には、福沢自身が歌う『洞爺湖畔の夕月に』がカップリングされている。『夢灯りの夜に』は、三浦洸一が歌った『洞爺湖畔の夕月に』がなければ誕生しなかった。アレンジを変え、オマージュを込めて、福沢が『洞爺湖畔の夕月に』を歌い直したわけである。三浦版がオーソドックスなオーケストラ伴奏による歌謡曲であったのに対し、福沢版は、キーボードとクラシックギターとパーカッションのみによるバラードに変容している。

本節では、『洞爺湖畔の夕月に』を、三浦洸一ではなく福沢恵介の歌としてあえて掲げた。洞爺湖サミットを機に、この歌に新たな魅力を付与し、しかも、この歌からご当地ソングを超えた壮大なメッセージソング『夢灯りの夜に』を派生させた功績が福沢にあるからである。

むろん、最初に歌い、ヒットさせた功績は三浦にあるが、18『釧路の駅でさようなら』で顕彰するように、彼には歌手としての大きな功績がほかにも多々ある。これに鑑みて、往年の三浦洸一ファンの方々にはお許し願いたい。

とはいえ、福沢版ＣＤの本体やジャケットからは、なぜか「畔」の字が抜け落ち、『洞爺湖の夕月に』と誤記されている。このことが何とも残念である。

9 『室蘭の男』（松前ひろ子）

☆「鉄のまち」の貴重な一曲

苫小牧市とともに胆振《いぶり》総合振興局管内の中核をなす室蘭市は、北海道を代表する重化学工業・港湾都市である。戊辰《ぼしん》戦争（一八六八年～一八六九年）で敗れた仙台藩の家臣団が集団移住して、明治初期に開拓がはじまった。

天然の良港に恵まれていたため、明治後期には、近年の日本製鋼所室蘭製作所のルーツに当たる同室蘭工場と、新日鐵住金室蘭製鐵所のルーツに当たる北海道炭礦汽船輪西《わにし》製鐵所が操業を開始し、それ以降「鉄のまち」として発展した。太平洋に突き出た絵鞆《えとも》半島と同半島付け根の砂州を中心に市街地が広がり、市全体は、大半を海に囲まれた「コの字」のような形になっている。

函館・小樽などの場合とは異なり、室蘭を舞台にした歌謡曲は少ないが、そのなかの貴重な一曲として、一九七一年に発売された、タイトルもストレートな『室蘭の男』がある。地名・地域名の直後に「の女」と付く歌は枚挙にいとまがないが、「の男」と続く歌は、鳥羽一郎（44参照）が歌った『羅臼の男』のほか、山本譲二が歌った『長州の男』などごく少数であり、その意味でも貴重な曲である。

俗にいう宴会ソング・お座敷ソング（28参照）とは異なるものの、似ている面もある。水商売の女性が、あまり姿を見せてくれない室蘭の男性を相手に、軽く揶揄《やゆ》したり、拗《す》ねて甘えたりするような調子の軽快な三拍子曲である。

☆夫が作曲し、妻が歌唱

歌唱は一九五〇年生まれの松前ひろ子、演歌ひと筋五〇余年のベテランである。大御所・北島三郎（1参照）と同じ上磯郡知内町の出身で、実は北島のいとこ（従妹）である。彼の内弟子となって一九六九年に歌手デビューを果たしている。『室蘭の男』のジャケットによると、当時の芸名は「弘子」と漢字表記であった。

室蘭港　©ハイテン31

作曲は、のちに彼女の夫となった中村千里（一九三五〜二〇一九）。これは当時のペンネームで、のちに中村典正《てんしょう》と改名している。さらに別名義として「山口ひろし」もある。山口県生まれの中村は、最初は歌手を志し、一九五八年にレコード会社の歌謡コンクールに入賞したのをきっかけに、『喜びも悲しみも幾歳月』や61『石狩川』で知られる歌手・若山彰の付き人となった。その後、作詞・作曲家の原六朗（一九一五〜二〇〇二）に師事し、一九六三年に作曲家としてデビューした。

代表作には、鳥羽一郎が歌った『男の港』のほか、『仁義』（北島三郎）、『祝い船』（門脇陸男）、『むらさき雨情』（藤あや子）などがあるが、妻の松前ひろ子の持ち歌も多数手がけた。また、一九八〇年に高知県で生まれた演歌界のホープ三山ひろしの育ての親としても知られている。ちなみに、三山の妻は中村・松前夫妻の次女である。

『室蘭の男』の作詞は星野哲郎であるが、彼のことは41『氷雪の門』などで改めて触れることにする。

ところで、このレコードで魔訶不思議なのは、ジャケットに印刷された歌詞の二番と三番が、レコード本体で歌われている順序と逆になっていることである。互いに独立した歌詞なので、どちらが先でも後でも支障はないが、一般論から言えば、一番と三番に比べて二番の歌詞は異色であることが多い。

ジャケットの順序なら、二番の歌詞には、女性の側からの男性への電話攻勢という、ことさらアクティブな振る舞いが描かれている。それに比べて、一番と三番の振る舞いはパッシブである。そこで、とりあえず、ジャケットどおりの二番・三番が本来の順序であったと考え、なぜこんな珍事が起こったかについては後段で推理することにしよう。

☆仕事・電話・賭けごと

一番から三番まで、いずれも歌詞の冒頭に「室蘭の男」全般の特性が挙がっている。いわく、「仕事が好き」、「電話が好き」、「賭けごと好き」である。これらのレッテルは、当時の男性室蘭市民に対する他地域の住民のイメージを強く反映させたものであったにちがいない。

とくに、「仕事が好き」は時代背景を考えれば得心がゆく。『室蘭の男』が発売された一九七一年といえば、オイルショックで日本経済が失速する三年前であり、高度経済成長がまだ輝きを見せていた。市の人口は、一九六九年の一八万人余りをピークに減少に転じてはいたものの、まだ一七万人余りと、現在の倍以上もあった。

翌一九七二年に「室蘭港開港一〇〇年」、「市制施行五〇年」を控え、室蘭はまだまだ活況を呈していた。しかも、高炉をもつ製鉄業界にあっては、二四時間操業というのは当たり前で、港湾の荷揚げ・荷降ろしも今なお徹夜作業が少なくない。「仕事が好き」のイメージは、重化学工業・港湾都市の室蘭とは強い親和性がある。

「仕事が好き」だと、勢い「いくよいくよは口ばかり」となる。そのため「指の温《ぬく》み」が恋しい女性は「すすり泣く夜霧の女」と化すことになる（以上一番）。何しろ、室蘭は大半が海に囲まれ、海霧《うみぎり》で有名な街である。

「電話が好き」というのも当然で、電話は仕事の最大の武器である。女性が電話攻勢をかけても、結局は「話し中」。久し振りに会えた男に「ひと節きかせてよ」とせがむのは、「なつかし」の「そうらん節」である（以上二番）。歌詞の表記が「ソーラン節」ではなく「そうらん節」なのは、「騒乱」、つまり乱痴気騒ぎによる男女双方のストレス発散願望を含意させたからではないだろうか。

問題となるのは、三番の「賭けごと好き」の部分である。「よるとさわるとそればかり」とあり、男の話題は賭けごとでもちきりである。そのため、相手にしてもらえない女性には、悲しく「春が逝《ゆ》く」ことになる。

ギャンブルといえば、競馬・競輪・競艇・オートレースやパチンコが思い浮かぶが、室蘭では、競馬場は終戦から一〇年を経た一九五五年に廃止されたし、競輪場・競艇場・オートレース場は昔も今もない。また、パチンコ業界がとりわけ室蘭で活況であるという話も聞かない。

どうやら、この歌詞で想定された「賭けごと」は公営ギャンブルやパチンコではないようだ。港湾都市といえば、北九州の若松港の沖仲仕を主人公にした火野葦平《あしへい》（一九〇七～一九六〇）の小説『花と竜』（新潮社、一九五三年）のイメージなどが肥大化し、花札賭博・さいころ賭博の印象がどうしてもつきまとう。いや、高度成長期なら賭け麻雀であろうか。いずれにしても非合法である。

歌詞の順番が逆転したのも、慣例に従って一番・三番がテレビで放送されるとなると、三番の「賭けごと好き」の個所が放送コードに触れかねず、また抗議の対象にもなりかねないので、急きょスタッフがあまり目立たない二番に移したのではないだろうか。レコーディング直前に二番と三番を入れ替えたものの、ジャケットのほうはすでに印刷が終わっていたのでどうしようもなかった。——これが私の推理である。

10 『ゆのみの花』（美咲じゅん子）

☆ハスカップとユノミ

タイトルを見ただけではご当地ソングとは思えないし、湯呑茶碗を連想する向きもあろう。そんな曲が、ここで取り上げる『ゆのみの花』である。

「ユノミ」はアイヌ語に由来する植物名であり、この言葉は苫小牧市《とまこまい》とその周辺でのみ使われている。一般には「ハスカップ」と呼ばれており、こちらもアイヌ語に由来する。

ハスカップはスイカズラ科スイカズラ属の落葉低木で、和名は「クロミノウグイスカグラ（黒実鶯神楽）」という。ウグイスが鳴くころに白い花が咲きはじめ、その姿は神楽《かぐら》の舞いに似ていて優美で、やがて黒っぽい実がなるからというのが和名の由来とされている。薄く折り重なるような樹皮をもち、果実は、初めは黄緑色、熟すと青紫色になり、小指の先ほどの大きさとなる。対《つい》になって二つ寄り添って実ることから、花言葉は「愛の契り」となっている。

「ハスカップ」の名称は、その実を指すアイヌ語の「ハシカプ」に由来し、「枝にたくさん生《な》るもの」を意味する。細長い実のものと丸い実のものとがあり、前者がアイヌ語で「エヌミタンネ」と呼ばれ、その呼称が短縮・変化して苫小牧とその周辺で「ユノミ」と呼ばれるようになったという。ハスカップは、苫小牧の「市の花」に指定されている。自治体の花としてこれを指定しているのは苫小牧市だけである。

苫小牧市は、北海道南西部、胆振《いぶり》総合振興局管内にある人口約一六万八〇〇〇（二〇二三年二月現在）の街で、東西に長く、面積は約五六一平方キロメートルに及ぶ。太平洋にほぼ沿って室蘭本線が延び、南側には人工港を中心に工業地域が形成されており、製紙・パルプ工業のほか、近年では自動車製造業も定着してきた。

釧路湿原、サロベツ原野とともに「北海道の三大原野」と称されてきた勇払《ゆうふつ》原野を長年にわたって開拓して、今日の発展を見たのが苫小牧である。市の北西、千歳市との境には、溶岩ドームをもつ活火山の樽前山《たるまえさん》（一〇四一メートル）がある（11参照）。樽前山を含

ハスカップの花　©Basik07

ハスカップの実　©モリゲン

む周辺一帯は「支笏洞爺《しこつとうや》国立公園」の区域となっている。

市の東部にはウトナイ湖があるが、ここは日本で初めてバードサンクチュアリに指定されたほか、国の鳥獣保護区や「ラムサール条約」の登録湿地ともなっている。渡り鳥の中継地で、マガンやハクチョウなど毎年数万羽が飛来している（12参照）。

ハスカップの原産地はロシアのバイカル湖周辺であり、その種子を渡り鳥たちが運んできたために勇払《ゆうふつ》原野などに咲くようになった。日本の平地でハスカップがもっとも多く自生しているのは勇払原野とされる。

苫小牧《とまこまい》市の東に隣接するのが人口五〇〇〇人ほどの勇払郡厚真町《あつまちょう》である。ご存じのように厚真町は、二〇一八年九月、北海道胆振《いぶり》東部地震により、土砂崩れや家屋倒壊などの甚大な被害を受けている。この町は、稲作のほかハスカップの栽培および品種改良も盛んで、栽培地は二二ヘクタールにも及び、その作付面積は日本一となっている。とりわけ、「ハビウ（頗美宇）の里」とも呼ばれてきた高丘《たかおか》地区での栽培が盛んである。

ウトナイ湖

☆モチーフは「愛の契り」

苫小牧市・厚真町一帯に群生するこのハスカップを題材に、その花言葉「愛の契り」をモチーフにつくられた癒し系の三拍子曲が『ゆのみの花』である。歌詞は四番まであり、順に「ウトナイ湖」、「樽前山《たるまえさん》」、「ハビウの里」、「勇払原野」が登場する。それぞれの地域の特性と、若い女性に仮託された「ゆのみの花」のイメージが重ね合わされている。

この花は、歌のなかでどのように咲いているのだろうか。

「ウトナイ湖」畔では可憐にひっそりと、「恋する人」を待って咲いている（一番）。「樽前山」の麓では白く清らかに、「愛する人」を待って咲いている（二番）。「ハビウの里」では、朝霧に濡れて夢見るように「あなた」を待って咲いている（三番）。そして「勇払原野」では、芳香を漂わせて爽やかに「愛しい人」を待って咲いている（四番）。

歌唱は苫小牧出身の美咲じゅん子である。一九八八年に作詞家の星川成一に師事し、一九九三年にＣＤデビューを果たした。苫小牧を拠点に、広く道内外で活動している。持ち歌には、地元のご当地ソング『支笏湖慕情』（一九九五年）などがある。

星川は北海道を題材に多くの作詞を手がけ、『支笏湖慕情』のほか野村吉文の『奥尻の風に乗って』（76参照）などの作品がある。『ゆのみの花』は、星川の作詞家生活三〇周年記念曲であり、二〇一〇年九月に発売された。

作曲したのは山中博である。岸千恵子、大塚文雄、鎌田英一、高橋キヨ子など民謡歌手に多くの歌謡曲を提供してきた。最大のヒット曲は岸千恵子（一九四二〜二〇一一）が歌った『千恵っ子よされ』。ほかの作品には、『赤穂浪士』（二葉百合子）、『天翔の舞』（鏡五郎）などがある。

☆「幻の果実」ハスカップ

アイヌの人たちは、ハスカップの実を「不老長寿の果実」として珍重していたらしい。現在では、ジャムやスイーツ、そして果実酒などといったさまざまな用途に使われている。その実には、ビタミンC、ビタミンE、カルシウムなどが豊富に含まれている。また、アントシアニンをはじめとしてポリフェノールが多量に含まれるところから、目や心臓の薬にも使われているという。

実の表面の皮はとても薄くデリケートなので、一粒一粒が人の手によって丁寧に摘み取られている。収穫時期は六月末から七月中旬の三週間ほどと短く、しかも生の実のままでは保存が難しいため、「幻の果実」などとも言われている（厚真《あつま》町ホームページなどによる）。

近年、ハスカップは厚真町や苫小牧市を中心に道内各所で栽培されるようになり、「町おこし」に大きく貢献している。独特の酸味とほろ苦さで知られているが、品種改良によって、甘みを増したものや実がひときわ多いものも広まってきている。精力的に栽培される地域は、美唄《びばい》・名寄《なよろ》・富良野・美瑛などにも及んでいる。

余談になるが、北海道大学では、同大に所属する研究者たちが生産した学術成果（論文・著書など）を電子化したコレクションを、対応する英単語の頭文字などをとって「ＨＵＳＣＡＰ」と名付け、その発音を「ハスカップ」と定めている。なるほど、植物ハスカップのアイヌ語の意味が「枝にたくさん生《な》るもの」であるから、大学という幹の、大学院・学部・学科という枝にたくさん生《な》っている学術成果を表現するにふさわしい呼称である。北海道を代表する大学であってみれば、その学術成果は、よもや「幻の果実」で終わることはないだろう。

11　『北国の慕情』（倍賞千恵子）

☆舞台は樽前山麓《たるまえさんろく》・支笏湖畔《しこつこはん》

倍賞千恵子は、半世紀以上にわたって第一線で活躍してきた、庶民的な役柄で定評のある女優である。一九四一年に東京で生まれ、松竹歌劇団（ＳＫＤ）の一三期生と知って改めて驚いた。ＳＫＤ退団後、一九六一年に映画デビューを果たしている。現在放送されているコマーシャルなどを見ても、とても戦時中の生まれとは思えない。

浦山桐郎（一九三〇～一九八五）監督・吉永小百合主演の日活映画『キューポラのある街』（一九六二年）に刺激された松竹は、一九六三年にその向こうを張って、山田洋次監督のもと『下町の太陽』を制作した。彼女はそれに主演して大ブレイクとなったほか、自身が歌った同名主題歌も大ヒットした。以後、山田映画の常連となり、渥美《あつみ》清（一九二八〜一九九六）主演の「寅さんシリーズ」における「妹さくら」の役はあまりにも有名である。

歌手としても活躍し、前掲主題歌のほかの代表作として、『さよならはダンスの後に』、『忘れな草をあなたに』、そして『オホーツクの舟唄』（35参照）などがある。総じて彼女の持ち歌の歌詞は健全で、歌いぶりも優等生的である。ここで取り上げるのは、そんな彼女が歌唱した、一九六六年一〇月に発売された『北国の慕情』である。

この曲は『ラブレター』のB面曲で、作詞は内村直也、作曲は飯田三郎。この高名な芸術家コンビについては、26『風蓮湖の歌』のところで改めて詳しく触れることにする。

『北国の慕情』、タイトルを見ただけではどこが舞台なのか分からない。しかも、北国「に対する」慕情なのか、北国「における」慕情なのかすら分からない。手掛かりとなるのは、歌詞の「樽前《たるまえ》の／山の麓のこの湖に」の部分である。「樽前」は胆振《いぶり》総合振興局管内の苫小牧《とまこまい》市の西部を占め、その北西に位置するのが「樽前の山」、つまり樽前山（10参照）である。

前述したように、標高一〇四一メートルの活火山で、南・東側は苫小牧市、北・西側は石狩振興局管内の千歳市に属する。その「山の麓」にある湖といえば面積七八平方キロメートル余りの支笏《しこつ》湖で、全体が千歳市に属する。

支笏湖は日本最北の不凍湖であり、透明度は摩周湖やロシアのバイカル湖に匹敵するほど高い。水深は、最大三六〇メートル、平均二六五メートルで、深度は秋田県の田沢湖に次いで日本第二位である。支笏湖を囲む活火山には、ほかに恵庭岳《えにわだけ》（一三二〇メートル）と風不死岳《ふっぷしだけ》（一一〇二・五メートル）があり、合わせて「支笏三山」と呼ばれている。

『北国の慕情』は、樽前山を望む支笏湖のほとりで芽生えたヒロインの恋心を主題とする爽やかな叙情歌である。作曲家飯田の得意とするクラシック調歌謡であるが、アレンジには、発売された一九六六年の前後に一世を風靡した、いわゆるムード歌謡の雰囲気も漂っている。

☆支笏湖は純愛の清澄不凍湖

ヒロインは、樽前山麓の支笏湖に臨む宿に、「まだ

支笏湖から見た恵庭岳　©663高地

雪残る」時期、つまり早春に逗留している。何か傷心のわけがあるらしいが、それは不明である。ある朝、ここで彼女はある男性と「初めて逢った」。そして「初めて話した」。「誰があなたを招《よ》んだのでしょう」と、偶然の出逢いに感謝する彼女。「昨日《きのう》」は「むなしい」状態だったが、今は「心の底」が「ほのぼのと充たされて」いて、「時を忘れる」ほどである。「白い煙」すなわち樽前山《たるまえさん》の噴煙が「胸にしみいる」。

さらに、「赤い夕モの実」が「緑に映えて」いるとあるが、「夕モ」とは北海道に広く分布する落葉広葉樹ヤチダモのことで、川田孝子が歌った『狩勝の美少年』（54参照）にも登場する。これは雌雄異株の植物で、むろん実を付けるのは雌株であるから、どうやら「赤い夕モの実」とは、ヒロインの心情の象徴であるらしい。「赤い」という形容にはいささか誇張があるが、それほどまでにヒロインの心が昂揚しているという隠喩《いんゆ》が込められているのだ（以上、一・二番）。

そして時は流れ、「静かな夜」になる。ヒロインの「ときめく心」は抑えられたとはいえ、「初めて知った」人なのに彼のことが気にかかって仕方がない。その胸騒ぎを象徴するかのように、遥か遠くの「牧場《まきば》」からは「馬のいななき」が聞こえてくる（以上三番）。徹頭徹尾、気品が漂っている歌詞である。

ちなみに、「ご当地ソングの女王」と称されている水森かおり（17参照）には、二〇一八年三月に発売された『水に咲く花　支笏湖へ』という歌がある。前述のとおり、支笏湖《しこつこ》は透明度が高いので、日光が浸透しやすく、浅い部分の湖底には植物が根付きやすい。タイトルにある「水に咲く花」とはチトセバイカモのことで、漢字で書けば「千歳梅花藻」となる。

キンポウゲ科キンポウゲ属の多年草で、白く小さい可憐な花が水の流れのままに揺れる。日本固有種で、主として北海道に分布する。千歳川で初めて採取されたことからこの名が付き、花は七月下旬から八月下旬までの約一か月間が見頃である。この花が繁茂しているということは、支笏湖の水質が維持されている証拠でもある。

支笏湖は摩周湖と並んで透明度が高く清澄《せいちょう》で、しかも不凍湖である。清澄は「純愛」に通じ、不凍は「情熱」に通じる。同じ清澄・純愛の脈絡で取り上げる布施明の『霧の摩周湖』（22参照）も『北国の慕情』と同じ一九六六年の発売で、レコード会社も同じである。

☆樽前山は情熱の活火山

気象庁長官の私的諮問機関などとして一九七四年に設置された「火山噴火予知連絡会」は、現在、日本の一〇〇余りの活火山を活動度によってランク分けしており、そのうち五〇火山を常時観測の対象に指定している。ランクAには、浅間山（群馬・長野県）・阿蘇山（熊本県）・雲仙岳（長崎県）・桜島（鹿児島県）などの一三火山が分類されており、北海道では十勝岳・有珠山《うすざん》・北海道駒ケ岳のほか、樽前山が指定されている。要するに、樽前山は日本有数の活火山なのだ。

樽前山《たるまえさん》は、二千数百年も休止したあと、江戸前期の一六六七年に活動を再開したという。近年では、一九三六年の噴火後、およそ一〇年間の小休止を経て一九四四年から再び小規模な噴火がはじまり、一九五五年まで続いた。そして、二〇年余りの小休止ののちに活動を再開し、時おり降灰が見られたという。とりわけ一九七八年の噴火では、降灰とともに低温の火砕流も発生した。『北国の慕情』が発表された一九六六年は、樽前山の活動が沈静していた時期にあたるので、「白い煙の胸にしみいる」という歌詞はリアルタイムとしてはやや大仰である。しかし、いつ迸《ほとばし》るか分からない情熱の活火山であったことは確かで、その麓の純愛を彷彿させる清澄《せいちょう》かつ不凍の支笏《しこつ》湖《こ》と相まって、叙情歌としては打ってつけのロケーションであった。

12 『ウトナイ湖』（若原一郎）

☆伸びのある美声の若原

10『ゆのみの花』のところでも紹介したように、ウトナイ湖は苫小牧市東部の勇払《ゆうふつ》原野の一角を占める、面積二二〇ヘクタール、周囲約九・五キロメートルの湖である。周囲には低湿地が広がり、沼が点在している。ウトナイ湖も水深が平均六〇センチと浅いので、「ウトナイ沼」と称されることもある。

元来、アイヌ語で「キムウント」（山にある沼）、あるいは「キムケト」（山奥・沼）と呼ばれていた湖だが、ここから勇払川に注ぐ美々川《びびがわ》などの姿を背骨と肋骨になぞらえて「ウッナイ」（肋骨・川）とも呼ばれ、時とともに現在の呼称が定着した。大正時代には「宇都内沼《うつないぬま》」という漢字が充てられていたと聞く。

ここで取り上げる歌は、この湖を舞台にした、その名もずばりの『ウトナイ湖』である。作詞は藤木美沙となっているが、箱崎晋一郎のヒット曲である『熱海の夜』の補作詞者であること以外ほとんど情報がなく、私にとっては謎の作詞家である。ある高名な男性作詞家の変名であると私はにらんでいるが、確証はない。

作曲したのは大御所の船村徹である。船村については、35『呼人駅』や61『石狩川』で改めて詳しく触れることにする。

歌唱は、横浜出身の若原一郎（一九三二〜一九九〇）。一九四八年に「NHKのど自慢」で入賞し、翌年にプロデビューしている。一九五六年に『吹けば飛ぶよな』、一九五八年に『おーい中村君』というコミカルな曲がそれぞれヒットしたことを記憶している方もおられるだろう。

ほかの代表曲として、シリアスで叙情的な『山陰《やまかげ》の道』や『少女』がある。一九七〇年代以降はテレビのバラエティー番組でも活躍し、ウィッグ（かつら）のテレビCMにも登場したので、歌手というイメージから遠ざかったような気もする。

『ウトナイ湖』は、一九八〇年三月に発売されたシングル『すばらしい東京』のB面曲である。伸びのある美声が活かされた叙情歌で、主人公の寂寥感《せきりょうかん》が白鳥の飛び立ったあとのウトナイ湖の景観と見事に一体化している。

☆鳥たちの聖域ウトナイ湖

ウトナイ湖は、マガンやハクチョウなどの渡り鳥の中継地となっている（10の写真参照）。渡りの季節には、二五〇種以上にも及ぶ数万羽が飛来する。一九八一年、湖とその周辺の五一〇ヘクタールほどが、日本野鳥の会によって日本初のバードサンクチュアリ、つまり「鳥たちの聖域」に指定された。言葉を換えれば、野生鳥獣類の生息保全を主目的とした区域になったわけである。単に環境保全の場だけでなく、バードウォッチングや野鳥との触れ合い体験などができる場でもある。

一九八二年に国の「鳥獣保護区（集団渡来地）」に指定され、さらに一九九一年に、「特に水鳥の生息地として国際的に重要な湿地に関する条約」、すなわち「ラムサール条約」の、日本における四番目の登録湿地となった。

植物も豊富で、ミゾハギ科一年草の浮葉植物ヒシやタヌキモ科の多岐にわたる食虫植物など、水生植物群落が広がり、周辺にはマコモやヨシといったイネ科の多年草の群落、さらにはカバノキ科の落葉高木ハンノキの林などが広がっている（苫小牧市ホームページなどによる）。

とはいえ、同湖はすでに半世紀も前から乾燥化が顕著となり、一九六〇年代には二三〇センチもあった平均水位が次第に低下し、生態系も徐々に変化してきている。湖を管理する胆振《いぶり》総合振興局室蘭建設管理部は、一九九八年から湖の下流に可動式の堰を設置して湖水の流出量の調整を行うなど、乾燥化の進行をコントロールしてきた。

☆『湖畔の宿』と『ウトナイ湖』

『ウトナイ湖』の舞台は、言うまでもなくウトナイ湖。時期は「白き旅鳥」、つまり白鳥が「北へと帰る」、「空へと消える」早春である。時間帯は「日昏《く》れ」る夕刻。登場人物は、旅の若い男が一人だけ。男の感懐《かんかい》が湖の景観と重ね合わされて、歌詞が展開されている。

男は「青春の哀しみ」を背負ってウトナイ湖畔にやって来た。白鳥がシベリア方面へ帰るのを見届けながら、夕刻に「湖畔」にたたずんでいる。「別れ告げれば／おまえのいない／旅のこころに／夕風しみる」とある。「おまえ」とは失恋の相手である。「別れ告げれば」とあるが、その対象は、直接的には眼前の白鳥である。北へ帰りつつあるその鳥たちを見送りながら、心の中では彼女にも別れを告げているわけである。

彼女を白鳥たちと重ね合わせて気持ちの整理をつけようとしているが、いっこうに整理はつかない。「明日《あした》は帰ろうか」、「それともこのまま北の旅を」続けようかと、まだ迷っている。「青春の哀しみ」の捨て場はどこにもないと知りつつも。やがて男は、「湖畔の宿」で「荷物もとかず灯りも点けず」に「地酒」に溺れる。

ちなみに苫小牧は、樽前山《たるまえさん》の伏流水に恵まれているので地酒が旨いと聞いたが、私はまったくの下戸なので味わったことがない。

ところで、「湖畔の宿」といえば、思い出されるのが「歌う映画女優」の第一号と称された高峰三枝子（一九一八～一九九〇）が歌唱した一九四〇（昭和一五）年の同名ヒット曲である。佐藤惣之助（一八九〇～一九四二）の作詞、服部良一（63参照）の作曲で、この曲も失恋による傷心の歌であるが、主人公は女性である。湖のモデルは、群馬県の榛名湖だという。最深部は一二メートル以上というから、沼ではなく本格的な湖である。

この歌は、国威発揚《こくいはつよう》が重んぜられた戦時中の折から、曲調が暗いとのレッテルが張られて発禁処分となった。しかし、ヒロインは案外アクティブである。彼からの「古い手紙」を「炊き捨て」たり、「ランプ引き寄せ」て故郷へ手紙を「書いてまた消」したりしている。さらに、「トランプ」占いもしている。当然、荷物も解いたであろう。過去にきっちりけじめをつけ、将来を見据えつつポジティブに行動しているわけである。

それに引き換えて『ウトナイ湖』の主人公は、ポジティブなことは何もしない。旅の帰趨《きすう》すら決めかね、荷物すら解かず、ただ地酒を飲むだけである。意気地がなくて柔弱である。不謹慎な表現をあえて使えば「女々しい」となる。「沼」とも称されるウトナイ湖にいかにもふさわしい、「泥臭い」ジメジメした振る舞いとも言える。

それにしても、戦時中のヒロインよりも、日本が自信に満ちあふれていた「ジャパン・アズ・ナンバーワン」の時期を生きた若い男のほうが「女々しい」とは、何とも意外な対照である。「女々しい」といえば、山内惠介（56参照）が歌唱した平成後期（二〇〇九年）の『風蓮湖』も同様である。道東にあるこの湖も白鳥の飛来地として有名であるが、鈴木紀代（2参照）が作詞し水森英夫（56参照）が作曲したこの歌でも、失恋した主人公の男が湖畔で未練にひたっている。そして、白鳥が海を渡ってくるように彼女も戻ってきてくれないものかと願う。

今、戦時中の職業軍人が生き返ったら、榛名湖を舞台とした『湖畔の宿』よりも、『ウトナイ湖』や『風蓮湖』のほうを発禁処分としたくなるのではないだろうか。

3月の榛名山とボート乗り場　©dttx

13 『襟裳岬』（島倉千代子）

☆二つの名曲『襟裳岬』

襟裳岬は、幌泉郡《ほろいずみぐん》えりも町《ちょう》の、太平洋に面する有名な岬である。高さは六〇メートルほどで、三層の海岸段丘が発達し、日高山脈襟裳国定公園の中核を成している。

『襟裳岬』と題するヒット曲は二つある。一九六〇年に発売された島倉千代子の歌唱版と、一九七四年に発売された森進一の歌唱版であり、曲調はまったく異なる。熟年の演歌ファンのなかには、一九七四年のＮＨＫ「紅白歌合戦」における二曲のトリ対決を記憶されている方も少なくないであろう。

襟裳岬には、どちらの曲の歌碑もある。ともに歌謡史に残る名曲であり、本書でも、どちらを取り上げるか、あるいは両方か、と悩んでしまった。

熟考した末、私は、森進一版（岡本おさみ作詞・吉田拓郎作曲）が日本レコード大賞受賞曲であることも承知のうえで、島倉版に軍配を上げた。フォーク調の演歌よりは正統派演歌という私

襟裳岬の歌碑／向かって右が島倉千代子版

自身の好みもあるが、島倉版のほうが歌詞の「襟裳」をほかの地名に置き換えることが難しいと判断したからである。つまり、舞台を襟裳にする必然性が極めて高い、襟裳岬ならではの歌詞であるからだ。四つの観点から検証してみよう。

ちなみにこの歌は、ある男性に去られ、一時は彼に怨みを抱いていた女性が、襟裳岬に佇むうちにその男を恋い慕うようになるという、複雑な女心を表現した歌である。

☆島倉版に軍配の理由

まず、風の強さという点。一番から三番まで、「風はひゅるひゅる波はざんぶりこ」ですべてはじまっている。むろん、岬といえば、どこであれ風は強いものだ。しかし、襟裳岬はとりわけ強風のところとして知られている。山岳以外のアメダス（地域気象観測システム）の観測地点において、年間の平均風速が最大なのが襟裳岬であるそうだ。風速一〇メートル以上の日が、年間に二九〇日以上あるという。襟裳岬にこそふさわしい歌詞と言える。

次は昆布。二番の歌詞に「こんぶとる手にほろりと涙」とある。日本国内の昆布は、約九五パーセントが北海道で捕れる。少なくとも、本州以南の岬に置き換えることは難しい。道内でも、襟裳岬の周辺は有数の昆布産地となっており、「日高昆布」にその名をとどめている。ちなみに、「こんぶとる」とあるのは、仕事として「捕る」のではなく、岬から浜へ下りてきて「たったひとり」佇むヒロインが、浜に打ち上げられた昆布の切れ端を手に「取る」光景を表している。

　次は、岬の向きと景観。ヒロインは「あの人」のことを思って岬に佇んでいる。一番の歌詞にある「怨んだけれど／いまじゃ恋しいあの人」は、当然ながら、その岬の彼方にいる。北海道ではなく本州以南にいるとすれば、南向きの襟裳岬にヒロインが佇むのは頷《うなず》ける。北向きの宗谷岬（稚内市、42参照）、西向きの神威《かむい》岬（積丹《しゃこたん》町、74参照）などでは、見つめる先は外国になってしまうのだ。また、東方向きの知床岬（斜里町、31参照）や納沙布《のさっぷ》岬（根室市、23参照）なら、その先は北方領土であり、いまだに日本人は締め出されている。やはり、南向きの岬こそが絵になる。

　とすると、同じ南向きの立待岬（函館市、4参照）や地球岬（室蘭市、7参照）などでもよさそうだが、「こんぶ」を手に「とる」には、やはり浜へ下りる道がよく整備されている襟裳岬がもっとも絵になる。しかも、思わず「背のびしてみ」たくなり、「浜の日暮れは淋しい」と感じるのは、海の彼方に陸地が絶対に見えない岬こそがふさわしい。

　これらに該当するのは、やはり襟裳岬である。しかも、この岬の沖合七キロまでは岩礁が連なっており、この連なりが、まるでヒロインの未練を強く象徴しているかのように思われる。ちなみに、この歌が発表された当時には、観光客が陸地から近くの岩礁に渡れる橋が整備されていたと聞く。

最後に、語源的な観点から述べてみよう。「襟裳」は岬を意味するアイヌ語「エンルム」に由来しており、漢字表記は当て字である。ところが、漢字も響きも「襟元」を連想させる。襟元は「うなじ、えりくび、えりの合わさる胸元」（『広辞苑』）であり、男性よりは女性のイメージが強い。「裳」にしても、元来は女性の装束のことである。イメージ的に、女性が佇むにふさわしい名の岬であると言える。

以上を総合すると、島倉千代子版『襟裳岬』の歌詞内容は、ほかの岬ではなく、襟裳岬を舞台とすべき必然性が極めて高い。これに対して森進一版の『襟裳岬』は、タイトルと相違して中身に岬は登場しないし、別の土地をはめ込んでも歌として通用してしまうのだ。たとえば、「襟裳の春は何もない春です」という歌詞は、納沙布岬を念頭に、「根室の春は何もない春です」という替え歌にしても何ら違和感がない。

余談だが、統計によると、近年のえりも町は、出生率が北海道でもっとも高い自治体だそうだ。「何もない」どころか、将来性の豊かな町である。

☆丘・遠藤・島倉の黄金トリオ

島倉版『襟裳岬』の作詞は丘灯至夫《おかとしお》（一九一七〜二〇〇九）。福島県の出身で、一九三五年に西條八十《さいじょうやそ》（54参照）に弟子入りした。ＮＨＫ郡山局や毎日新聞福島局などで報道に従事したのち、一九四九年、同名映画の霧島昇（一九一四〜一九八四）歌唱の主題歌『母燈台』を作詞したことがきっかけとなってプロになった。プロ後も新聞社には在籍し、一九七二年に定年退職を迎えたという異色の作詞家である。報道取材には「押しと顔」が大切だと言うが、これを逆から読んでペンネームにしたという。

代表作は、『あこがれの郵便馬車』、『高原列車は行く』（ともに岡本敦郎）、『東京のバスガール』（初代コロムビア・ローズ）、『高校三年生』（舟木一夫）などで、明るい青春歌やホームソング的なものが多い。『襟裳岬』にも、「春はいつ来る」のかと地元の「女の子」が「燈台守」に問い掛けるというほのぼのとしたシーンが描かれているが、この部分など、ホームソングの延長と位置づけられる。

作曲したのは、大御所の遠藤実（一九三二〜二〇〇八）。戦時中は新潟に疎開し、一九四九年に生まれ故郷である東京に戻ってきた。流しの演歌師を経て、一九五六年に藤島桓夫《たけお》（一九二七〜一九九四）の『お月さん今晩わ』で作曲家デビューを果たしている。

代表曲としては、令和を生きる成人日本人であれば大多数が知っている曲が挙げられる。こまどり姉妹（78参照）の『浅草姉妹』、森昌子（4参照）の『せんせい』のほか、『からたち日記』（島倉千代子）、『高校三年生』（舟木一夫）、『星影のワルツ』（千昌夫）、『こまっちゃうナ』（山本リンダ、作詞も遠藤）、『くちなしの花』（渡哲也）、『雪椿』（小林幸子）など枚挙にいとまがない。

日本作曲家協会会長などを歴任し、死後に国民栄誉賞を受賞している（77も合わせて参照）。

歌唱の島倉千代子（一九三八〜二〇一三）も東京の出身。一九五五年に『この世の花』でデビューし、『からたち日記』、『東京だョおっ母さん』、『逢いたいなァあの人に』、『愛のさざなみ』、そして『人生いろいろ』などヒット曲が多数ある。一九六〇年代には、美空ひばり（38参照）と並ぶコロムビアの女性看板歌手として大活躍し、その後も「国民的歌手」として親しまれた。か細く可憐で、清潔な高音の歌声は、好きな男性への一途な想いを表出する『襟裳岬』に見事にマッチしていた。

14 『十勝平野　〜あゝ北海道〜』（金田たつえ）

☆意外に少ない「平野」歌謡

具体的な山・川・海・湖・岬をタイトルにした歌謡曲は多い。一方、平野となると、ありそうで少ないものだ。実在の平野を冠した歌といえば、代表的なのが吉幾三の『津軽平野』である。そのほかには、水森かおり（17参照）が歌った『庄内平野　風の中』、多岐川舞子（51参照）が歌った『越後平野』、そして『十勝平野』（戸川よし乃）があるくらいで、意外に少ない。

架空の平野を冠した歌を加えても、大川栄策（77参照）の『哀愁平野』、藤圭子（52参照）

の『面影平野』、石川さゆり（25参照）の『憂愁平野　～おもかげ～』のほか、『越冬平野』（大黒裕貴《ゆき》）、『海峡平野』（松永ひとみ）、『銀河平野』（西崎緑）、『憂愁平野』（伍代夏子）があるくらいで、さほど数が増えない。

　タイトルではなく歌詞に特定の平野が登場する歌となると、津軽平野に関係するものが圧倒的に多く、それ以外では、北から順に空知（の）平野・石狩平野・会津平野・越後平野・安曇野平野・関東平野・濃尾平野・伊勢平野・播州平野があるくらいである。

　山や川などと違って平野は歌にしにくいのではないだろうか。広すぎて焦点を絞りにくいということもあろうが、何より、静的で起伏が少ないために歌にメリハリがつけにくいのかもしれない。そんななかで、金田たつえが歌った『十勝平野　～あゝ北海道～』は、時間的にも空間的にもスケール感のある、いかにも十勝平野、ひいては北海道を思わせる曲となっている。この曲は、一九九八年六月に発売されたシングル『女のオホーツク』のカップリング曲である。

十勝平野と日高山脈の風景　©澤田聡

☆十勝の大スケールが歌に

一九四八年に生まれ、北海道砂川市出身の金田たつえは、一九六一年に日本民謡協会全国大会で『江差追分』を歌って優勝し、一九六九年に民謡歌手としてデビューした。一九七三年に『花街の母』で演歌に転進したが、この曲は発売から六年が過ぎてから大ヒットした。ほかの持ち歌に『しのび恋』や『望郷江差』などがあり、現在も実力派歌手として活躍している。

作詞は、金田と同じ年に日高町で生まれた高橋直人。造材・造林・土木・建築などといった肉体労働を経て、三〇代半ばでプロの作詞家になったという異才である。代表作として、八代亜紀が歌った『海猫』がある。この曲は、一九八二年、日本作詞大賞作品賞に輝いている。

作曲は萩仁美だが、金田の持ち歌を多数作曲しているほか、多くの歌手に楽曲を提供しているようであるが、インターネット検索をしてもあまり情報が得られなかった。

十勝平野は、西は日高山脈、北は石狩山地、東は白糠《しらぬか》丘陵、南は太平洋に囲まれ、面積は三六〇〇平方キロメートルに及ぶ。しばしば「日本のウクライナ」と形容されるように、機械を活用した大規模な畑作が盛んで、大豆・小豆・甜菜《てんさい》（サトウダイコン）・馬鈴薯（ジャガイモ）・アスパラガスなどの有数な産地であるほか、酪農も盛んである。

平野を冠した歌謡曲でもっとも有名なものは、前掲した吉幾三の『津軽平野』であろう。この歌は、「出稼ぎ支度」する「親父《おどう》」など、登場人物の描写が見事である。しかし、平野ならではの景観が丁寧に描かれているわけではなく、そういう意味では金田の『十勝平野』には遠く及ばないと私は思っている。

☆道具立てに数々の工夫

とはいえ、『十勝平野』も、地域を表す固有名詞は「十勝平野」だけである。ほかに地名や自治体名は登場していない。にもかかわらず、十勝平野と感じられるのは道具立てに工夫があるからだ。歌謡曲ではあまり見かけない名詞のオンパレードとなっている。たとえば、植物の「猫柳《ネコヤナギ》」、「蔦漆《ツタウルシ》」や動物の「蝦夷鹿《エゾシカ》」。十勝平野で長らく展開されてきた「開拓」や「放牧」、そして自然と労働がもたらす「実り」。これら多くの語彙が畑作と酪農を鮮やかに想起させてくれる。

一番は、十勝の過去から現在への歴史的変遷がテーマとなっている。キーワードは「開拓」。「御先祖」が「汗と夢」を絞って「大木」に振り下ろした「開拓の鉞《まさかり》」のおかげで、十勝平野に「風」が吹き渡るようになり、「黒土《つち》」を耕せるようになった。

二番は、十勝の春から夏への季節の移ろいがテーマである。キーワードは「放牧」。「猫柳」が春を告げ、大地に花が咲く。「放牧の牛の群れ」が育つにつれ、夏が来て平野に「作物」が伸び、あたり一面が「緑」になる。

三番は、十勝の秋から冬への季節の移ろいがテーマである。キーワードは「実り」。「蔦漆」が鮮やかな紅葉を見せると「実りの秋も盛《たけなわ》」。そして、「蝦夷鹿」の声が「里」に聞こえてくると冬は近い。十勝平野に「夕陽が沈む」のはまた明日が来る印である。

一番から三番までのすべてに、「素晴しい故郷《ふるさと》をありがとう」という歌詞が登場する。感謝の対象は、先祖による「開拓」はもとより、「放牧」による牛の育ちや農作物の「実り」にも向けられている。

また、「猫柳」と「蔦漆」という語も、よく吟味したうえで選ばれている。双方とも日本列島に広く分布している。前者は、ほかの植物には条件のよくない水際に生育し、株元は水に浸かるところに育つ。後者は、高木などの幹に気根を出して巻き付いて這い上がる。ともに、劣悪な環境のなかでもそれにめげずに努力して生き延びてゆくことの大切さを、人間に教訓として授けているかのようである。

また、双方とも季節とともに移ろいゆく落葉樹で、しかも雌雄異株である。いかにも人間の生態を彷彿とさせてくれる。これらの植物は、本州以南からの開拓者に、北海道も道外とさほど変わりはないという安堵感を与えたことであろう。

逆に、「蝦夷鹿」は北海道固有の動物である。基本的には森林など自然豊かな環境に生息しているが、農地など、人間に近い環境で生活するものも少なくない。採食する植物種も多様で、適応能力も高い。しかも、主要な天敵はヒグマ。こうした特徴が人間に親近感を抱かせてしまう。

前述のとおり、この歌では「素晴しい故郷《ふるさと》をありがとう」が繰り返される。道外からの開拓民の子孫には、自ずと湧き出る感情であろう。ただ、先住民族であるアイヌ系の人々にとってはどうだろうか、ちょっと懸念も残る。そのあたりは、十勝郡浦幌町《うらほろちょう》生まれの上西晴治《うえにしはるじ》（一九二五〜二〇〇九）の小説『十勝平野』（上下巻、筑摩書房、一九九三年）などから推し量るしかない。同書では、自然と調和して暮らしてきたアイヌの人たちが、和人のもたらした近代化という波のなかで大きく翻弄されてゆくさまが三世代にわたって描かれている。

ちなみに、冒頭部で触れた戸川よし乃の『十勝平野』はご当地ソングとは言えない。ほかの平野に置き換えても十分通用してしまうからだ。松原のぶえ（24参照）が歌った『十勝厳冬』も、ほぼしかりである。

15 『帯広のひと』（十勝花子）

☆十勝・帯広・音更

北海道東南部を占める十勝地方。その自治体を北・西方向から南・東方向へ並べると、新得町《しんとくちょう》・上士幌町《かみしほろちょう》・足寄町《あしょろちょう》・陸別町《りくべつちょう》・鹿追町《しかおいちょう》・士幌町《しほろちょう》・本別町・清水町・音更町《おとふけちょう》・池田町・浦幌町《うろほろちょう》・芽室町《めむろちょう》・帯広市・幕別町《まくべつちょう》・豊頃町《とよころちょう》・中札内村《なかさつないむら》・更別村《さらべつむら》・大樹町《たいきちょう》・広尾町の一市一六町二村となる。

面積は一万平方キロメートルを超え、総人口は約三三万（二〇二一年一二月現在）となっている。「十勝」の名は、乳を意味するアイヌ語「トカプチ」に由来するとされる。その名のとおり山麓と海沿いでは酪農が盛んで、平野部では畑作農業が発達している。

十勝地方の中核をなす自治体が帯広市である。明治期、静岡・富山・岐阜などからの移民によって開拓され、大正期になって急速に市街化が進んだ。市名は、帯広川のアイヌ語の呼称である「オペレペレケプ」（川尻が幾重にも裂けている状態）の冒頭部の音に由来する「帯」に、十勝平野の広大さにちなんだ「広」を付けてつくられたと聞く。

同市の北に接するのが音更町である。町名は、アイヌ語の「オトプケ」の転訛に由来する。「髪の毛が生える」の意で、音更川と然別《しかりべつ》川の多岐にわたる細い支流が毛髪を彷彿とさせたことによるらしい（『北海道の地名』平凡社、二〇〇三年）。

☆音更を含む広義の帯広

音更町は、道内の町村ではもっとも多い四万三〇〇〇人余りの人口を擁している。南に接する一六万四〇〇〇人余りの帯広市と合わせると二〇万人を優に超えており（二〇二一年一二月現在）、帯広北部と音更南部は一つの文化圏と見なせる。このエリアが広義の「帯広」と言える。

音更町を流れる十勝川と北海道道73号帯広浦幌線に沿って並ぶのが十勝川温泉街である。ナトリウム塩化物泉・炭酸水素塩泉で、泉温は四三度前後である。地下深くの植物起源の有機質を含むモール（泥炭）温泉でもある。一九二八年、雨宮駒平（生没年不詳）が掘削に成功して「雨宮温泉」と命名され、翌一九二九年には、この近隣が広くそう呼ばれるようになった。その後、一九三三年になって「十勝川温泉」とされ、温泉街が形成された。

モール温泉の効能となっている、神経痛、筋肉痛、関節痛、五十肩、運動麻痺、関節のこわばり、うちみ、くじき、痔疾患、慢性消化器疾患、慢性皮膚病、病後回復期、疲労回復、健康増進、虚弱体質、慢性婦人病、冷え性、切り傷、火傷《やけど》などの悩みを抱えている方には、是非訪れてほしいところである。実は、私も幼いころから膝関節の障害を抱えており、十勝川温泉にかぎらず、北海道の温泉のありがたさはよく分かっている。

音更町《おとふけちょう》では、街の観光ガイドセンターを基点にフットパスが設けられており、すぐ近くにある「十勝が丘公園」などへ散策ができる。広大な同公園には、直径が一八メートルもある花時計「ハナック」を中心に、各種広場や、木製のアスレチック遊具などが整備されている。また、「十勝

2004年に北海道遺産に選定された十勝川温泉街
©663高地

が丘展望台」があり、ここからは、十勝川と十勝川温泉街、広大な十勝平野、そして遥か遠方に日高山脈の山並みを一望することができる（音更町ホームページなどによる）。

☆帯広圏が舞台の貴重な曲

総じて十勝地方は、人口の割にご当地ソングの少ないところであるが、「十勝」を芸名とする当地出身の歌手がかつて歌った一曲に、癒し系の三拍子曲『帯広のひと』がある。発売されたのは一九八二年七月。作詞は星野哲郎、作曲は遠藤実という大御所コンビの作品である。星野については41『襟『氷雪の門』や72『小樽夢見坂』で、遠藤については13裳岬』や77『江差・追分・風の街』で詳しく触れている。

歌唱は、上士幌町《かみしほろちょう》の出身である十勝花子（一九四六〜二〇一六）。帯広三条高校を卒業後、一九六五年にレコード会社主催のコンクールに出場し、審査員だった星野哲郎に認められ、翌年に歌手デビューを果たしている。持ち歌として『人生一本』や『ソーラン娘』などがあるが、映画・テレビなど

十勝が丘展望台　©おんちゃん

で脇役女優として活躍した姿のほうが記憶に残っているだろう。私を含む熟年世代には、一九七一年から一九七二年に放送されていた岡崎友紀《ゆき》主演のドラマ『なんたって18歳！』において、コミカルに演じた意地悪な先輩バスガイド役がとくに印象に残っている。バラエティー番組でも親しまれた十勝だが、それらとは対照的に、『帯広のひと』は歌詞内容も彼女の歌い方も実にシリアスである。

表現の妙味にも注目しながら歌詞内容を見てみよう。一番から三番まであるが、ヒロインの意識の自然な流れに沿った構成で、歌詞の解釈はかなり容易である。『帯広のひと』の「ひと」は男性であり、先に述べた帯広圏で暮らす、いわば広義の「帯広のひと」である。ヒロインは、かつて彼と生活圏をともにしていたが、何らかの事情で、今はそれより南、おそらくは本州以南で暮らしているようだ。しかし、絆が切れているわけではない。

ある日、彼は彼女に、逢いたい旨が書かれた短い手紙を出す。「逢いたい気持に勝てなくて／お酒が好きになったよ」などと、いわゆる殺し文句が書かれている。しかも、その手紙は昔の離縁状の体裁と同じく、わずか「三行半」であった。むろん、ここは「みくだりはん」ではなく「さんぎょうはん」と普通に歌われる。手紙を読んだヒロインは動揺し、「ぐっと泣かせる」男だと切なさを募らせる（以上が一番）。

帯広圏での彼との生活を思い出すヒロイン。別れの辛さに耐えかね、花の咲き乱れる十勝が丘公園では、「スズランの香りに負け」て思わず泣いた。このあたり、「勝」と「負」の語呂合わせが巧みな歌詞となっている。肩を抱き寄せてくれた彼の「胸の温み」を、ヒロインは今も忘れられずにいる（以上が二番）。

彼女は、「今夜もギターの爪びきで／音更町《おとふけちょう》は更けるでしょうか」と十勝川温泉街に思いを馳せる。むろん、ここの歌詞は「音更」の字面を踏まえて構築されている。カラオケに取って代わられつつあったとはいえ、一九八〇年代初頭には、まだギターを抱えた流しの演歌師が温泉街では健在であった。

ヒロインは、十勝川に映った「窓の灯り」の華やぎを想起し、そこでの自分たちの恋をも想起する。風が川面を乱して「帯広慕情」を消し去ってしまわないようにと願う彼女。この漢字四文字は、帯広圏全体への慕情という意味にも、手紙を寄せた「帯広のひと」への慕情という意味にも解釈できる（以上が三番）。

歌詞に描かれた男女の絆を示す「帯」はたしかに「広」そうではあるが、決して太くはなく、強靭でもないようである。同じ十勝歌謡でも、前節で取り上げた金田たつえ『十勝平野　〜あゝ北海道〜』の歌詞が直球勝負を挑んでいたのに対し、『帯広のひと』の歌詞には変化球の妙味がある。

16 『幸福と言う名の駅』（織井茂子）

☆「愛国から幸福ゆき」ブーム

かつて「幸福」という名称の駅が帯広市幸福町にあった。帯広から広尾までの約八四キロを結ぶ広尾線の駅で、一九五六年の開設時からずっと無人駅であった。駅名がゆえに、一時は乗車券や入場券などが大人気となったが、広尾線は典型的な赤字ローカル線だったため、一九二九年の開業から六〇年足らずの一九八七年に廃線となり、「幸福駅」もわずか三〇年余りで廃駅となってしまった。

廃駅後も観光地として整備されていたが、二〇一三年、老朽化のため駅舎は解体され、建て替えられた。とはいえ、旧駅舎外壁の半分を新駅舎に使用するなど、今も昔の面影は残されている。

近隣を流れる札内川《さつないがわ》は、広大な割に水量が少ない。そのためこの地域は、アイヌ語で「乾いた川」を意味する「サツナイ」と呼ばれていた。明治中期、福井県から集団移住が行われて開拓された村には、当初、「サツナイ」の音を表すために「幸震」の字があてられたという。しかし、「震」を「ない」と読むのは難しかったために定着せず、やがて、福井にちなんで「幸福」と改められたという歴史がある（帯広市ホームページなどによる）。

かつての幸福駅（写真提供：堀口幸祐氏）

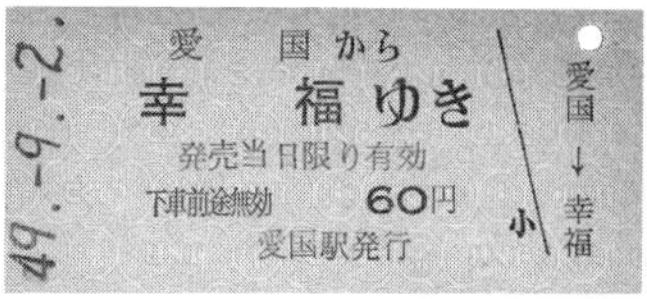

廃止後の敷地に再建されたレプリカ駅舎（2021年5月）©前田明彦

幸福駅は一部の旅行マニアにのみ注目されていたが、一九七三年三月、NHKのドキュメンタリー番組「新日本紀行」が「幸福への旅～帯広～」と題してここを紹介したことによって知名度が一挙に上昇した。周りの駅では、幸福駅までの乗車券を増刷したほか、二つ帯広駅寄りの「愛国駅」が発行する「愛国から幸福ゆき」という切符は大ブームとなった。

さらに、翌一九七四年には、芹《せり》洋子が歌う『愛の国から幸福へ』が発売されてブームに拍車がかかった。一九七二年には七枚しか売れなかった「愛国・幸福間」の乗車券が、一九七三年には三〇〇万枚、そして、その後の四年間で一〇〇〇万枚も売れたというから驚きである。

しかし、このブームも広尾線の営業改善には結び付かなかった。便数の少なさもあってか、駅を訪れる観光客は観光バスやレンタカーを利用することが多かったという。

☆ブーム以前の曲『幸福と言う名の駅』

ここで取り上げるのは、「帯広までは汽車で一時間」ではじまる『幸福と言う名の駅』である。これは「新日本紀行」が起爆剤となった幸福駅ブーム

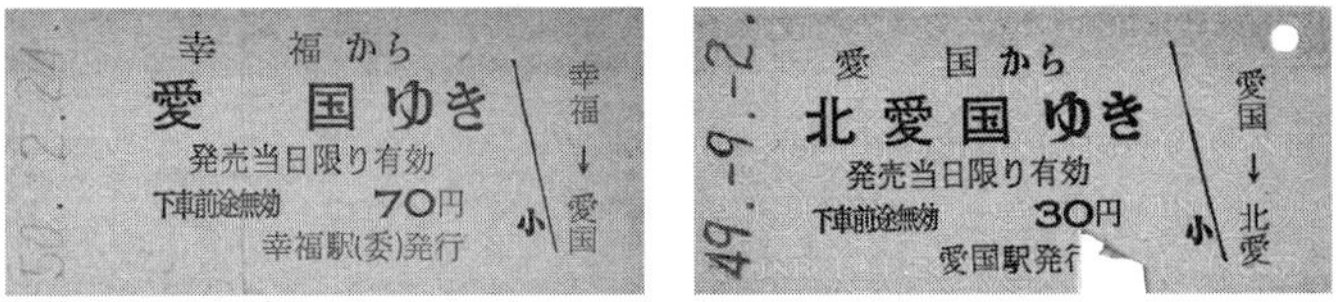

（提供：堀口幸祐氏）

よりも一年前となる、一九七二年三月に発売された。すでに国鉄（現ＪＲ）が個人旅行客の増大を目指して「ディスカバー・ジャパン」をキャンペーンしていた時期であったが、決して、芹洋子の曲のようにブームに便乗した作品ではない。

歌ったのは、東京（府）出身の織井茂子（一九二六〜一九九六）。童謡歌手を経て東洋音楽学校（現・東京音楽大学）を卒業し、戦後まもない一九四七年にレコードデビューを果たしている。一九五二年、木下惠介（一九一二〜一九九八）監督の映画『カルメン純情す』の同名主題歌で注目されたほか、同年に放送されたラジオドラマ『君の名は』は、翌年、岸惠子・佐田啓二主演・大庭秀雄（一九一〇〜一九九七）監督で映画化もされているが、その双方で用いられた同名主題歌を歌ったのも彼女である。言うまでもなく、この曲は空前の大ヒットを記録した。ちなみに、若くして交通事故で亡くなった佐田啓二（一九二六〜一九六四）は、俳優中井貴一の父親である。

続く、映画第二部（22参照）の主題歌『黒百合の歌』、佐田とのデュエットとなる第三部の主題歌『君は遥かな』もヒットし、織井茂子は全国的なスター歌手となった。

一九五〇年代後半に船村徹（35・61参照）が作曲した『東京無情』や『夜がわらっている』などがヒットしたあと、彼女は徐々に一線から退いたが、一九七〇年ごろからの「懐メロブーム」で復活を遂げた。この復活時期に発表した一曲が『幸福と言う名の駅』で、ゆったりとした癒し系の三拍子曲である。

作曲は、『君の名は』や『黒百合の歌』などで織井とコンビを組んだ古関裕而《こせきゆうじ》（一九〇九〜一九八九）である。福島市出身の古関は、独学で作曲を勉強し、クラシックからポピュラーに転進して、多数の軍歌・歌謡曲・応援歌・行進曲を作曲している。戦前・戦中の代表作には、『船頭可愛や』（音丸）、『露営の歌』（霧島昇ほか）や伊藤久男（37参照）が歌った『暁に祈る』などがあり、戦後の代表作としては、藤山一郎（49参照）が歌った『長崎の鐘』のほか、『フランチェスカの鐘』（二葉あき子）、『高原列車は行く』（岡本敦郎）などがある。二〇二〇年度前期にNHKで放送された連続テレビ小説『エール』の主人公のモデルが、この古関である。

一九六四年の東京オリンピックでの入場行進曲となった『オリンピック・マーチ』、甲子園高校野球大会歌『栄冠は君に輝く』なども彼の作品であるが、阪神タイガースファンであれば、真っ先に『阪神タイガースの歌　六甲おろし』が思い浮かぶのだろう。

☆作詞は岡本太郎の弟子

作詞は中村小太郎《こたろう》である。一九三七年に東京の浅草で生まれ、本名は祐一。何と、本業は画家である。一九六五年、著名芸術家の岡本太郎（一九一一〜一九九六）の助手として大型モニュメントの制作に参加し、いつしか太郎のアトリエに集う人たちから「小太郎」と呼ばれ、自身もその愛称を名乗ってきた。

一九六八年、ヒデとロザンナが歌った『愛の奇跡』で作詞家活動を開始し、一九七三年以降、ニューヨークやサンパウロなどで個展を開催した。小太郎が太郎から「弟子」と認知されたのは、出会いから二五年を経た一九九〇年のことであった。

一九九六年に太郎は死去し、二〇〇〇年、小太郎は「札幌芸術の森」で岡本太郎展をプロデュースしている。

さて、『幸福と言う名の駅』の中身を見よう。

かつて幸福は、「飢えと寒さ」に閉ざされた小さな村だった。現在も「都会の外に取り残され」、旅人も気付かずに通り過ぎる。しかし、空は澄み、はるか「襟裳」から潮風が漂い、星がきらめく、「人の心が住む」ところである。

タイトルにある「言う」という漢字表記に違和感を覚える向きもあろう。誤用ではないが、現代なら「いう」と平仮名で書くのが普通である。なぜ「言う」なのか。「こじつけだ」と叱られるかもしれないが、私なりに推理してみた。

都会の外に取り残されようが、旅人も気付かずに通り過ぎようが、そんなことにはお構いなく、「自分は幸福だ」と口に出して言える――そんな生き方こそが大切だ。中村は、このような心情を「言う」という漢字表記で強調したかったのではないだろうか。タイトルを意訳すれば、「住人たちが幸福だと言っている、そんな町にある同じ名の駅」となる。この漢字表記には、芸術家ならではの深い思い入れが詰まっているように思えてならない。

一九九〇年、中村は東京の喧騒を離れ、帯広市幸福町でこそないが、同じ北海道内の余市郡余市町（73参照）に引っ越し、それ以後、ここを拠点にして芸術活動に勤しんできた。中村は自伝的エッセイ『まだまだ。いつも次の夢をみている』（求龍堂、二〇〇五年）に、いかにも「幸福」そうに次のように書いている。

海があり、山があり、空気がうまい、景色がいい。（中略）素朴でのんびり、それでいてパワーのある地元の人たち。

そして、同書の末尾を次の語で結んでいる。

きみは風の彩を見たか
僕はまだまだ夢をみたい

第2章

釧路から根室を経てオホーツクへ

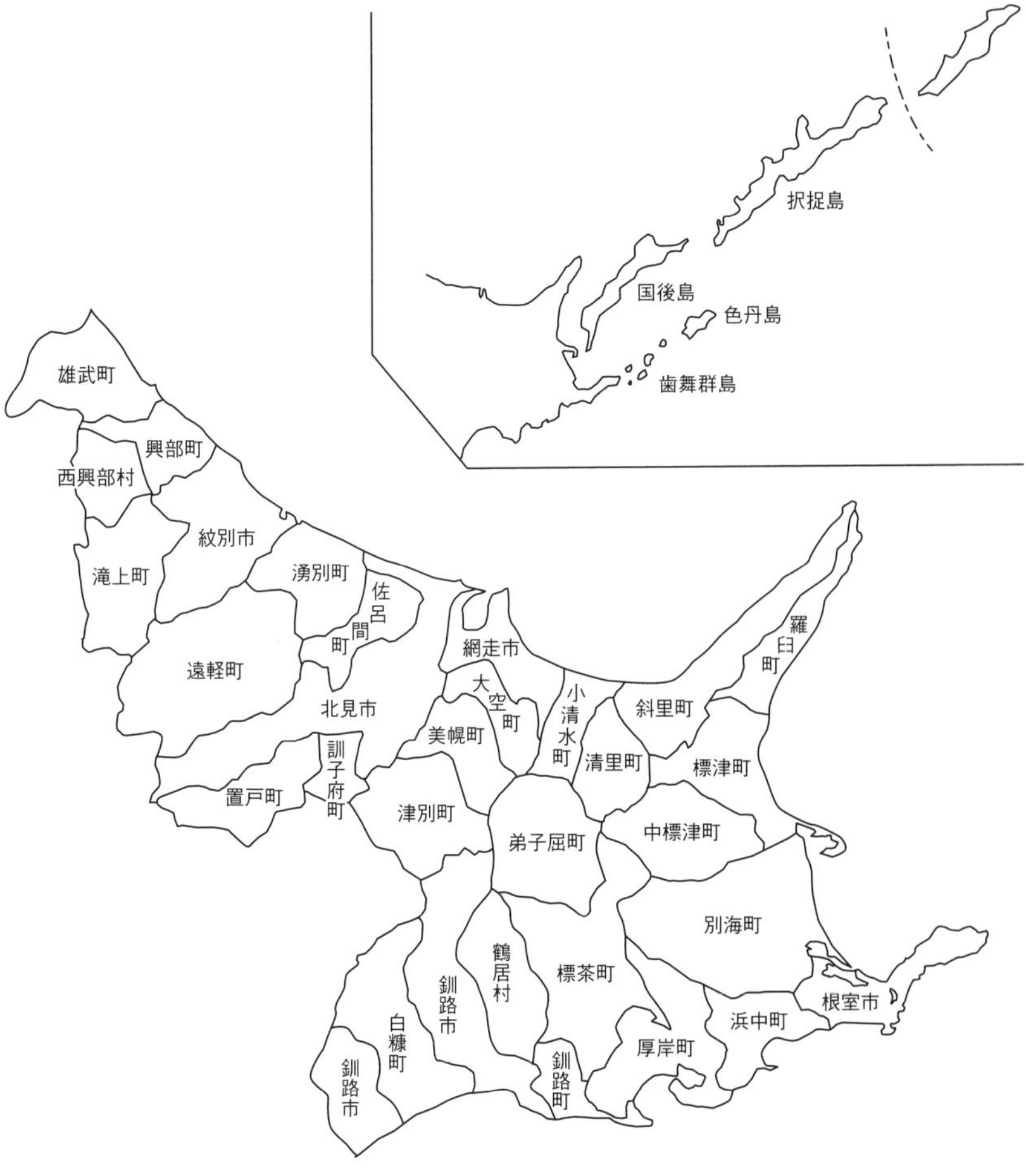

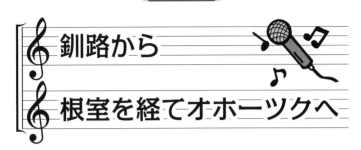

17 『釧路湿原』（水森かおり）

☆木下・弦・水森トリオ

釧路湿原は、釧路川に沿って発達した日本最大の湿原である。川沿いにはキタヨシを主とする低層湿原が展開しているが、ミズゴケやイソツツジなどからなる高層湿原もある。言うまでもなく、野生生物の宝庫でもある。タンチョウをはじめとして多くの水鳥が生息しているほか、エゾカオジロトンボなどトンボの希少種、両生類であるキタサンショウウオなどの生息も確認されている。一九八〇年には、湿地の生態系を守ることを目的とする「ラムサール条約」の登録湿地となっている（杉沢拓男『釧路湿原』北海道新聞社、二〇〇〇年参照）。

この湿原を舞台とした、文字どおり『釧路湿原』と題する曲が二〇〇四年四月に発表された。実際の釧路湿原と同じく、大きなスケールを感じさせる演歌である。

作詞したのは木下龍太郎（一九三八～二〇〇八）。栃木県の出身で、代表曲として、『忘れな草をあなたに』（菅原洋一）や『汽笛』（五木ひろし）などがある。

作曲は弦《げん》哲也。一九四七年生まれ、千葉県出身の弦は、一九六五年に歌手デビューし、一九七六年、将棋棋士の内藤國雄が歌った『おゆき』で作曲家デビューを果たした。一九八六年以降は作曲活動に専念するようになり、石川さゆり（25参照）の『天城越え』、石原裕次郎（62参照）の『北の旅人』、都はるみ（45参照）の『千年の古都』、そして『ふたり酒』（川中美幸）、『人生かくれんぼ』（五木ひろし）、『暗夜航路』（キム・ヨンジャ）などのヒット曲を発表している。

歌唱は、一九七三年生まれ、東京都出身の水森かおり。中学時代にテレビのカラオケ番組で活躍し、一九九五年に歌手デビューをしている。しばらくヒットに恵まれなかったが、二〇〇三年に『鳥取砂丘』が大ヒットしてブレイクし、それ以後、「ご当地ソングの女王」という異名をとるようになった。

『釧路湿原』や『鳥取砂丘』のほか、『東尋坊』、『熊野古道』、『五能線』、『輪島朝市』などが木下・弦・水森トリオの作品である。そういえば、二〇〇四年、木下は『釧路湿原』で日本作詩大賞を受賞している。

釧路湿原　©ユーザー：欅

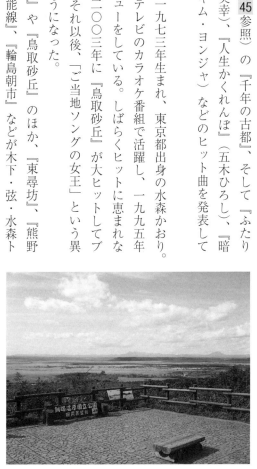

☆キーワードは「迷い川」と「エゾキスゲ」

『釧路湿原』のキーワードは、一番・三番の「迷い川」と二番の「エゾキスゲ」である。これら自然界の景観と、ヒロインの心情とが重なり合う形でストーリーが展開されている。

ある男と「愛の暮らし」を営んできたヒロインだが、「月日が経」つうちに「ボタンの掛け違い」が生じて別れた。傷ついた心を癒すために「釧路湿原」を旅しているのだが、「荒野」を行きつ戻りつ蛇行する川に沿って歩いていると、別れた男へと「心は後もどり」してしまう。彼女の心も「迷い川」になっている（以上一番）。

湿原に「エゾキスゲ」が咲いている。夕方に開花し、通例は翌日の午後には萎むとされる「一日花」である。ヒロインは、短かった愛の暮らしとエゾキスゲの花を対置し、「女の夢と一日花」はどうして「そんなに散り急ぐ」のかと嘆く（以上二番）。

ヒロインの今後の人生は、この旅と同じく「地図」も「当て」もない「ひとり旅」であり、いわば「明日《あした》が見えぬ迷い川」である。その「心の闇」を照らしてほしいと、彼女は「星明かり」に祈っている（以上三番）。

エゾキスゲを漢字で書けば「蝦夷黄萱」となる。「蝦夷」地、つまり北海道に咲き、花が「黄」色で、葉は「萱」の葉に似て細長い。海岸の草地や砂浜などに生え、茎の高さは四〇～八〇センチ。花茎の上部でまばらに分枝し、長さ一〇センチ、直径七～八センチほどの花をつける。

葉は線形で、二列が出て扇状に開く。夕方に開花し、翌日の午後に萎むと一般に考えられているが、実際には翌々日に閉花するものも多いという。いずれにせよ、命は決して長くない。網走と知床の中間に位置する「小清水《こしみず》原生花園」は、この植物の群生地として知られる。

エゾキスゲは、ユウスゲ（別名キスゲ）、ニッコウキスゲ、マンシュウキスゲなどと同じくススキノキ科ワスレグサ属の植物で、広義のワスレグサ（忘れ草）である。その命名の由来には、花が短命に終わるために「すぐ忘れられてしまう草」、美しいので見ていると「憂さを忘れる草」などの説がある。『釧路湿原』の歌詞は、前者の説を踏まえているように読める。

エゾキスゲはユウスゲよりも花期が早く、六〜八月である。ちなみに、ユウスゲといえば、森進一のヒット曲に中山大三郎（一九四一〜二〇〇五）作詞・作曲の『ゆうすげの恋』がある。ヒロインは「夜に咲き朝に散る」ゆうすげと自分の恋とを重ね合わせ、今の恋がいつまで続くか、不安を募らせている。

小清水原生花園／遠くに見えるのは濤沸湖

あなたは夜更けに来て朝帰る
そのたび別れの匂いを置いてゆく

☆忘れ草と忘れな草

ムラサキ科の植物にワスレナグサ（忘れな草）というのがある。ヨーロッパが原産で、高さは二〇～五〇センチ。初夏に紺碧色《こんぺきいろ》をした六～九ミリ径の小さい五弁の花を咲かせるこの植物、アメリカではアラスカ州の州花となっている。

命名は、中世ドイツの悲恋伝説に由来するらしい。ドナウ川岸辺に咲くこの花を恋人のために摘もうとして誤って流された騎士が、花を岸に投げ、「僕を忘れないで」という言葉を残して死んだようだ。恋人は騎士の墓にその花を供え、彼の最期の言葉を花の名にしたという。

日本では、一九〇五年に植物学者の川上瀧彌《たきや》（一八七一～一九一五）が「勿忘草《わすれなぐさ》」と訳し、命名した。むろん、ワスレグサはこれとは無関係であるが、湿地に群生する点では共通している。

木下龍太郎が作詞した『忘れな草をあなたに』は、女声重唱団ヴォーチェ・アンジェリカによって一九六三年に歌唱され、その後、梓《あずさ》みちよ、倍賞千恵子（11参照）と歌い継がれ、一九七一年に至って菅原洋一版が大ヒットした。その三三年後、今度は、ワスレグサ属のエゾキスゲを織りこんだ、同じ作詞家による『釧路湿原』がヒットした。木下は、「忘れ草」と「忘れな草」

でともにヒットを生み出したわけである。

ところで、釧路湿原に生育する野生植物は約六〇〇種とされる（杉沢拓男の前掲書参照）が、実はエゾキスゲは稀にしか存在しない。前述のように、その群生地として有名なのは網走と知床の中間に位置する「小清水《こしみず》原生花園」であって、釧路湿原では、その植物群落は、太古の海岸線に該当する地域の開発によって失われてしまい、ほとんど見られないのだ。木下が「一日花」という性質に着目し、ドラマ性を重視して、あえて釧路湿原とエゾキスゲとの関係性を膨らませたのである。同湿原のガイドブックにエゾキスゲが載っていないからといって、決して編者が記載を「忘れ」たわけではないことを、念のために書き添えておこう。

18 『釧路の駅でさようなら』（三浦洸一）

☆『挽歌』と釧路

「挽歌」とは死者を哀悼する歌であり、『万葉集』の昔から存在する。かつて、挽歌といえば釧路、釧路といえば挽歌が多くの日本人に連想されたという時期があった。一九五〇年代後半である。

釧路市に在住していた無名の作家、原田康子（一九二八〜二〇〇九）が同人誌に連載していた小説が東京の著名文芸誌の編集者に注目され、一九五六年に単行本化されると、若い女性を中心に多くの読者を獲得し、たちまち大ベストセラーとなった。それが『挽歌』（新潮文庫、一九六一年）であり、現在もロングセラーを続けている。

劇団の裏方として働く若きヒロイン怜子と中年建築家の桂木との不倫愛、そして美貌の桂木夫人と医学生古瀬《こせ》との不倫愛。この二つの愛を軸に、物語は主に釧路を舞台に展開される。この四人には、最後に悲劇的な破局が訪れるわけだが、文字どおり終盤は「挽歌」である。

作家の井上ひさし（一九三四～二〇一〇）は当時二〇代の前半であった。当時の彼の読後感を紹介しよう。

――「釧路は漁港でもありますね、それなのに魚の匂いが全然しませんよ。つまり生活感がない……」

それに対する東京の某劇場支配人の反応は次のようになっている。

「そこがいい。そこがソフィスティケイテッドされているってことなんだ」（井上ひさし『完本ベストセラーの戦後史』文藝春秋、二〇一四年）

「ソフィスティケイテッド」とは、洗練という意味である。

この小説は、早くも一九五七年に同名のモノクロ映画になった。制作は歌舞伎座、配給は松竹、監督は五所平之助（一九〇二～一九八一）。怜子役は久我美子（一九三一～）、桂木役は森雅之（一九一一～一九七三）、桂木夫人役は高峰三枝子（12参照）、古瀬役は渡辺文雄（一九二九～二〇〇四）であった。各俳優の日頃の品格のなせるわざか、演技はいずれも格調が高い。不倫愛を扱いながらも、映画のトーンは上品である。したがって、社会的影響という点から見ると、いささか危険な作品である。もちろん、原作も。

長々と『挽歌』について述べてしまったが、この小説や映画を論評することが本節の主題ではない。一九五六～一九五七年に『挽歌』がベストセラーになった影響で、一九五八年七月に、釧路を「挽歌の街」と形容した歌謡曲が現れたのである。三浦洸一が歌った『釧路の駅でさようなら』である。文字どおり、釧路駅における男女の別れの切なさや辛さを描いた歌で、列車で去る側と駅に残される側のうち、どちらが男でどちらが女なのかは歌詞からは分からない。この点はしばらくおき、とりあえず、この歌のキーワードを見ていこう。

☆「挽歌の街」「さいはて」の釧路

歌詞にも「釧路の駅」は登場するが、釧路らしさを補完するキーワードとして用いられているのが「霧笛」、「海ある町」、「アカシア並木」、そして「挽歌の街」、「さいはて」である。「霧笛」と「海ある町」については、違和感を抱く人はいないだろう。

次の「アカシア並木」であるが、札幌をはじめとして、北海道で「アカシア並木」と称されるものの多くは、実はアカシアとは似て非なるニセアカシア（和名ハリエンジュ）の並木である。このことは、65『ラ・サッポロ』のところで詳しく触れよう。ともあれ、ニセアカシアの並木なら釧路にも確かに存在している。

次の「挽歌の街」であるが、これは前述のように、小説『挽歌』の人気にあやかった歌詞である。駅での男女の別れの悲しみは、決して、死者を悼むときのような哀しみではあるまい。これは一種の便乗商法であり、挽歌と釧路との関係性の暴走である。原田の『挽歌』を知らない現代の若者には、釧路市街を「挽歌の街」と形容されてもピンとこないであろう。

同様なことは、旭川市街と、旭川で生まれ育った三浦綾子（5・47参照）のベストセラー小説『氷点』（新聞連載後、一九六六年に初めて単行本化）との関係についても当てはまる。細川たかしが歌った『旭川ブルース』には、「ああ氷点の街旭川」と繰り返し出てくるが、これならたとえ『氷点』を知らなくても、旭川市街の冬場の気温が極めて低く、一日を通して氷点下の真冬日が少なくないことを歌っているのだ、との理解で一応の辻褄は合う。

最後に「さいはて」の語であるが、稚内の宗谷岬や知床半島の知床岬ならともかく、釧路の駅を「さいはて」と呼ぶのは不当ではないかという疑問も湧こう。しかし、当時はまだ現在の石勝線（55参照）や千歳線がなかったので、列車で釧路から札幌まで行くときは、根室本線（59参照）で帯広・富良野を経由して滝川まで行き、そこから函館本線に入らなければならず、優に一〇時間を要した。しかも、釧路から東は人口が極端に少なく、当時の市民にとっては釧路が「さいはて」という感覚も、あながち大袈裟なものではなかったと思われる。

もっとも、この歌には「さようなら」を言って去った人の行き先は記されていないが、当時、この歌を聴いた釧路市民の多くには、否応なく小説・映画『挽歌』のストーリーが蘇ったことと思われる。建築家の桂木が嫌がる怜子を釧路駅に残して向かったのは、札幌の建築事務所であった。この印象的なシーンを思い起こした当時の市民には、列車で去るのは中年男、駅に残されるのは若い女、そして男の行き先は札幌、と決めつけた人が多かったのではないだろうか。

こうして見てくると、歌詞の細部は、ご当地ソングとしては少し危うい。あくまでも、小説や映画の『挽歌』があってこその『釧路の駅でさようなら』であった。しかし、「ソフィスティケイテッド」されたメロディーや三浦洸一の歌唱力、そして実際にヒットしたという実績もあって、捨てがたい作品と言える。

☆三浦・吉川・豊田

歌唱した三浦洸一は、一九二八年に神奈川県三浦市に生まれ、東洋音楽学校（現・東京音楽大学）の声楽科を卒業後、作曲家の吉田正（一九二一〜一九九八）に師事し、一九五二年に歌手デビューを果たしている。芸名の三浦は、むろん、出身地にちなむ。

一九五三年に『落葉しぐれ』がヒットして脚光を浴びたが、そのほかのヒット曲として、歌舞伎の名作に取材した『弁天小僧』、川端康成（一八九九〜一九七二）原作・月丘夢路（一九二一〜二〇一七）主演の同名日活映画の主題歌『東京の人』、そして川端の小説に想を得た『踊子』などがある。

作詞は吉川静夫（一九〇七〜一九九九）である。札幌で生まれ、釧路から遠くない帯広で育った吉川は、小学校長を経て、一九三六年に作詞家としてデビューした。前述した『落葉しぐれ』をはじめとして、『青春のパラダイス』（岡晴夫）、『島のブルース』（三沢あけみ）、『女のためいき』（森進一）、『池袋の夜』（青江三奈）などのヒット曲を作詞した。

作曲した豊田一雄についてはほとんど情報が得られなかったが、一九一七年の生まれで、作詞・作曲のほか歌手もやってのけたという人であったようだ。藤島桓夫《たけお》（一九二七〜一九九四）が歌った『かえりの港』（作詞・作曲）や、フランク永井（45参照）が歌った『羽田発7時50分』（作曲）などで知られている。

19 『釧路の乙女』（高　英男）

☆釧路歌謡の最後の枠

札幌・函館・小樽にはご当地ソングが多数ある。本書では、札幌にちなんだ歌を八曲、函館は六曲、小樽は五曲を取り上げている。釧路も、ご当地ソングは少なくない。数にこだわるわけではないが、バランスからいえば四曲が妥当なところであろう。すでに17『釧路湿原』（水森かおり）、18『釧路の駅でさようなら』（三浦洸一）を取り上げているが、次節では、安藤まり子が歌った『毬藻の唄』を取り上げることにしている。

しかし、残る一枠を何に当てたらよいのか、はたと考えこんでしまった。

釧路といえば、釧路川やそこに架かる市街の幣舞橋《ぬさまい》を忘れることはできない。それらが登場するヒット曲にこだわれば、美川憲一が歌った『釧路の夜』が筆頭候補となろうが、失礼ながら、この歌には健康的な感じがまるでしない。「貴方がにくい」と恨み言を繰り返すばかりである。それに、美川の場合は、彼にもっとも似つかわしい歌と思われる74『神威岬《かむいみさき》』を取り上げることにしている。

次の候補曲は、大御所・五木ひろしが歌った『釧路川』である。しかし、この歌には幣舞橋が登場しないし、ストーリーは釧路川以外の川でも成立してしまう。

そんな折、たまたま内村直也の詩集『雪の降る街を』(水星社、一九六七年)を読んでいて出逢ったのが、すこぶる健康的で、叙景と叙情のバランスが絶妙な癒し系の楽曲『釧路の乙女』であった。「ゴメ」、「魚揚場《うおあげば》」、「ヌサマイ橋」、「霧笛」、「阿寒の峯」と、釧路の特色が遺憾なく盛りこまれており、これこそ釧路の四枠目と直感した。

ちなみに、「ゴメ」とはカモメ類の俗称、とりわけウミネコのことで、本書で扱う歌のなかでは69『石狩挽歌』(北原ミレイ)や4『立待岬』(森昌子)にも登場している。

作曲したのは飯田三郎で、この飯田と作詞の内村については26『風蓮湖の歌』で詳しく触れたい。曲の途中、四分の四拍子の二小節分だけ、有名な滝廉太郎(一八七九～一九〇三)作曲の『荒城の月』を彷彿とさせる旋律があるが、これは単なる「他人の空似」ではなく、飯田から滝へのオマージュ(敬意)と私は見ている。

歌唱したのは、日本人の「シャンソン歌手第一号」と称えられる高英男《こう》(一九一八～二〇〇九)である。樺太《サハリン》出身の高は、日本大学を卒業後、終戦直後からNHKラジオの音楽番組に出演している。一九五一年からソルボンヌ大学に学び、帰国後、本場仕込みの『愛の讃歌』、『詩人の魂』などを日本人で初めて披露したという実績がある。

一九五三年、『枯葉』と『ロマンス』でレコードデビューをし、シャンソン以外では、内村作詞・

中田喜直（66参照）作曲の『雪の降るまちを』（前掲タイトルの「街」とは異なって「まち」）などがヒットした。

ここで取り上げる『釧路の乙女』の発売は一九六三年三月である。

☆魚の匂い

『釧路の乙女』は三番まであり、それぞれに乙女が「あなた」という二人称で登場する。内村が旅の途次に釧路で出逢った、あるいは見掛けた乙女たちで、三者三様である。一番は「茜さす」夕刻の風景である。「ゴメ鳴きて／つめたい石の／魚揚場」で「あなたの息吹」が「しばれる風をあたため」ている。二番は「氷った星の刺すよう」な「霧の夜」の風景で、「ヌサマイ橋」で「あなたの瞳」が「しばれる闇をあたため」ている。そして三番は「樹氷咲く朝」の風景である。「霧笛」が響きわたる「阿寒の峯」を遠景に、「あなたの微笑」が「しばれる夢をあたため」ている。

このうち、内村にもっとも強い思い入れがあったと思われるのが一番の歌詞である。18『釧路の駅でさようなら』のところで私は、釧路を主舞台にした原田康子の小説『挽歌』に言及したとき、「釧路は漁港でもありますね、それなのに魚の匂いが全然しませんよ。つまり生活感がない」という井上ひさしの書評をあわせて紹介した。奇しくも、釧路の「魚の匂い」に関して内村は、前掲詩集内の『釧路の乙女』の解説で次のように述べている。

釧路の駅に着くと、魚の匂いが漂ってくる。これを嫌う人もいるようだが、私にはこの匂いが、釧路とは切ってもきれないものになっている。「アメリカ人はミルクの匂いがして、日本人は魚の匂いがする」と、ある子供がいったが、腐った魚でなければ、この表現は受け容れてもいいのではないか。ミルクは牛から出たものだが、人間の手によって、清潔なものとなっている。魚はナマだ。そのナマの匂いは、大きな海の匂いでもある。日本人に、深い、蒼い海の匂いが漂っているとすれば、これは寧ろ誇りにしてもいいのではないか。

曲中に登場する三人の乙女たちには、内村にとっての「しばれる」環境をやさしく「あたためてくれている」という共通点がある。あえて現代のはやり言葉を使えば、この三人は内村を「ほっこり」とさせる存在であったようだ。

☆道東四季の像

『釧路の乙女』の発売から一四年を経た一九七七年、幣舞《ぬさまい》橋の橋脚にブロンズ製の「道東四季の像」四体が設置された。それぞれ、「春」、「夏」、「秋」、「冬」の乙女の姿を造形したものである。老朽化した前代の橋を架け替えることになったとき、新しい橋の特色を強く打ち出すべく、「新幣舞橋の造形を考える市民懇話会」が発足した。有志による討議の結果、四人の著名彫刻家に一体ずつ乙女像の制作を依頼し、四本の橋脚に飾るという斬新なアイディアが採用され、建設費用も市民の寄附によって賄われた。ちなみに、春の像は舟越保武（一九一二〜二〇〇二）、夏の像は佐藤忠良《ちゅうりょう》（一九一二〜二〇一一）、秋の像は柳原義達（一九一〇〜二〇〇四）、冬の像は本郷新《しん》（一九〇五〜一九八〇）の作である。それぞれ、上品で格調の高い乙女の姿が、今なお市民や観光客に親しまれている。

このブロンズ像設置という企画が、『釧路の乙女』の歌に強く刺激された結果なのか、あるいはこの歌とは直接関係しないのか、私は知らない。とはいえ、四者四様の橋上のブロンズ像は、どれも通行人を「ほっこり」とさせる存在であり、少なくとも私には、三者三様の『釧路の乙女』の歌詞とオーバーラップしてくる。とりわけ、二番の歌詞にある「ヌサマイ橋」で「しばれる闇をあたため」ている乙女は、本郷新制作になる、「橋の上から西の大空間に向って、何かを呼び何かを訴え、何かを祈るかのような」（道立釧路芸術館編「くしろアートマップ」所収の本郷自身の言葉）、冬の像そのものであるように感じられて仕方がない。

幣舞公園から見た幣舞橋　©みどり

20 『毬藻の唄』（安藤まり子）

☆阿寒湖の名物の毬藻《まりも》

一九五三年のヒット曲に『毬藻の唄』がある。癒し系の三拍子曲で、歌ったのは安藤まり子。一九二九年に常呂《ところ》郡野付牛《のつけうし》町（現・北見市）で生まれた安藤は、終戦直前に上京し、一九四九年に武蔵野音楽学校（現・武蔵野音楽大学）を卒業している。藤山一郎（49参照）と共唱した同名松竹映画主題歌『花の素顔』がデビュー曲で、『毬藻の唄』を最後に結婚して引退したが、三〇年ほどして復帰し、近年まで現役であった。ちなみに、結婚相手は、のちに61『石狩川』を歌うことになる、歌手の若山彰である。

作詞は、いわせひろし。名古屋大学卒業という建築エンジニアであったが、病気療養中の一九五二年、雑誌「平凡」が募集したコロムビア歌謡コンクールに応募し、数万編のなかから選ばれた歌詞がこの『毬藻の唄』であった。その後も、「いわせひろし」あるいは「岩瀬ひろし」の名で作詞家として活躍し、一九九三年に他界した。

作曲は虻田《あぶた》郡真狩《まっかり》村出身の八洲秀章《やしまひであき》だが、詳しくは45『天塩川』のところで触れることにする。

毬藻といえば釧路市にある阿寒湖の名物で、シオグサ科に属する淡水性の緑藻である。藻の繊維（糸状体）の一本一本が毬藻の個体であり、普通は芝生のように広がり、球状を呈するのは珍しい。なぜ球状になるのかは、いまだに謎とされるが、直径六センチほどになるまでには一五〇年以上かかるという。

同じ藻は、国内では河口湖（山梨県）・山中湖（同）・琵琶湖（滋賀県）などにも生息するが、球状を呈するのは阿寒湖のものにほぼかぎられるという。ロシア・アメリカ・ヨーロッパ北部にも広く生息しており、球状のものはアイスランドやエストニアなどで確認されているようだ。

日本では、のちの植物学者で、当時はまだ札幌農学校（北海道大学農学部の前身）の学生だった川上瀧彌《たきや》（17参照）が一八九七年に阿寒湖で発見し、形状から「毬藻」と名付けられた。『毬藻の唄』がヒットした前年、一九五二年に国の特別天然記念物に指定されている。

☆毬藻伝説――その虚実

三番の歌詞に「アイヌの村にいまもなお悲しくのこるロマ

阿寒湖と阿幌岳　©メルビル

ンス」とあるが、このロマンスとはセトナとマニペの悲恋物語のことで、こんなストーリーである。

昔、阿寒湖畔の集落の酋長にセトナという娘がいた。その婚約者として、副酋長の息子メカニが選ばれたが、セトナはメカニが嫌いで、彼女が好きなのは下僕のマニペであった。しかし、身分が違うために恋愛は許されない。セトナと密会していたマニペがメカニに襲われる。防戦したマニペは、誤ってメカニを死なせてしまう。罪に苛まれたマニペが阿寒湖に入水すると、セトナも後を追うように入水。二人の純真な心は、今なお美しい毬藻《まりも》となって漂っている。

実は、このように描かれているロマンスは、大正末期、「東京朝日新聞」の記者であった青木純二が著書『アイヌの傳説と其情話』（富貴堂、一九二四年）に収録したフィクションであり、アイヌ伝説ではない。原型は、その二年前に同新聞社が刊行した公募小説集『山の傳説と情話』所収の創作物語で、作者はのちに出版社長として活躍した人物と判明している（「北海道新聞」二〇一七年八月二二日付朝刊参照）。

この物語は、昭和初期に阿寒湖観光の宣伝として使われはじめた。いわせは、これを真正のアイヌ伝説と信じて『毬藻の唄』を作詞したようだ。そして、この歌のヒットにより、架空の悲恋物語は戦後さらにひとり歩きしてゆくことになった。

一九五〇年、阿寒湖の毬藻は乱獲された。しかも、水力発電のために湖水が過剰に放出されるようになり、毬藻は存続の危機に瀕した。しかし、一九五三年以降、このヒット曲に触発された地元では、保護の気運が高まった。そして、一九六〇年には、この架空伝説を下敷きにして観光用の「まりも祭り」が企画され、現在でも、毎年一〇月に阿寒湖温泉周辺で行われている。この祭り、毬藻を迎える儀式ではじまり、送る儀式で終わりとなる。

この悲恋物語は、『毬藻の唄』のあともたびたび歌謡曲の素材となっている。『セトナ愛しや』（菅原都々子、一九五六年）、『わたしは毬藻』（吉永小百合、一九六七年）、そして伊藤久男（37参照）が歌った『マリモ祭りの夜は更けて』（一九六八年）、美空ひばり（38参照）の『マリモ哀歌』（一九六三年に吹きこまれたが、生前は未発表で、一九九〇年に発表）などである。

青木の前掲書には、「古文書をあさり、あらゆる傳説研究書を讀破し、その上、親しくアイヌ部落を訪ふて古老達に聞いた話」などとある。真っ赤な嘘である。しかしながら、『毬藻の唄』は、阿寒湖の周辺を中心に今なお歌い継がれている。いわせの歌詞、八洲の旋律、安藤の歌唱は、いずれも洗練されたものとなっている。元はといえば新聞記者の捏造《ねつぞう》であるが、それが歌謡曲を生み、そのヒットが毬藻の保護運動や観光用の祭りを生み出し、阿寒湖とその周辺地域の活性化を招来したことも事実である。今さら捏造を非難してもはじまらない。「架空伝説」という注釈付きで受け入れてゆくしかない。

ちなみに、毬藻《まりも》に絡む本物のアイヌ伝説は次のような筋である。

昔、阿寒湖にはたくさんのペカンペ（菱の実）が実っていた。しかし、トウコロカムイ（湖の神）は、ペカンペが湖を汚染するのでその繁茂を嫌い、「出て行け」と怒った。憤慨したペカンぺたちは、湖のほとりの草をむしりとって丸め、湖めがけて投げこんだ。それが今の毬藻で、アイヌはこれを「トーラサンペ（湖の妖怪）」と呼んでいる。ちなみに、憤慨したペカンペは標茶町《しべちゃちょう》の塘路湖《とうろこ》に引っ越していった（更科《さらしな》源蔵編著『アイヌ伝説集』北書房、一九七一年参照）。

毬藻を妖怪と見なすこのストーリーでは、歌謡曲や祭りの素材には到底なり得ない。

☆浮沈現象ようやく確認

ところで、歌詞の二番では、セトナとマニぺの恋情さながらに、毬藻が「晴れれば浮かぶ水の上／曇れば沈む水の底」と歌われている。阿寒湖の毬藻には本当にそんな生態があるのだろうか。

この毬藻浮沈説は、一九二三年に北海道帝国大学教授の西村真琴（一八八三〜一九五六）が、日光による同化作用で毬藻に気泡ができることを根拠に提唱したが、長年、疑問視されていた。

湖底の透明度が低いから不可能だ、とされてきたのである。しかし、二〇〇五年、当時の阿寒町（現在は釧路市の一部）の教育委員会学芸員が同湖でその浮沈現象を初めて確認したと聞く。

ちなみに、同湖の毬藻は天然記念物のため採取が禁止されている。地元の土産物店などで売られているのは、普通の藻を人工的に丸めたものであり、本物ではない。これも「捏造《ねつぞう》」と言えばそのとおりであるが、前述の悲恋物語のように、真相を知ったうえで楽しむのも一興であろう。阿寒湖の湖畔、ボッケ遊歩道沿いには、一九九二年に建立された『毬藻の唄』の歌碑が建っている。

21 『恋路の果て』（走 裕介）

☆赤字のローカル釧網《せんもう》本線

JR北海道の典型的な赤字ローカル線として、釧網本線が挙げられる。全線が非電化の単線で、釧路市の東釧路駅と網走市の網走駅を一六六キロにわたって結んでいる。とはいえ、東釧路駅発着の列車はなく、隣の釧路駅の発着となっており、根室本線に直通している。

大正末期までは、列車で釧路から網走へ行きたい人は、根室本線で池田駅（中川郡池田町）まで行き、そこで乗り換えて野付牛《のつけうし》駅（のちの北見駅）を経由して網走まで、という遠回りを余儀なくされていた。それを短絡する路線として昭和初期に竣工したのが釧網《せんもう》本線である。ちなみに、池田から北見を経て網走に至る路線は明治末期から「網走本線」と称されてきたが、一九六一年に池田・北見間が「池北《ちほく》線」となった。そして、一九八九年には「第三セクター北海道ちほく高原鉄道」の運営となり、路線名も「ふるさと銀河線」と改称されたが、運営難から二〇〇六年に廃止となっている。

釧網本線は現在、釧路湿原（17参照）・摩周湖（22参照）・屈斜路湖（38参照）・知床半島・小清水原生花園（17参照）・オホーツク海などを訪れるための観光路線といった趣きが強い。この鉄路を舞台とするバラード調の演歌が『恋路の果て』である。主人公の男性は、都会育ちの恋人を連れて網走に帰省する旅の途次にある。二人にとって釧網本線は、文字どおり「恋路」である。

歌唱は、一九七三年生まれ、網走市出身の走裕介《はしりゆうすけ》。芸名の「走」は網走にちなむ。実家で農業に従事しつつ、カラオケ番組や地元の歌謡大会に参加したことがきっかけとなり、一九九九年、

釧網本線を走るキハ54形気動車（2009年９月23日塘路駅付近）

作曲家の船村徹に弟子入りした。苦節一〇年を経た二〇〇九年四月、『流氷の駅』でCDデビューを果たしているが、そのカップリング曲が『恋路の果て』である。

その後も、『北帰郷』、『女満別《めまんべつ》から』、『北国フェリー』、『北列車』、『北国街道・日本海』、『赤いレンガの港町』など、網走とその近辺、あるいは北海道を舞台とした楽曲を主に歌い、地元密着型の歌手として活躍している走は、二〇一二年に日本レコード大賞日本作曲家協会奨励賞を受賞している。

☆デビュー曲二つのつながり

『流氷の駅』と『恋路の果て』は、いずれも走裕介の出身地である網走をモチーフにしており、ともに池田充男の作詞、船村徹の作曲である。この両名については35『呼人駅』（坂本冬美）のところで改めて触れることにするが、『呼人駅』は走の持ち歌でもある。

『流氷の駅』の主人公は、「気丈夫な母を泣かせ」、「男になると夢を誓」って「真冬の朝」に「流氷の駅」、すなわち網走駅から「上りに乗つ」て都会に旅立った。札幌であろう。そして、たとえ「みやげなしでも」、「石北線」で「今年は帰りたい」と、「望郷千里」の思いでいるところで歌詞は終わる。

おそらく、その後日談という設定でつくられているのが『恋路の果て』である。何年後かは不明であるが、主人公は、都会で知り合った恋人を連れて、夜間、石北線ならぬ「釧網本線《せんもう》」で網走に帰省する途中である。夢が破れたのか、まだ夢の途中なのか、それは定かではない。

彼女は「膝がさむい」と彼に「より添う」。「都会そだち」の彼女を見たら「田舎でコンブを乾す母」は何と思うかと気になる彼。他方、彼女も、列車内で「小さな手鏡」を出して「うすい紅」を引く。まだ見ぬ彼の母親への気遣いである。その「しぐさ」に、彼は「命をかけて」彼女を守ろうと思い定める。いつもながら、池田充男の歌詞はストーリー性が高く、聴く者に情景が鮮やかに浮かんでくる。

☆登場する七駅

さて、この歌に登場する釧網本線の駅名は「釧路」を含めて七つあるが、それらを所属自治体とともに示していこう。

「釧路」（釧路市）、「細岡《ほそおか》」（釧路郡釧路町）、「五十石《ごじっこく》」（川上郡標茶《しべちゃ》町）、「標茶」（同）、「弟子《てし》屈《かが》」（川上郡弟子屈町）、「斜里」（斜里郡斜里町）、「網走」（網走市）である。このうち、細岡駅と五十石駅は、乗車人数が一日平均一人以下ということで、JR北海道から廃止が打ち出され、後者はすでに二〇一七年三月に廃止されている。

釧路駅の三つ先にある釧路湿原駅から細岡駅・塘路《とうろ》駅を経て茅沼《かやぬま》駅までは、日本最大の湿原である釧路湿原（17参照）が窓外に展開されている。釧路湿原駅、塘路駅では西側だけに広がっている湿原だが、細岡駅では達古武《たっこぶ》沼のある東側にも広がっている。にもかかわらず、細岡駅の利用客は前述したとおり極めて少ない。

五十石の駅名は、明治初期にアトサヌプリ鉱山から釧路へと硫黄《いおう》を運ぶ五十石船が、この付近より下流の釧路川を上下したことに由来する。地域の歴史に深く根差した駅名が消えてしまったという事実、返す返すも残念である。

逆に、弟子屈駅と斜里駅は以前から乗降客が多いのだが、それがかえって仇となって駅名が変更されるという憂き目に遭った。北海道大学名誉教授・理学博士でエッセイストとしても活躍した堀淳一（一九二六〜二〇一七）は、先年、『北海道　地図の中の鉄路』（亜璃西社、二〇一四年）のなかで、観光客におもねる駅名変更の風潮を次のように嘆いている。

> 駅名は九八年まで単に「斜里」だったのだが、この年に「知床」が冠せられてしまった。言うまでもなく、ここが中標津空港と並ぶ知床観光の一大拠点だからだ。（中略）摩周駅もまた、九〇年以前は弟子屈という駅名だった。ここから摩周湖へ行くクルマ道が通じてバスも走っているから改名されたのだが、またもや何をか言わんや、だ。町名が弟子屈のままなのが、救いではあるけれども。

隣にある南弟子屈《みなみてしかが》駅の駅名は残しておきながら「弟子屈駅」を「摩周駅」と改名したのは、いかにも不釣り合いである。

弟子屈駅と斜里駅は名称変更、細岡《ほそおか》駅と五十石《ごじっこく》駅は廃止という憂き目。歌詞に登場する駅名の過半数が消滅とは、それだけでも哀れを誘う。まさに、赤字ローカル線の悲鳴が聞こえてきそうな歌でもある。池田充男がこの歌を作詞した時期を詳らかにしないが、ひょっとすると、観光客へのおもねりの風潮への抗議から、摩周を弟子屈、知床斜里を斜里のままとしたのかもしれない。

ちなみに、二〇一八年一〇月に発売された華乃美幸の『釧網《せんもう》本線』は、失恋したヒロインが同線を旅するという設定の演歌で、オホーツク沿岸の北浜駅で降りて流氷を見るシーンが登場するが、月並みな未練歌謡であって『恋路の果て』のような斬新さがない。

22 『霧の摩周湖』（布施 明）

☆日本一の透明度

摩周湖は川上郡弟子屈町にあって、阿寒摩周国立公園の一角をなす。巨大噴火による窪地に水が溜まってできたカルデラ湖で、日本でもっとも、世界ではロシアのバイカル湖に次いで透明度が高い。二〇〇一年に「北海道遺産」として選定されている。

高い透明度と急な勾配により、青以外の光の反射が少なく、快晴の日の湖面の色は「摩周ブルー」と形容されている。太平洋を北上する湿った暖気が北海道沿岸で急激に冷やされて霧が発生し、湖面はしばしば濃霧で覆われる。

一九六六年に『霧の摩周湖』がヒットしたことで当地の知名度は一気に高まったが、その反面、霧のイメージが定着しすぎたとも言える。実際は、もっと南の、より太平洋に近い釧路湿原やその周辺のほうが霧は多いそうだ。

歌唱は、ご存じ布施明。一九四七年に東京三鷹市に生まれ、高校在学中にテレビのオーディション番組に合格して、一九六五年にデビューした。それ以後、『霧の摩周湖』をはじめとして『恋』、『愛は不死鳥』、『積木の部屋』などが大ヒットし、一九七五年には『シクラメンのかほり』で日本レコード大賞をはじめとして多数の賞を受賞している。

作詞は、宮城県出身の水島哲《てつ》（一九二九～二〇一五）。早稲田大学在学中から音楽業界にかかわり、一九五六年、平尾昌章が歌った『星は何でも知っている』で作詞家デビューを果

摩周湖　©みや.m

たしている。その後、何と読売新聞社に入り、音楽記者の傍ら作詞活動を続け、還暦のころにフリーの音楽評論家に転身した。作品は、西郷輝彦が歌った『君だけを』など青春歌謡を中心として多数ある。

作曲したのは平尾昌晃（一九三七～二〇一七）。初期の芸名は、前掲したように「昌章」。東京新宿区に生まれた平尾は、敗戦後に神奈川県茅ケ崎《ちがさき》市に移住している。高校を中退してウエスタンバンドに加入し、一九五八年、『リトル・ダーリン』でソロ歌手としてデビューした。その後、ミッキー・カーチス（一九三八～）、山下敬二郎（一九三九～二〇一一）と「ロカビリー三人男」として活躍したほか、『星は何でも知っている』や『ミヨチャン』などが大ヒットした。

一九六八年、結核療養中に作曲家に転身したが、その作風は幅広く、『よこはま・たそがれ』（五木ひろし）、『瀬戸の花嫁』（小柳ルミ子）、『草原の輝き』（アグネス・チャン）、『二人でお酒を』（梓みちよ）、『銀河鉄道９９９』（ささきいさお）、『うそ』（中条きよし）、『アメリカ橋』（山川豊）など、多数のヒット曲を生み出している。

☆主人公は男か女か

『霧の摩周湖』の誕生秘話は、平尾の著書『昭和歌謡1945～1989』（廣済堂出版、二〇一三年）に詳しい。茅ケ崎の平尾邸でスタッフが布施の新曲について協議し、海や渚の歌が提案されたときに平尾は、石原裕次郎（62参照）や加山雄三ならともかく「布施君には海は似合わない」と却下した。「華奢《きゃしゃ》でナイーブな布施君には（中略）どことなく翳りが感じられたし、神秘的なイメージがある。だとしたら、湖が舞台の歌がいい」（前掲書、一〇九ページ）と思ったという。そして、水島が摩周湖を提案し、「あそこはね、神秘的なんだよ。いつも霧に閉ざされていて見えないんだ。でも見えるとね、透明度が世界一だ」と発言（前掲書、一一〇ページ）。

実は、「世界一」ではなく「日本一」であるが、ともあれ、こうして一気呵成に作詞されたのが『霧の摩周湖』であった。一番に、一番の後半のサビの部分が別の歌詞でさらに追加されただけの、ワンハーフの形式で、これは日本製の歌では非常に珍しいものである。

主人公は霧に覆われた夜の摩周湖に一人佇《たたず》み、「ちぎれた愛」に涙する。「あなた」の名前を呼んでも、返るのは「こだま」ばかり。このあとにサビの追加部分が続く。

あなたがいれば楽しいはずの
旅路の空も泣いてる霧に……

透明度が日本一の湖にこそふさわしい歌詞である。透明こそが純粋・純愛を想起させる。

さて、この歌の主人公は男なのか女なのか。「華奢でナイーブな布施君」、つまり中性的な魅力を漂わす彼が歌うと、どちらとも取れてしまう。男性の聴き手は主人公を男と捉え、女性は女と捉えて、双方がともに強く感情移入できるよう、わざと男女不詳の歌としてつくられたのかもしれない。

主人公は相手のことを「あなた」と表現している。江戸時代の早い時期、夫と離れて暮らす妻が、「遠方」の意味で夫を「あなた」と呼びはじめ、それが次第に眼前でも夫をそう呼ぶようになり、江戸中期にこれが定着したとされる。現在では、夫や彼氏を「あなた」と呼ぶ妻や彼女はめっきり減ったようであるが、この歌が発表された一九六六年当時はまだ多かった。逆に、男が女を「あなた」とは、当時も今もさほど呼ばない。とすると、『霧の摩周湖』の主人公はやはり女なのかもしれない。

しかし、私にはどうしても女とは思えない。しかも、「ちぎれた愛」の相手がまだ生きているとも思えない。ある固定観念が拭い去れないからである。

☆映画『君の名は』の残影

この歌の発売より一〇年以上も前に摩周湖を全国に知らしめた松竹のモノクロ映画に、『君の名は（第二部）』（大庭秀雄監督、一九五三年）がある。

佐田啓二扮する後宮春樹と岸恵子扮する氏家真知子は、戦争末期に東京の数寄屋橋で運命的な出会いをしたが、真知子は、戦後ほどなく別の男との結婚を選択する。春樹は失意のうちに単身、北海道美幌町に移り、そこで出会った北原三枝扮するアイヌ娘のユミと親しくなり、摩周湖の存在を知る。やがて彼女の情にほだされた春樹は、彼女と生き直そうといったんは決意するが、ユミは、春樹が本当に愛しているのは真知子なのだと気付き、摩周湖に身を投げて自殺するというストーリーである。

『霧の摩周湖』の発売当時、中高年世代の方々のなかには、曲を聴いて前述の『君の名は（第二部）』のストーリーと重なった人が決して少なくなかったであろう、と私は思う。

作詞の水島は二〇一五年に物故した。もはや確かめる術《すべ》はないのだが、一世を風靡した『君の名は』の上映時に彼は二〇代半ばであり、『霧の摩周湖』を作詞したとき、彼の脳裏をこの映画がかすめたはずだ、と私は思いたい。

歌詞に、「霧にあなたの名前を呼べば／こだま切ない摩周湖の夜」とある。こだまが返るほどであるから絶叫である。まるで、行方不明者の捜索である。単に振られただけで、しかもまだどこかで生きている相手なら、夜の湖で絶叫まではしないのではないだろうか。ましてや、若い女性が臆面もなく。

やはり、『霧の摩周湖』の主人公は男で、相手の女は湖に身を投げたのであり、シチュエーションは『君の名は』と同じなのではないだろうか。ちなみに『君の名は』の春樹は、ユミの捜索に加わって摩周湖畔でその名を叫んでいる。
「あなた」は死んだ。文字どおり「あなたの人」、つまり「遠方の人」となってしまったのだ。

23 『花咲線　～いま君に会いたい～』（松原健之）

☆花咲線の危機が歌に

ＪＲ北海道の根室本線は四四〇キロメートル余りに及ぶ単線・非電化路線で、滝川市の滝川駅から富良野市・帯広市・釧路市などを経て根室市の根室駅に至っている。このうち釧路駅―根室駅間の約一三五キロは、列車運行上は独立した区間となっており、釧路駅以西からの直通列車はない。この区間の愛称が、一九九一年に公募によって定められた「花咲線」である。

根室駅の二つ手前にあった無人駅が花咲駅で、これは二〇一六年三月に廃止されている。そこから坂を下ると花咲港である。ここは日本有数の漁港で、多年にわたりサンマの水揚げ高日本一を誇ってきた。また、特産の花咲ガニでも知られている。

厳しい経営が続くＪＲ北海道は、二〇一六年一一月、自社単独では維持が困難な一〇路線一三区間を発表した。花咲線も該当線区の一つとされた。そんな、存続の危機にある路線をタイトルにしたバラード調の演歌『花咲線　～いま君に会いたい～』をここでは取り上げる。発売は二〇一七年一〇月で、歌詞にもその危機感は如実に反映されている。

作詞は、一九四八年に福島県に生まれた石原信一。青山学院大学を卒業後にサトウハチロー（一九〇三～一九七三）に師事し、作詞家となった。代表作に、『Lui-Lui』（太川陽介、日本レコード大賞新人賞）や『越冬つばめ』（森昌子、日本作詞大賞優秀作品賞）などがある。

作曲したのは幸耕平《みゆき》で、ロックグループ「トランザム」のメンバーなどを経て作曲家に転身した。代表作として、『ジュリーがライバル』（石野真子）、『今夜は離さない』（橋幸夫・安倍里葎子）、『心かさねて』（市川由紀乃）などがある。

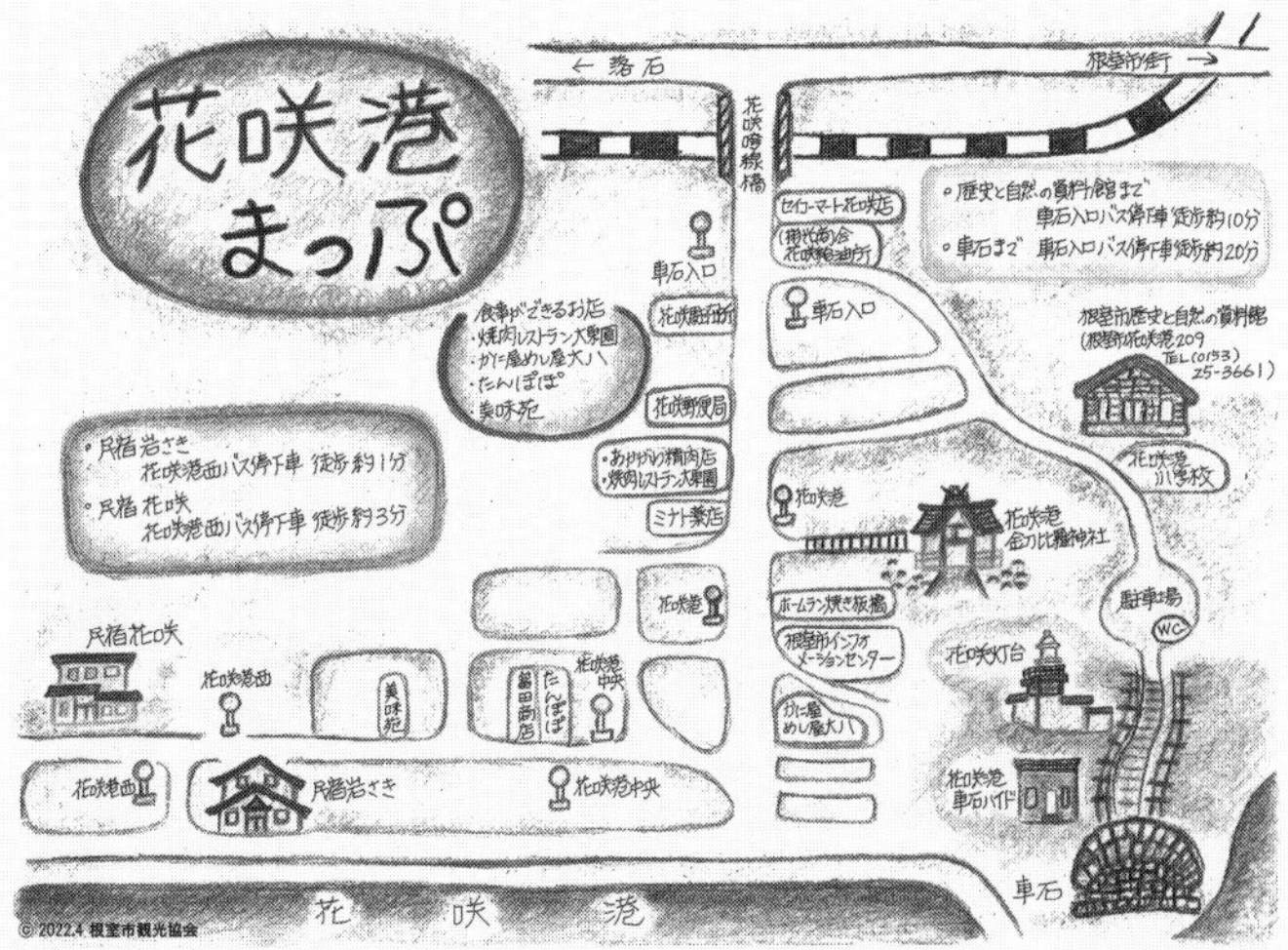

花咲港マップ（根室市観光協会）

☆松原健之《たけし》の丁寧な歌唱

歌唱は静岡県出身の松原健之で、一九七九年生まれ。作家の五木寛之に見いだされ、五木作詞・弦哲也《げんてつや》（17参照）作曲の『金沢望郷歌』を携えて石川県各地で街頭ライブを展開したが、それがきっかけとなって二〇〇五年にプロデビューを果たした。バラード調の演歌を得意とし、ソフトで丁寧な歌い方には定評がある。郷愁を誘う歌や地方色のにじむ歌が多く、『花咲線』もそんな作品である。

この歌の主人公は、おそらく松原と同じアラフォー世代、つまり四〇歳前後の中年であろう。彼には、「若い日」にある女性と別れたという経験がある。それは、すでに「帰らない愛」である。かつて二人は、花咲線の「わずか一両の古ぼけた列車」に乗って根室の納沙布岬まで旅をした。車両は「厚岸《あっけし》めぐり湿原抜けて東へ」と進んだ。「厚岸めぐり」とあるのは、厚岸湾や厚岸湖の北側を線路が弧状に走っているからである。また、「湿原抜けて」とあるのは、別寒辺牛《べかんべうし》湿原や霧多布《きりたっぷ》湿原のことを指している。

納沙布岬《のさっぷみさき》への旅を言い出したのは彼女で、夜明けの岬の光景が見たいというのがその理由であった。この岬は、北海道はもとより、離島を除く日本全体の最東端に位置する。したがって、日本本土の平地のなかで、もっとも早く朝日に遭遇できる場所である。そんな朝日を見る旅は、誰にとっても思い出に残る経験となろう。彼は、「若い日」の「思い出をさかのぼり／いま君に会いたい」という心境になった。彼女の「後れ毛」が納沙布岬で「汐風《かぜ》」と一体化して揺れていた様子は、決して「幻」ではなく、今鮮やかによみがえってくる。

☆「いま君に会いたい」理由

「いま君に会いたい」は、歌詞にも副題にも登場するキーフレーズであるが、なぜ、よりにもよって「いま」、そのような心境になったのか。それは、「ふるさとの線路がまたひとつ失《な》くなると噂流れた」からである。

おそらく、主人公は北海道の生まれで、ここで言う「ふるさと」とは、北海道そのものを指しているのであろう。「いま」、彼が夢想する旅は、「胸を軋《きし》ませ哀しみ連れて駆けて行く」旅とならざるを得ない。「胸を軋ませ哀しみ連れて」いるのは、むろん彼女がいないからでもあるが、花咲線の廃止が噂されている折だからでもある。彼には、いくら過疎化が進んでいるからといって、あるいは、いくらほかの交通手段が発達しているからといって、「若い日の花咲線を忘れることが時代だなんて思」うことができないのだ。

彼女への未練と花咲線への愛惜の念が巧みに重ね合わされている歌詞である。交通手段であれ、目的地であれ、それが廃止されると噂に聞くと、誰しも思い出が強くよみがえり、再会したくなるものだ。その普遍的な情感をうまく捉えて、歌詞が組み立てられている。一番から三番まで、歌詞の末尾は「いま君に会いたい／帰らない愛を訪ねて」である。この「君」には、別れた彼女はもちろんのこと、花咲線そのものも含意されていよう。「愛」の対象は、彼女であるとともに、廃止が強く危惧される花咲線でもあるのだ。

　廃線の噂だけで狼狽し、思い出が駆けめぐるわけだから、今後、さらに時が流れ、不幸にして、もしも本当に花咲線が廃止されてしまったとしたら、そのときはもっと狂おしく彼女に会いたくなるのであろう。北海道は、廃線を幾度も経験してきた。北海道大学名誉教授・理学博士であり、エッセイストでもあった堀淳一（21参照）の遺作エッセイ『北海道　地図の中の廃線』（亜璃西社、二〇一七年）は、旧国鉄の廃線跡を歩く追憶の旅である。これを読むにつけても、もし花咲線が廃止され、その跡を主人公が歩くなら、彼は本当に発狂してしまうのではないだろうか、といった想像にまで駆り立てる切なさがこの歌にはある。

Closed Railway Journeys
on The Map of Hokkaido
堀 淳一
北海道
地図の中の廃線
旧国鉄の廃線跡を歩く
追憶の旅
レールの残照、
廃墟の風景。
鉄道への郷愁と憧憬を
伝えてやまない。

　ちなみに、同じ路線を扱った作品に立樹《たちき》みかが歌った『花咲本線』（二〇〇五年発売）がある。ストーリー性の高い歌詞に定評のある池田充男（35・70参照）の作詞である。「釧路から根室へむかう汽車」、「右の座席にすわれたら太平洋《うみ》が見える」、「ふたり降りたらひとり乗る」などと、路線状況が分かりやすく描写されており、ローカル色もよく出ている。しかし、よくあるタイプの未練演歌で、コンセプトは平板である。

また、川中美幸にも『花咲港《はなさきみなと》』（一九八二年発売）という持ち歌がある。作詞は演歌界の大御所、吉岡治（一九三四〜二〇一〇）である。しかし、サンマも花咲ガニも登場せず、地域色が感じられない。「花咲」の字面が美しいため歌にされたのであろうが、別の港に置き換えても通用してしまい、ご当地ソングとは呼びがたい。

24 『愛冠岬』（松原のぶえ）

☆届きにくい愛の栄冠

釧路総合振興局管内の厚岸町《あっけしちょう》に、「あいかっぷ」という名の岬がある。厚岸道立自然公園内の、数十メートルの断崖上にある風光明媚な岬である。「あいかっぷ」といってもバストが極度に大きい女性のことではない。これはアイヌ語で「矢が届かないもの」を意味する。矢が届かないことから、「不可能なもの（こと）」をも意味する。

切り立った崖で、海から数十メートルの高さがあれば、確かに矢は届かないだろうし、届きにくい。届きにくいといえば、愛の栄冠も同じであるが、誰しも何とか届かせたいと思うものだ。そこで、このアイヌ語に「愛冠」の漢字が当てられたそうである（厚岸町ホームページなどによる）。

本節で取り上げるのは、ここを舞台として文字どおり届かない愛をうたった『愛冠岬』で、このシングルCDの発売は一九九二年二月であった。

歌唱は、一九六一年に大分県に生まれた松原のぶえ。中学生のときに北島三郎（1参照）の事務所にスカウトされ、一九七九年に『おんなの出船』でデビューし、日本レコード大賞新人賞を獲得した。その後も安定した歌唱力で活躍を続けているのはご存じのとおりである。代表曲として、『演歌みち』、『なみだの桟橋』、『男なら』などがある。

作曲は三木たかし（一九四五～二〇〇九）。東京都に生まれ育った三木、晩年には作曲界の大御所となった。歌手を志していたが、船村徹（35・61参照）のすすめで作曲家に方向転換を図り、作詞家なかにし礼（69参照）の推薦で作曲家デビューとなった。

愛冠岬　©FoxyStranger 川崎

幅広いジャンルを手掛けており、実績は、実妹の黛ジュンが歌唱した『夕月』のほか、『禁じられた恋』（森山良子）、『みずいろの恋』（あべ静江）、『ブーメランストリート』（西城秀樹）、『北の螢』（森進一）、『時の流れに身をまかせ』（テレサ・テン）、『追憶』（五木ひろし）、そして石川さゆり（25参照）の『津軽海峡・冬景色』、坂本冬美（35参照）の『夜桜お七』など、有名ヒット曲のオンパレードである。

作詞したのは田中うめの。実はプロの作詞家ではなく、住宅メーカーの社長などを務めた実業家である。彼女には『梅一輪　命を燃やした昭和の女』（アドクリエイション、一九八九年）という自伝があるのだが、一九九三年、その自伝を原作として、秋吉久美子主演・渡辺護監督の『紅蓮華《ぐれんばな》』という映画（三協映画制作）がつくられている。その主題歌となったのが『愛冠岬』である。

☆映画の主題歌『愛冠岬』

映画『紅蓮華』によると、田中自身をモデルとしたヒロイン（配役は秋吉）は、戦時中、親の決めた軍人と結婚するが、四日間だけ同居したのちに夫は戦死。その間に身ごもった男児とともに彼女は、亡夫の実家で苦難の戦中・戦後を送るが、皮肉にもその場所が愛冠岬のほど近くであった。映画には、愛の栄冠には到達できなかったヒロインが、一歳の幼な児を道連れに、岬から飛びこんで心中を図るシーンが描かれている。

その後、ヒロインにはさらなる苦難が待ち受ける。戦後一〇年を経て、いとこ（配役は役所広司）と再婚するが、実は彼には愛人（配役は武田久美子）がおり、一時期、妻妾同居のはめに陥ってしまい、夫婦生活はまったく不毛となる。文字どおりの「紅蓮《ぐれん》地獄」、寒さで皮膚が裂けて真赤になってしまうような地獄である。

この二度目の夫は、まるで作家の太宰治（一九〇九～一九四八）の人生をなぞるような破天荒な生き方・死に方をする。ここでの目的は映画紹介ではないのでこれ以上は触れないが、ほかに河内桃子（一九三二～一九九八）・稲野和子（一九三五～二〇一四）・小松方正（一九二六～二〇〇三）などといった芸達者が脇役陣として出演している佳作映画である、ということだけは述べておこう。

前述したようにこの映画の主題歌が『愛冠岬』であり、同岬にはこの歌の歌碑があるが、その内容は、映画後半部の紅蓮地獄とは直接関係なく、愛の栄冠には到達できなかった最初の夫との関係に焦点が当てられており、彼への思慕の念が膨らまされている。紅蓮地獄については、カップリング曲で、この映画と同名の『紅蓮華』のほうで主題となっている。

映画のなかでヒロインは、愛冠岬から海に飛びこもうとするときに、「ごめんね、お父さんの所へ行って、みんなで一緒に暮らそう」と幼な児につぶやくが、間もなく死を思いとどまる。『愛冠岬』のモチーフは、このあたりと重なってくる。

歌のなかでヒロインは、亡き夫の面影を求めて愛冠岬のカムイ（神）に呼びかける。

霧よ晴れてもう一度逢わせてよ
時を私に返しておくれ
愛の痛みを支えておくれ

そして彼女は、「潮のつぶてに打たれて耐え」る「むらさきの花」に自らの女心を重ね合わせる。花の名前は歌詞に登場しないが、明らかにヒオウギアヤメである。花言葉は「物思い」。

愛冠岬から南東方向へ厚岸湾沿いに八キロほど行くと、一〇〇ヘクタールほどもある「原生花園あやめヶ原」に至る。六、七月に咲くヒオウギアヤメの大パノラマが人々を魅了する。葉は細長い剣状で長さ二〇～三〇センチ、その基部は紫色を呈する。花茎の高さは六〇センチほどで、枝分かれして八センチほどの紫色の花を咲かせる。葉の出方がヒノキの薄板を重ねた扇、つまり「檜扇《ひおうぎ》」に似ていることからこの名が付けられた。湿

原生花園あやめケ原に咲くヒオウギアヤメ　©農林水産省

地・湿原に咲き、この点が乾いたところに咲く普通のアヤメとは異なる。

「愛の栄冠」と名づけられた岬と「物思い」の花に満ちた原生花園あやめヶ原――両地点の間は、歩いても二時間ほど、八キロという近からず遠からずの距離、何とも含蓄が深い。

☆島津亜矢の同名異曲

ちなみに、島津亜矢（7参照）の持ち歌にも同名異曲の『愛冠岬』がある。こちらは星野哲郎の作詞、市川昭介の作曲である（41参照）。松原のぶえ版のヒロインが常に受け身の生き方を強いられているのとは対照的に、島津亜矢版のヒロインは実に能動的である。積極的に愛の栄冠を勝ち取ろうとする逞《たくま》しい女性である。

好きな男を「後《うしろ》は海」で「前は霧」の愛冠岬に追いつめ、「色よい返事きくまでは／放さない」し、「逃がさない」し、「戻らない」と迫る。決め台詞は、

どうするどうする
さぁさぁさぁさぁ

となっている。

25 『涙岬』(石川さゆり)

☆涙岬は浜中町に実在

石川さゆりといえば、今や人気と実力を兼ね備えた日本屈指の演歌歌手である。一九五八年に熊本県に生まれた彼女は、一九七三年に『かくれんぼ』でデビューした。一九七七年、みなさんよくご存じの『津軽海峡・冬景色』が大ヒットとなった。以降、順調に歌手活動を展開し、ヒット曲は『波止場しぐれ』(日本レコード大賞最優秀歌唱賞)、『風の盆恋歌』(同)、『天城越え』(同金賞)、『夫婦善哉』(同)、『鴎という名の酒場』、『滝の白糸』、『飢餓海峡』など多数ある。

ここで取り上げるのは『涙岬』である。二〇〇四年一〇月に発売されたアルバム『さゆりⅡ〜十曲十色〜』に収録された一曲で、旋律は、典型的とは言えないが、やはり演歌である。作詞は星野哲郎、作曲は船村徹。両名の業績については随所(とくに35・41・61・72)で言及しているので、そちらを参照いただきたい。

流行歌のタイトルになっている岬には、実在するのか架空なのか、容易に分からないものも少なくない。本書で取り上げている4『立待岬』なら函館市に、13『襟裳岬』なら幌泉郡《ほろいずみぐん》えりも町に、24『愛冠岬』なら厚岸郡《あっけしぐん》厚岸町に、74『神威岬』なら積丹郡《しゃこたんぐん》積丹町にそれぞれ実在している。これらに対して、29『哀愁岬』、39『オホーツク岬』、46『オロロン岬』は、いずれも地図には載っておらず、そういう意味では架空の岬と言える。

ただし、哀愁岬は、野付半島《のつけはんとう》（知床半島と根室半島の中間に位置し、別海町《べつかいちょう》と標津町《しべつちょう》にまたがる砂嘴《さし》）の東端にある竜神崎を作詞者が呼び替えたものであり、岬自体は実在している。

オホーツク岬は、オホーツク海沿いに実在する宗谷岬・能取《のとろ》岬・知床岬の三つを作詞者が総称して呼んだもので、オロロン岬の語は、ウミガラス（別名オロロン）が群れ飛ぶ岬という意味で作詞者が使っていて、そのモデルとなっている岬の候補を推定することも可能であるが、確証を示すことはできない。

さて『涙岬』だが、石川さゆりの持ち歌であることはずっと前から知っていたが、私は架空の岬だと思いこんでいた。まさか同名の岬が、しかも北海道に実在するとは思ってもいなかった。

厚岸町《あっけしちょう》の東に隣接する浜中町にこれが実在することを知ったのは、ＣＤの発売から一〇年以上も経ってからのことである。この岬にちなむ、文字どおり「聞くも涙、語るも涙」の伝説があり、そこから涙岬の名も由来していながら、地元がＰＲしてこなかったこともあって私は一向に不案

涙岬（浜中町観光協会）

内であった。

☆乙女の涙と立岩

涙岬は、浜中町の、太平洋に面する南西端にある。乙女の泣き顔を彷彿させる岩がせり出し（前ページの写真参照）、岬の先には縦長の岩、立岩がある。涙岬の伝説を理解するためには、幾つかの地名とそれらの位置関係を把握しておく必要があるので簡単に紹介しておこう。

釧路駅と根室駅を結ぶＪＲ北海道のローカル線が花咲線で、23『花咲線』（松原健之）の舞台である。この路線の途中駅に「厚岸駅」がある。厚岸町南部に位置する駅で、駅の南には厚岸港があり、さらにその南に愛冠岬《あいかっぷ》がある。愛冠岬から海沿いに八キロほど南東に進むとヒオウギアヤメで有名な「原生花園あやめヶ原」があるが、これについては24『愛冠岬』のところで触れている。

「原生花園あやめヶ原」から東北東に一〇キロメートルほど進むと浜中町に入り、ほどなく涙岬に至る。さらにそこから一五キロメートルほど北東方向に行くと、文字どおり「霧の名所」である霧多布《きりたっぷ》岬に達する。

浜中町役場の商工観光課がホームページでひっそりと紹介している、涙岬と立岩《たていわ》にまつわる「古老の話」は以下のとおりである。

○涙岬（乙女の涙）・立岩《たていわ》の物語

涙岬、立岩を訪れると、この地の古老の話が思い出されるのである。昔、鰊（ニシン）漁が華やかなりし頃、厚岸の若者と霧多布の網元の娘が恋に落ちた物語である。ある嵐の日、厚岸から船で霧多布へ向かう時、ここまで来て座礁し、若者は海の底へ消えてしまった。それを知った娘は、この断崖に立って泣きながら、声をかぎりに若者の名前を呼び続けていたと云う。今でも、この岬を訪れると断崖に悲しい娘の顔を見ることができる。又、立岩を訪れると、愛する娘の悲しい叫びに向かって一歩一歩、岸にたどりつこうとする若者の姿を想わせるものがある。嵐の夜には、娘の悲しい咽び泣きと、若者の恋こがれて叫ぶ声が風と共に聞えてくると云う。

☆伝説の延長線上の歌詞

遠回りをしてきたが、やっと石川さゆりの『涙岬』の内容を紹介できる。その歌詞は、以上の伝説を踏まえており、いわばその延長線上に構築されている。

歌のヒロインは、この涙岬の「乙女岩」が「燃える心を秘めたまま」一途に男を思い続けているように、自分も、好きな男を思い続ける「強いおんな」になりたいと思っている。そして、今、縁が切れたら一生の悔いを残すと思い詰めてもいる。かつてその男は、「髪に飾ったあやめの花の青が似合う」と言ってくれた。初夏のあやめヶ原で採取したものなのだろうか。

秋になった今、ヒロインは「霧の中」にある涙岬に一人で訪れ、自分を「両手でかかえ」て「草の褥《しとね》に放り出」した彼のことを、熱く思い出している。そして、「夕陽」のなかで彼女は、「しがみついても思いを遂げ」ようと固く決意する。その情念の形は、石川さゆりの歌でたとえるなら、『天城越え』に登場しているような激しく燃え盛る炎ではなく、『飢餓海峡』に登場しているような、深く静かに潜行する灯である。

ちなみに、岩に浮き出た人間の顔といえば思い出されるのが、一九世紀アメリカの文豪Ｎ・ホーソン（Nathaniel Hawthorne, 1804～1864）の短篇小説『大顔面石』（『ホーソン短編小説集』坂下昇訳、岩波文庫、一九九三年所収）である。

高貴な紳士の顔を彷彿とさせる巨大な岩を少年時代から見つめ続けて育った主人公のアーネストは、中年になるにつれ、その顔面石と同じような、高貴な顔つき、高貴な品格の紳士に変容していった。『涙岬』のヒロインも、この乙女岩を見つめ続けることによって、ますます一途な女に変容してゆく。すぐれた自然の造形美は、それを見つめ続ける人間に人格の変容すらもたらすというわけである。

この歌に登場する涙岬と、**24**『愛冠岬』（松原のぶえ）で取り上げた愛冠岬《あいかっぷ》とは、距離にして二〇キロメートルほどしか離れておらず、そのほぼ中間に、どちらの歌にも示唆されている「原生花園あやめヶ原」がある。今後は、この三つの観光地を有機的につなげるような歌の出現も期待したいところである。

ちなみに、十勝の士幌町《しほろちょう》出身の歌手である中村仁美（旧芸名は戸川よし乃、14参照）の持ち歌にも同名異曲の『涙岬』（二〇二〇年四月発売）があるが、残念ながらこちらは、上述の伝説も「涙岬」という名称も十分に活かしきれていない。

26 『風蓮湖の歌』（大津美子）

☆白鳥が越冬する風蓮湖

風蓮湖《ふうれんこ》は根室市と野付郡別海町にまたがっており、野付風蓮道立自然公園の一部を成している。淡水に根室湾の海水が流れこむという汽水湖である。北海道にある汽水湖としては、サロマ湖（37参照）、能取湖《のとろこ》（36参照）に次いで広い。砂州の春国岱《しゅんくにたい》は多くがアカエゾマツで覆われており、国内最大級となるハマナス群落もある。

風蓮湖は周囲に湿地帯が広がっているために食糧が得やすく、しかも隠れ場となる植生も豊富に存在していることもあって、白鳥の越冬地や丹頂鶴の営巣地として絶好の環境となっている。

一九九三年、日本政府は、湖と湿地の七八〇〇ヘクタール余りを風蓮湖鳥獣保護区（集団飛来地）

に指定した。そして、二〇〇五年には春国岱とともに「ラムサール条約」が指定する湿地となった。

ここで取り上げるのは、この湖の白鳥に焦点を当てた、一九六一年に発売された『風蓮湖の歌』である。歌詞は短いが、白鳥さながらにゆったりと流れる癒し系の曲である。

歌唱は大津美子。一九三八年に生まれ、愛知県出身である大津は、作曲家の渡久地政信（8参照）に師事し、一九五五年にデビューしている。同年、藤間哲郎（6参照）作詞・渡久地作曲の『東京アンナ』が大ヒットしたあと、作曲家の飯田三郎に師事し、一九五六年、同名映画の主題歌『ここに幸あり』が大ヒットした。ほかの代表作として、『東京は恋人』や『銀座の蝶』などがある。

一九八〇年にくも膜下出血で倒れたが、奇跡的にカムバックを遂げ、現在もアルトの迫力ある美声で活躍している。

☆著名芸術家の作詞・作曲

『風蓮湖の歌』の作曲は前掲の飯田（一九一二～二〇〇三）である。風蓮湖の地元、根室市の出身で、商業学校を卒業後に上京し、本格的に作曲・指揮を学んだ。クラシック系の作品を多く手がけ、舞踊

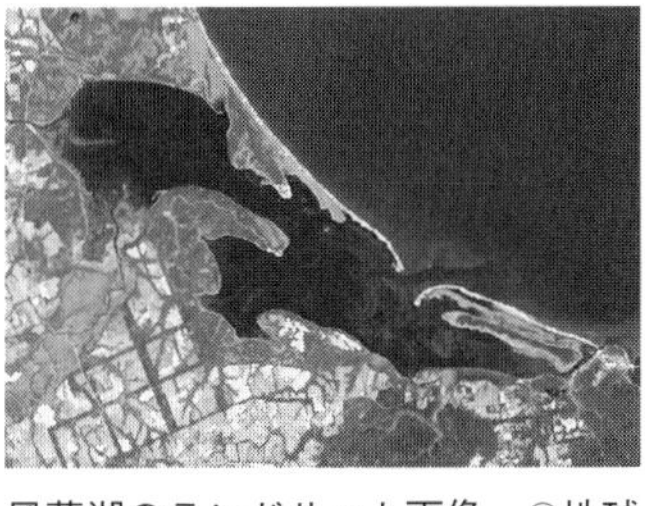

風蓮湖のランドサット画像　©地球規模土地被覆施設（GLCF）

曲『力の交響』、『開拓者の鼓動』、『秘踏ヒマラヤ』などで知られている。また、交響組曲『北海道』、『北国讃歌』など北海道や根室にちなんだ曲も残しているほか、映画音楽などもある。

歌謡曲では、同じ根室出身の作詞家高橋掬太郎《きくたろう》（一九〇一～一九七〇）と組んだ前掲の『ここに幸あり』をはじめ、三船浩（68参照）が歌った『夜霧の滑走路』、さらに『啼くな小鳩よ』（岡晴夫）、『かりそめの恋』（三条町子）などを作曲した。根室市立図書館には「飯田三郎資料展示室」があるので、とりわけ熟年世代の方々にはぜひ訪れていただきたい。

作詞は東京生まれの内村直也（一九〇九～一九八九）で、何と本業は劇作家である。慶應義塾大学経済学部を卒業したあと、作家の岸田國士《くにお》（一八九〇～一九五四）に師事した。一九三五年に発表した処女作『秋水嶺』（成瀬書房）や、一九四八年に発表した『雑木林《ぞうきばやし》』などのほか、NHK連続ラジオ劇『えり子とともに』や民間放送初のテレビドラマ『私は約束を守った』などでも知られている。また、西洋戯曲の翻訳など多方面でも活躍し、歌謡曲の作詞も多数手がけた。

ちなみに、『風蓮湖《ふうれんこ》の歌』のほかに、内村・飯田コンビの作品として、11『北国の慕情』と19『釧路の乙女』と68『小樽の赤い灯が見える』を本書では取り上げている。

☆『白鳥の湖』を踏まえて

著名芸術家コンビが作詞・作曲した『風蓮湖の歌』は、チャイコフスキー（一八四〇～一八九三）作曲の有名なバレエ音楽『白鳥の湖』を踏まえたもので、そのイメージを風蓮湖と重ね合わせた格調の高い作品となっている。

『白鳥の湖』のストーリーにはさまざまな版があるが、基本線は以下のとおりである。

王子ジークフリートがオデッツ姫と出逢い恋に陥る。しかし、姫は、悪魔ロットバルトによって、昼は白鳥、夜だけ人間の姿になるという呪いをかけられていた。この呪いを解くには、姫への永遠の愛を守り通さなければならない。しかし王子は、姫そっくりの悪魔の娘、白鳥ならぬ黒鳥のオディールに心を奪われてしまう。

やがて悪魔の企みに気付いた王子は、悪魔と戦って撃破するが、呪いは解けない。絶望した王子とオデッツは湖に身を投げ、来世で結ばれる。

これを踏まえてつくられた『風蓮湖の歌』の歌詞は極めて短い。三番まであるのだが、一番と三番は客観的な景観描写でしかない。風蓮湖に、白鳥が寒い国から越冬のために飛来した一番と、風蓮湖に暖流が流れこみ、白鳥の親子が静かに水面《みなも》をすべってゆく三番となっている。

圧巻となるのは、間に挟まる二番である。格調が高いので、ほぼそのまま引用したい。

空おおう夢の白鳥
ヨシの葉にひとり泣くのは
オデッツ姫か白鳥の
虹をけたてる朝の舞

恐れながら、意訳させていただく。

——朝、群れのなかの一羽の白鳥がヨシの葉の傍で泣きながら舞い、波を立てて虹をつくっているが、これはさながら『白鳥の湖』のオデッツ姫である。

ある歌謡曲研究家の評言に次のようなものがあった。


この歌は、風蓮湖《ふうれんこ》の白鳥そのものを歌っている。作詞者の立場は（中略）見物者の立場である。人物は登場しない。（中略）風景や動植物をそのまゝストレートに描いても、〔聴く者が〕共鳴しないのは、歌謡曲に求めるものは、はやり風景のなかの人間の心情〔だから〕なのではないか。（〔　〕内は筆者補記）

出典はあえて伏すが、この歌がヒットしなかった理由を彼は、「人間の心情」を描いていないためとしているわけだが、私には首肯《しゅこう》できない。

二番は、決して「風景や動植物」のストレートな描写にとどまっていない。この歌詞を深く味わうには、味わう側に『白鳥の湖』に対する理解と共感が不可欠である。二番のキーワードは「夢」であり、「泣く」であり、「舞」である。白鳥の行動を「舞」として、「夢」のように煌《きら》びやかだと捉えるのは人間である。また、「鳴く」でも「啼く」でもなく、白鳥を「泣く」ように感じ取るのも人間である。二番の歌詞全体が、『白鳥の湖』の哀しいストーリーを踏まえた、人間のナイーブな心情の発露なのである。

歌番組では、時間の都合などで二番が割愛されることが多い。そのため、メロディーはきれいでも、作詞者の真意が伝わらずにヒットしなかった歌が多数ある。『風蓮湖の歌』もその一つと言える。近年、ＢＳの歌番組にはフルコーラスをじっくりと聴かせるものが増えている。悦ばしい傾向である。

二〇〇九年、山内惠介（56参照）が歌う、鈴木紀代（2参照）作詞・水森英夫（56参照）作曲の『風蓮湖』がヒットして当地は有名になった。大津の『風蓮湖の歌』は長らく忘れ去られていたが、山内の曲が契機となって掘り起こされ、近年、彼女のアルバムにも収録されるようになった。

なお、山内の『風蓮湖』では、失恋した主人公の男が風蓮湖で未練にひたり、白鳥が海を渡ってくるように彼女も戻ってきてくれないものか、と願っている。ところが、白鳥の舞い方にはまったく関心を寄せていない。白鳥の動きから感じ取った気品、という点から見ると、断然、大津の曲の歌詞に軍配を上げたくなる。

27 『珸《ご》瑶《よう》瑁《まい》海峡』（大月みやこ）

☆大器晩成歌手の「海峡もの」

一九六四年は東京オリンピックの開催年として知られているが、芸能界では、のちに歌手や俳優として第一線で大活躍することになる逸材が多くデビューした年であった。いきなりビッグスターになったのが都はるみ、水前寺清子、西郷輝彦、高田美和などで、ブレイクにやや時間がかかったものの大成したのが、五木ひろし、いしだあゆみなどである。そして、小林幸子と並び、長い苦節の時代を経て大輪の花を咲かせたいわゆる大器晩成型の歌手が、大月みやこである。

一九四六年に生まれ、大阪府出身の大月は、一九六四年に『母恋三味線』でデビューするも、その後、鳴かず飛ばずの時代を送った。苦節二〇年を経た一九八三年に『女の港』が大ヒットして以来、女の情念や女心の切なさを巧みに表現する歌手という折り紙がつくようになった。そして、一九八六年八月に発売された『豊予《ほうよ》海峡』がヒットして以降、彼女の持ち歌には「海峡」と付くものが増えるようになった。

そして、一九九二年には、ついに『白い海峡』で日本レコード大賞を受賞し、デビュー五〇周年を迎えた二〇一四年には、『いのちの海峡』でレコード大賞最優秀歌唱賞を受賞している。さらに、二〇一六年には文化庁表彰、二〇一七年には旭日小綬章と上り詰めた。

恋い慕う男との仲が絶望的に切り離される舞台などとして、海峡は女性演歌と相性がよいようだ。『豊予海峡』から『白い海峡』までの間に発売された大月の「海峡もの」を順不同で挙げると、『対馬海峡』、『明石海峡』、『鳴門海峡』、『紀淡海峡』、『津軽海峡』などのほか、北海道を舞台とした『宗谷海峡』、『根室海峡』、『珸瑤瑁海峡』がある。

最後に挙げた根室海峡と珸瑤瑁海峡とはつながっている。前者が北海道本島東端の根室半島と北方領土の国後島を隔てているのに対し、後者は根室半島と歯舞群島《はぼまい》を隔てている。ここでは、前者に比べてさほど知られていない後者が舞台となった『珸瑤瑁海峡』を取り上げたい。この曲は『豊予海峡』のカップリング曲で、作詞は星野哲郎、作曲は船村徹である。両名の業績については 35『呼人駅』、41『氷雪の門』などに譲りたい。

☆危険な貝殻島《かいがらじま》水域

珸瑤瑁海峡は「珸瑤瑁水道」とも呼ばれている。「珸瑤瑁」は、読むのも書くのも難しい。発音を聞いただけでは、江戸時代に幕府や藩に備蓄されていた米、すなわち「御用米」のことと誤解しかねない。珸瑤瑁《ごようまい》は根室半島内の地名でもあり、アイヌ語で「波があるもの」を意味する「コイ・オマ・イ」に由来している。よって、珸瑤瑁は完全な当て字である。「珸」、「瑤」、「瑁」ともに部首は玉部で、この部首がつくと貴重な宝玉の類をイメージしてしまう。なぜこんな難しい漢字を当てたのだろうかと、神秘性ばかりが際立つ。

　第二次世界大戦後の一九五一年に、敗戦国日本が多くの戦勝国と締結した「サンフランシスコ平和条約」には、日本が千島列島や南樺太を放棄する旨の規定があったが、この千島列島には、いわゆる北方四島（歯舞《はぼまい》群島・色丹《しこたん》島・国後《くなしり》島・択捉《えとろふ》島）は含まれない、というのが日本政府の公式見解である。しかし、かつてのソビエト連邦も現在のロシア連邦もそれを認めることはなく、対立が続いている。

　いわゆる北方四島は、終戦前後のどさくさに紛れて旧ソ連が武力で占領して日本人を追放したあと、いまだにロシアによる実効支配が続いている。理不尽としか言いようがない（31参照）。

　前掲したとおり、「波がある」海峡を意味する珸瑤瑁海峡は、時化《しけ》る日が少なくないうえに、

納沙布岬から歯舞群島方面を望む　©ハイテン31

ソ連・ロシアの船による拿捕《だほ》の脅威にもたびたび晒されてきた。根室半島の納沙布岬《のさっぷみさき》と、その岬にもっとも近い歯舞群島の貝殻島《かいがらしま》とはわずか三・七キロしか離れていない。

☆「海峡もの」随一のリアリティ

そんな危険な珸瑤瑁海峡を舞台に漁師夫婦の絆を描いたのがこの歌である。女性演歌で海峡ものといえば、大月の持ち歌にかぎらず、都はるみ（45参照）が歌った『おんなの海峡』や『さよなら海峡』など、恋い慕う男との仲が絶望的に切り裂かれる舞台となっていることが多く、曲調もおしなべて暗いものとなっている。一方、『珸瑤瑁海峡』で基調となっているのは夫婦愛で、そういう意味では異色な海峡ものと言える。曲調も、深刻な歌詞の割には暗さが抑えられている。

歌詞はまず、白く逆巻く荒海を白兎《しろうさぎ》に見立て、「貝殻島へ白い兎の群れがとぶ」と表現する。「時化《しけ》りゃ船ごと地獄へ落ちる」という荒海である。そんな海にあえて出ていこうとする夫と、阻止しようとする妻。妻は「けんか腰」。夫はそれを振り切って、「船の真下は国境《くにざかい》」である荒海へ「命がけ」で出てゆく。母船に付き従う「独航船」に乗り、「カニで稼いでコンブで当て」たいからである。

夫の生命を気遣う妻と、稼いで妻に楽をさせたい夫。結局、夫は漁に出てゆく。「春にゃ行こうぜ登別」との「むじゃきな約束」を残して……。

残された妻は、夫の無事なる帰還を願って「熱い祈り」を捧げる。ちなみに、夫が行こうと誘った登別は、胆振《いぶり》総合振興局管内にある日本有数の温泉地のことである。この地名はアイヌ語の「ヌプル・ペッ（色の濃い川）」に由来している。実際、この地では石灰質の温泉が流れこんでおり、川が白く濁っている。

『珸瑶瑁《ごようまい》海峡』が『豊予《ほうよ》海峡』のカップリング曲となっている大月のCDが発売された一九八六年には、「海峡」と付く演歌ばかり一一曲が収録された彼女のオリジナルアルバム『女の海峡物語』も発売されており、同年の日本レコード大賞アルバム企画賞に輝いている。

このアルバムでは、どの曲にも、冒頭に大月自身による台詞が入っている。妻から夫に向けられた『珸瑶瑁海峡』冒頭の台詞では、海と女房とどっちが大事か、と問い、「私の方が大事ならこんな日はやめてよ」、「あんたのからだの半分は私なんだからね」云々と続いている。

海峡もの演歌はとかく設定が大仰で、リアリティが欠如しているものも少なくないが、この『珸瑶瑁海峡』なら、実際にあり得る話と得心もできるだろう。そういえば、『珸瑶瑁海峡』がカップリングされた『豊予海峡』のほうも、テーマは別れではなく男女の絆であった。「女に去られた男」と「男に去られた女」が船上で出逢い、「がんばろうね」、「ふたりでね」と言って、生き直すという話である。

28 『さいはての唄』（柳うた子）

逢わぬ先からお別れが
待っていました北の町
行かなきゃならないアリューシャン
行かせたくない人なのに

☆競作『アリューシャン小唄』

一九六五年にレコード各社の競作となった『アリューシャン小唄』の代表的な歌詞である。もともとは、作詞者・作曲者ともに不明の市井《しせい》の歌であった。手を加えた補作詞者・編曲者などによって歌詞も旋律も少しずつ異なっている。

アリューシャンとは、アメリカのアラスカ半島からロシアのカムチャツカ半島にかけての二〇〇〇キロメートル弱に及ぶ列島のことで、北太平洋に弧状に連なっている。大部分がアラスカ州に属しているが、西端の諸島はロシア領となっている。第二次世界大戦中に、列島とその周辺で日米の激戦が展開されたという事実があることから、この曲のルーツは、行きたくないにもかかわらずアリューシャンに「行かなきゃならな」かった兵士たちのつぶやきに由来する厭戦《えんせん》歌・反戦歌だったと考えられる。

ともあれ、市井の歌に手が加わり、お座敷ソング・宴会ソング調のレコード歌謡となった『アリューシャン小唄』のいくつかを、補作詞者・編曲者名を入れて並べてみよう。

❶コロムビア版（星野哲郎・塩瀬重雄）は、78『ソーラン渡り鳥』で改めて触れるこまどり姉妹の歌唱である。

❷ビクター版（宮川哲夫・渡久地政信）の歌手は、当時すでに『島のブルース』などがヒットしていた三沢あけみである。

❸テイチク版（高月《たかつき》ことば・山田栄一）の歌唱は久美悦子で、彼女に関する情報が私にはほとんどないが、一時期、ほかの小唄調の歌謡曲でも人気を得たらしい。

❹クラウン版（星野哲郎・山下洋治）では、山下洋治とムーディスターズというハワイアン系グループに女優の永井江利子が加わった。

❺ほかに、大阪のお笑い三姉妹「かしまし娘」が歌っている、ソノレコード版（岩尾みつよし・橋場清）というのもあり、まさに百花繚乱であった。

前述したように、歌詞や旋律は版によって若干違うが、歌の中身はほぼ共通している。主人公は酒場勤めの女性、主題は遠洋漁師との別れの悲哀である。版によっては、亡き親への思慕の念、故郷への感懐なども重ねられている。そんな切ない心情がお座敷ソング・宴会ソング調の明るい旋律に乗せて歌われていたのだ。

折しも、和田弘とマヒナスターズの『お座敷小唄』や二宮ゆき子の『まつのき小唄』など、似通った曲調の「小唄」が一世を風靡していた。ちなみに、これら二曲も市井《しせい》の歌に由来しており、作詞者あるいは作曲者は不詳となっている。

☆『アリューシャン小唄』と『さいはての唄』

『アリューシャン小唄』が各社競作となったのは、前述したように一九六五年であるが、コロムビア版にかぎって言うと、歌詞は、その四年前となる一九六一年に同じコロムビアから発売された、柳うた子歌唱の『さいはての唄』とほぼ同じである。柳については、この曲で同年の日本レコード大賞新人奨励賞の受賞者の一人であったという以外に、私にはほとんど情報がない。

市井の元歌に手を加えて『さいはての唄』とした作詞家は星野哲郎（41・72参照）である。採譜し、編曲したのは船村徹（35・61参照）であり、コロムビア版『アリューシャン小唄』とは人物が異なるのでアレンジも異なる。『さいはての唄』は、歌手の、ややかすれたり裏返ったりするアルトの声質とも相まって、お座敷ソング・宴会ソング調にしては陰気な感じが否めない。数年後、陽気で弾むようなこまどり姉妹のコロムビア版に改作されたのもうなずける。タイトルも、あいまいな「さいはて」ではなく、かつての日米激戦地であるアリューシャンを前面に出してインパクトが強くなった。たぶん、他社版も同じような理由で追随したのであろう。

☆『さいはての唄』の中身

一番の歌詞は冒頭に示したとおりである。市井《しせい》の元歌のままなのであろう。とはいえ、「逢わぬ先から」、つまり逢いもしないうちから「お別れ」が待っていたというのは論理の矛盾ではないだろうか、といった疑問が湧いてくる。しかし、この場合の「逢う」は逢引《あいびき》、つまり男女の密会を指している。密会に至るほど深い仲に至らないうちの惜別が示唆されているのだ。

二番では、「私」は漁港の酒場の「花」であって「あなた」が帰るまでここで咲いているかどうか分からない、と歌う。そして、三番でようやく、この歌のご当地ソングとしての面目躍如となる。寒い冬場に「ノサップ」から船でアリューシャンへ向かう彼の辛さに、彼女は感情移入する。

四番では、ヒロインの故郷が明らかになる。ソ連（現ロシア）が不法占拠している「ハボマイ」、そこに亡き親の墓がある。そして末尾は、もう親には飲ませられない酒を「あなた代りに注がせてね」と歌って終わる。この最終フレーズは、コロムビア版『アリューシャン小唄』では一回のみであるが、『さいはての唄』ではもう一度繰り返されている。

ノサップ（納沙布）はハボマイ（歯舞群島）の対岸に位置する。つまり、一番にある「北の町」とはノサップのある根室のことで、舞台はそのはずれにある酒場となる。ちなみに、三沢あけみのビクター版では、ヒロインの故郷はハボマイではなく隣の「シコタン」（色丹島）となっており、ノサップは登場しない。「霧ににじんだシコタンの赤い灯が泣く」とあるが、酒場の場所が北海道本島のどこであれ、色丹島との距離を考えると「赤い灯」が見えるはずがないので不自然な歌詞となる。コロムビア版との違いを出そうとして、「ハボマイ」をあえて「シコタン」としたのであろう。失礼な言い方だが、違いを出そうとして、かえって墓穴を掘っている。

こうした難点はあっても、当時の競作のなかではビクター版がもっともヒットしたらしい。一九六五年末のＮＨＫ「紅白歌合戦」においても、三沢の歌が披露されている。こまどり姉妹を抑えてビクター版が売れた理由には、三沢のすねて甘えたような歌い方が旋律によくマッチしていたことも考えられるが、『さいはての唄』やコロムビア版『アリューシャン小唄』のアレンジが三拍子を基調としているのに対して、ビクター版は基本的に四拍子であることが大きかったのではないだろうか。お座敷ソング・宴会ソングは、酒を飲みつつ陽気に手拍子を打ちながら歌うというのが本来のものである。三拍子ではそれができにくい。

当時の「紅白歌合戦」のビデオを見ると、三沢はイントロから観客に手拍子を促している。手拍子ができること、それがビクター版の大きな特色であるとアピールしたかったように思える。曲全体が三拍子なら、神楽坂はん子の『芸者ワルツ』（一九五二年）のように、曲に合わせて踊ることも可能であろう。しかし、『さいはての唄』やコロムビア版では、全体が三拍子で統一されず、途中に四拍子が複雑に混在しているので踊るわけにもいかない。

29 『哀愁岬』（綾世一美）

☆**舞台は野付《のつけ》半島竜神崎《りゅうじんざき》**

標津《しべつ》郡標津町から東南東方向に細長く突き出て北方領土の国後島《くなしりとう》と向かい合った半島が、野付半島である。ここでは、この半島が舞台となっている『哀愁岬』を取り上げる。

綾世一美《あやせひとみ》という歌手を記憶されているだろうか。一九六六年に神奈川県綾瀬市に生まれ、作曲家の市川昭介（41参照）に師事して、一九八五年に『出世桜』でデビューしている。一九八九年に『音無川』がヒットしたほか、『丹波越え』や『みちのく挽歌』などを歌い、正統派演歌歌手として活躍したが、二〇〇四年に引退している。

『哀愁岬』は、そんな彼女の歌唱で一九八七年六月に発売されたものだが、さほどヒットしなかった。ただ、同年の「古賀政男記念音楽大賞」の大賞候補にノミネートされたという、知る人ぞ知る名演歌である。

綾世が引退してから三年後の二〇〇七年八月、同じキングレコードの北野まち子が歌唱する同曲シングルＣＤが発売された。いわば、歌い継ぎ宣言である。青森県出身の北野は一九六八年生まれ、一九八九年に『包丁一代』でデビューし、現在も地道に活動を続けている。

「哀愁岬」という名の岬は実在しない。この曲では、野付半島の東端にある竜神崎を指して、こう表現している。

ヒロインは、「死んでも死ねない恋もあるのよ」、「帰ってきてよ」と、去った男に未練を募らせる。しかし、「北に咲く花／命がけ」と結ぶ一番には固有名詞は登場せず、ここまではご当地ソングではない。二番になって「野付トドワラ打瀬舟」と、ここで初めて地域特性が前面に出てくる。一番で歌われる「白い灯台」が、「竜神崎」に立つ野付埼灯台であることが二番になってようやく明らかになる。ヒロインは、「竜神崎の黄色い花びら」に自らをたとえ、男にそれを「思い出してよ」と願うのだ。

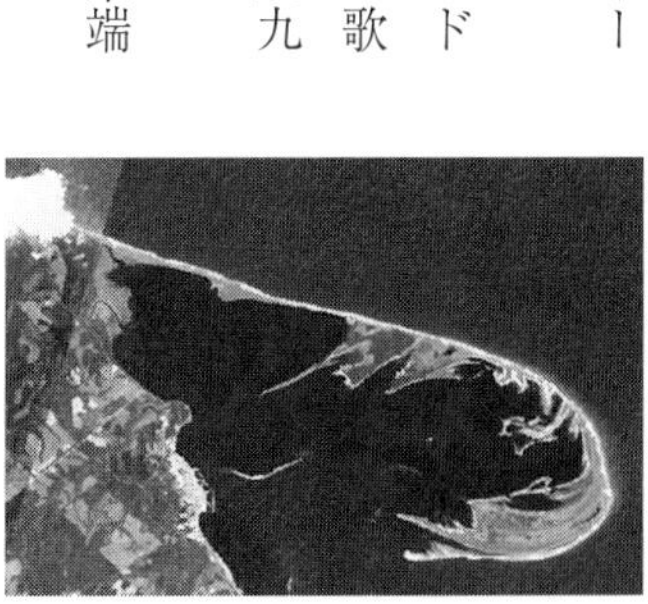

野付半島（ランドサット映像）

野付半島　©100円

続く三番でも、出てくる固有名詞は、南北一三〇キロメートルもの広範囲にわたる「根室海峡」だけである。だが、「汽笛ばかりが心にささる」とある。二番の脈絡から、これは根室海峡を航行する船の汽笛と分かる。男は外洋に去ったのである。北洋漁業の船員であろうか……。

テレビ放送では二番が割愛されることが多いので、この歌をご当地ソングと捉えなかった人も多かったと思う。一番・三番でも地域色をもっと強く打ち出せば確実にヒットした、と私は思っている。

☆野付《のつけ》トドワラ打瀬舟

この歌の生命線ともいうべきキーワードは、二番に登場する「野付トドワラ打瀬舟」である。カテゴリーの異なる耳慣れない語が三つ並んでいるのだ。

むろん、「野付」は地名である。野付半島は延長二八キロメートルにもわたる日本最大の砂嘴《さし》である。砂嘴とは、沿岸流が運んだ砂や小石が湾口の端から海中に細長く堆積して堤状をなしたものをいう。半島の付け根の部分は標津《しべつ》郡標津町であるが、その先の大部分は野付郡別海《べつかい》町に属している。半島全体で、平仮名の「つ」の字の形をほぼなしている。付け根付近には民家が存在するが、別海町に属する部分にはほとんどなく、半島とそれが囲む野付湾は、湿地の保全に関する「ラムサール条約」に登録されている。

「つ」の字の末端部が野付崎、半島と北方領土の国後島《くなしりとう》との間が野付水道である。野付水道は根室海峡のもっとも狭い部分に当たる。半島の東端に当たるのが竜神崎《りゅうじんざき》、つまりこの歌の「哀愁岬」のことで、そこに立つ灯台が野付埼灯台である。

次の「トドワラ」は、半島の中ほどから突端にかけて存在する、立ち枯れたトドマツ林の跡のことである。海水面の上昇に地盤沈下も重なって、砂嘴上のトドマツ林が海水に浸食され、枯死《こし》が進んだ。そのほとんどは樹齢一〇〇年前後のトドマツであるが、それより古いエゾマツも混じっていたという。

一帯には木道が設けられていて、トドワラ散策が可能となっている。野付湾を挟んだ対岸の別海町尾岱沼《おだいとう》から観光船で渡ってくることもできるが、このトドワラも風化・消滅が年々進んでおり、いずれは何もない湿原に化すと予想されている。

最後の「打瀬舟《うたせぶね》」（打瀬船）は、海草中に生息する北海シマエビの伝統的な底引き網漁に用いる船のことであり、白い帆で風を受けて進む。浅い海底の海草を傷つけにくく自然に優しい漁法である。尾岱沼の打瀬船漁は北海道遺産にも指定されており、毎年六月下旬にはじまる。

☆野付半島は自然の宝庫

さて、ヒロインが自らをなぞらえた「黄色い花びら」とは何の花びらなのだろうか。半島のほぼ全域にわたり、とくに夏と秋には多数の花が咲き乱れる。半島の付け根から一五キロメートルに及ぶ道路は通称「フラワーロード」と呼ばれており、半島末端部は貴重な原生花園となっている。「黄色い花」の候補は、キク科のシコタンタンポポ、キンポウゲ科のシコタンキンポウゲ、バラ科のエゾツルキンバイ、マメ科のセンダイハギあたりであろう。どれかに決めつけるというのは不可能であり、また意味もない。

ちなみに、野付《のつけ》半島とその周辺は「野付風蓮道立自然公園」に含まれており、植物だけでなく動物の宝庫でもある。野付湾には多様な甲殻類・貝類が生息しており、それらを餌とする渡り鳥、すなわちキアシシギ、オオハクチョウ、コクガン、タンチョウ、ベニマシコなどが飛来する。冬には、オオワシやオジロワシが集結するという、野鳥観

野付半島をめぐる打瀬船
写真提供：NPO 法人北海道遺産協議会事務局
〒060-0041　札幌市中央区大通東２丁目３番地１
第36桂和ビル７階
09：00～18：00（土・日曜日、祝日、年末年始は休み）　TEL 011-218-2858

察の宝庫である。

哺乳類では、ヤチネズミ、キタキツネ、エゾシカ、ゴマフアザラシ、ミンククジラ、カマイルカ、ネズミイルカなどが生息している。そのほか、数多くのチョウ類やトンボ類、当地固有のノサップマルハナバチも見られる（北海道自然環境局ホームページなどによる）。

江戸時代後期には、漁業や千島列島との交易に関する拠点集落がこの半島に存在していたらしい。一説には名を「キラク」と言い、墓地などの遺構が現存している。二〇〇四年には、これらの遺構と自然環境が打瀬舟《うたせぶね》とともに北海道遺産に選定されている。ちなみに、新沼謙治（49参照）のデビュー四〇周年記念曲として二〇一五年一月に発表された曲が『まぼろしのキラク』である。

前述のように、野付半島では砂嘴《さし》が年々狭まり、道路近辺まで海面が押し寄せてきているので、かつてのキラクの二の舞を踏むかのように、将来、半島は島となり、やがてはその島までもが消失すると危惧されている。

『哀愁岬』の作曲は弦《げん》哲也である。彼については17『釧路湿原』で詳しく触れている。作詞は倉持明生となっている。完成度の高い歌詞であるが、残念ながら私は彼について、北島三郎（1参照）の『風の坂道』を作詞したこと以外、何の情報ももち合わせていない。

野付半島の動植物、半島そのものばかりでなく、この、知る人ぞ知る名演歌も、末長く後世に残ってほしいものである。

30 『オホーツクの船唄』（森繁久彌）

☆映画『地の涯に生きるもの』

森繁久彌（一九一三～二〇〇九）といえば、誰しもが知る昭和・平成の国民的俳優である。大阪に生まれ、早稲田大学を中退後にNHKのアナウンサーとなって満州で活躍したという経歴をもっている。戦後、俳優として徐々に注目されるようになり、映画『三等重役』、『へそくり社長』、『駅前旅館』、『夫婦善哉《めおとぜんざい》』、『警察日記』などで不動の人気を確立した。軽妙な演技に定評があり、喜劇もシリアス劇もこなした。舞台では、ミュージカル『屋根の上のバイオリン弾き』がとくに有名である。テレビやラジオの仕事もよくこなし、ここで紹介するように歌手としても活躍した。一九九一年、大衆芸能分野で初の文化勲章を受章したほか、国民栄誉賞も受賞している。

さて、映画のほうであるが、出演作品は二五〇本を超えているが、異彩を放つ一本が一九六〇年の『地の涯《はて》に生きるもの』（一九六〇年）である。原作は、動物文学者戸川幸夫（一九一二～二〇〇四）の小説『オホーツク老人』（新潮社、一九六〇年）である。これに感激した森繁が、私財を投じてプロダクションを設立して東宝と制作し、主役も務めたのだ。ちなみに、監督は久松静児（一九一二～一九九〇）である。

『オホーツク老人』（新潮社）の書影

彦市に扮した森繁久彌の銅像（写真提供：戸川久美氏）

羅臼の人たちが建立した「知床の賦」（写真提供：戸川久美氏）

知床半島の漁師小屋で、魚網をネズミから守るべくネコと暮らす孤独な老漁師。その名は村田彦市。彼が、過去を回想するという形式の映画である。

彦市は知床で生まれ、国後島《くなしりとう》に渡って漁業で成功するが、敗戦で全財産を喪失した。長男は流氷からの転落死、次男は戦死、妻は病死、三男は漁船の遭難で行方不明……。何とも凄惨なストーリーである。

森繁は、彦市の二五歳から七二歳までを演じ分けた。ほかのキャストは、今も活躍している司葉子、草笛光子、山崎努をはじめとして、熟年世代には懐かしい織田政雄（一九〇八～一九七三）、西村晃《こう》（一九二三～一九九七）、船戸順（一九三八～二〇二一）などとなっている。

この映画のロケ隊が一九六〇年に知床半島の羅臼村（現・羅臼町）に滞在した際、森繁は『サラバ羅臼よ』という歌をつくり、エキストラ出演者を含む多数の人々との別れ際に披露したという。メロディー自体は地元で知られていたものらしく、それをある助監督が採譜したらしい。

この歌は、その後、若干の手直しを経て、一九六二年のＮＨＫ「紅白歌合戦」において『しれとこ旅情』として森繁自身によって歌われ、一九六五年にレコードが発売された。いずれも当時はそれほど注目されなかったが、一九七〇年に加藤登紀子が歌詞を少し変え、『知床旅情』と改題してアルバムで取り上げ、さらに同年にシングル化すると、翌年に大ヒットした。

旧題の『サラバ羅臼よ』からも示唆されるように、ロケ隊と羅臼の人々との別れをモチーフにしている。一番と二番は、去る側が地元民の「旅の情《なさけ》」に感謝する歌詞で、「はまなすの咲くころ／思い出しておくれ／俺たちのことを」などとある。三番は、見送る側からのいわば返歌で、去りゆく人々を「気まぐれカラスさん」と呼んで「忘れちゃいやだよ」と訴え、自分を「白いかもめ」になぞらえて「わたしを泣かすな」と訴えている。あまりにも有名な歌なので、これ以上の説明は不要であろう。

☆主題歌『オホーツクの船唄』

さて、さほど知られていないのが、このメロディーからもう一つの歌がつくられたという事実である。それは、前述の映画『地の涯に生きるもの』の主題歌となった『オホーツクの船唄』で、歌詞には前述の助監督が地元民から採集した語彙も取りこまれているらしい（作家二木《ふたつぎ》紘三のウェブサイトなどによる）。実は、こちらのほうが元歌で、『サラバ羅臼よ』はいわばその替え歌だという。

映画封切とほぼ同じ時期に発売されたと思われる『オホーツクの船唄』のレコードジャケットには、確かに「東宝映画『地の涯に生きるもの』主題歌」とあり、この歌は同映画のなかで流れている。ちなみに、B面曲は「ザ・エコーズ」という男性四人組のコーラスが歌う『しれとこ旅情』である。

『オホーツクの船唄』は、一九七六年に倍賞千恵子（11参照）のアルバムに『オホーツクの舟唄』というタイトルで収録されており、曲の冒頭には新たに台詞が加えられている。

整理すると、羅臼の人々の前で森繁が披露したのが『サラバ羅臼よ』、その森繁版レコードが『しれとこ旅情』、加藤登紀子が歌ったのが『知床旅情』、それらの元歌にあたる映画主題歌が森繁歌唱の『オホーツクの船唄』、その冒頭に台詞を付けた倍賞千恵子の歌唱版が『オホーツクの舟唄』となる。

そして現在でも、観光バスでこのあたりをめぐると、バスガイドがここに記したような話を乗客にされているという。これは、戸川幸夫の次女である戸川久美《くみ》さんからの情報である。

☆歌詞ににじむクナシリ望郷

『オホーツクの船唄』の一番・二番では、「ただ白く凍てはて／命あるものは暗い雪の下」などと「シレトク」（知床）の冬の厳しさが歌われているが、一転して三番では、「スズランの緑が／雪解けに光れば」、「船人のかいな／海に輝く」などと春の訪れの喜びが、そして四番では、「秋あじだいエリヤンサ／揚げる網や大漁」と豊漁の喜びが歌われている。なお、「秋あじ（味）」とはサケのことである。

そして最後は、かすかに見える国後島《くなしりとう》を「わが故郷《ふるさと》」と呼び、いつか帰れる日を願っている様子が描かれ、全体として、映画に登場する彦市の生き様を色濃く反映した展開となっている。『知床旅情』にも「はるかクナシリに白夜は明ける」とあって、確かに国後島に思いがはせられているが、領土への情熱は希薄である。他方、『オホーツクの船唄』では、「霞むクナシリわが故郷／何日《いつ》の日か詣でむ御親の墓に／ねむれ静かに」と、望郷の念が強く押し出されている。

知床沖では、ロケの前年（一九五九年）に漁船が遭難して九八人が死亡するという事故があった。国後島に避難できてさえいれば、これほどの惨事にはならなかっただろう。そんな無念の思いも語り継がれながら、根室市で繰り返し開催される北方領土返還を訴える大会では、この船唄がよく歌われているという。

さて、主題歌から映画本体に話を戻すと、ラストシーンで主人公は、凍てつく氷海にネコを救おうとして転落死する。森繁は著書『隙間からスキマへ』（ＮＨＫ出版、一九九二年）のなかで、この映画について次のように回想している。

冬期の知床ロケ、そしてセット、夏がきて暑い光の知床のロケ、金はかかるわ、金はないわ（中略）。大出来の映画も何故か、〝浅沼稲次郎公会堂で刺さる〟がかぶって、もう一つ気焔が上がらなかった。私は大枚をなげうったきりで久松監督ともども一銭の金も入って来なかった。これも悲愴な最后であった。

浅沼稲次郎（一八九八〜一九六〇）とは、当時の野党第一党であった日本社会党の委員長で、日比谷公会堂で演説中に右翼の青年に刺殺されたのが一九六〇年一〇月一二日であった。映画の封切は、同一六日であった。

31 『国後の女』（春日《かすが》八郎）

☆日本史の中の北方四島

第二次世界大戦末期の一九四五年八月九日、帝政ロシアの後身ソビエト連邦は、当時まだ有効であった「日ソ中立条約」に違反して対日参戦し、日本が米英中首脳による「ポツダム宣言」を受諾したあとの同月下旬以降になって、いわゆる北方四島（択捉島《えとろふとう》・国後島《くなしりとう》・色丹島《しこたんとう》および歯舞群島《はぼまいぐんとう》）を占領した。日本軍は抵抗することなく、占領は無血で行われた。

四島には日本人が一万七〇〇〇人ほど住んでいて、ソ連人は皆無であったが、ソビエト連邦は一九四六年に四島を一方的に自国領とし、一九四八年までにすべての日本人を強制退去させた。のち、一九九一年にソビエト連邦は崩壊したが、現在に至っても四島はロシア連邦に不法占拠されたままとなっている。

このような背景をもつ四島の歴史を、日本政府の公式見解に準拠しつつたどってみよう。

江戸時代、日本は帝政ロシアよりも早くに四島の存在を知って、その統治を確立した。幕末の一八五五年に結ばれた「日露和親条約」は、当時自然に成立していた択捉島・ウルップ島間の国境をそのまま確認するものであった。それ以降も、四島が外国領であったことは一度もない。

一八七五年、「樺太・千島交換条約」によって、日本は千島列島最北のシュムシュ島から、択捉島のすぐ北に位置するウルップ島までをロシアから譲り受け、その代わりとして、ロシアに対して樺太（サハリン）全島を放棄した。

一九〇五年、日露戦争に勝利した日本は、「ポーツマス条約」によりロシアから北緯五〇度以南の樺太を譲り受けている。

第二次世界大戦中の一九四三年一一月、米英中首脳は「カイロ宣言」において、「暴力及び貪欲により日本国が略取した」地域などから日本は追い出されなければならない旨を宣言した。そして、一九四五年八月一四日に日本が受諾した「ポツダム宣言」には、「カイロ宣言」の条項は履行されねばならない旨が規定されていたが、少なくとも北方四島は、「暴力及び貪欲により日本国が略取した」地域に当たらないことは明白である。

一九五一年九月、日本は「サンフランシスコ平和条約」により、千

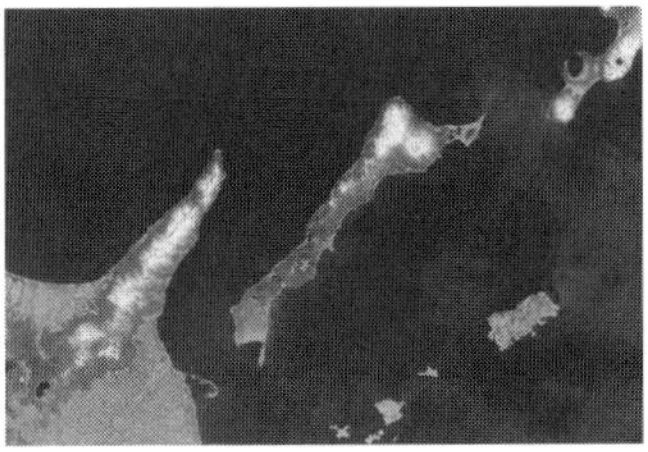

国後島

島列島と「ポーツマス条約」で獲得した南樺太とに対する全権利を放棄した。しかし、そもそも北方四島は千島列島には含まれないし、ソビエト連邦は同「平和条約」に署名していないので、同条約上の権利を主張することはできない。

☆『国後の女』の悲劇

これら四島のうち国後島《くなしりとう》は、知床半島の東に位置する面積約一四八九平方キロメートル、長さ約一二三キロメートルに及ぶ細長い島である。本土四島、および択捉島《えとろふとう》に次いで大きく、沖縄本島よりも大きいのだ。もっとも高い山は標高一八二二メートルの爺々岳《ちゃちゃだけ》で、アイヌ語では「チャチャ・ヌプリ（お父さんの山）」と呼ばれてきた。晴れた日には北海道本島からもよく見える。

以上を予備知識としたうえで、ここでは、春日八郎が歌った『国後の女』について考察していきたい。北島三郎が歌った**1**『函館の女』と同じく、タイトルの「女」は「ひと」と読ませる。

この歌の主人公は、「チャチャ岳の麓に眠る」女性の「面影をしのぶ」男性である。彼は「雪が舞う」岬に立って彼女を偲んでいる（一番）。おそらく知床岬であろう。

彼女はかつて、「ふるさとだから私はここで死にたい」と言って、国後島から北海道本島に渡ることを拒否した。主人公は、二人で「素足のままで流氷を越せばよかった」、一緒に来ればよかったと後悔している（二番）。

しかし、日ソ交渉により「きっと春がくる」との望みを主人公は捨てていない。彼は、いつか国後島に戻れる日が来たら、彼女のことを、「墓標に積る雪のけて逢いたかったと抱いてやろ」と思っている（三番）。

女性は、退去に応じずに国後島で死んだ。終戦直後に高齢だったのか、病身だったのか、あるいはほかに何か事情があったのか……。この男女は、夫妻、恋人同士などではなさそうだ、息子と老母、あるいは孫と老祖母であろうか。いずれにせよ、この悲劇をもたらしたのはソビエト連邦による不法占拠である。

この歌が発表されたのは一九八二年である。終戦から三七年が経ち、日ソ交渉は難航し、多くの日本人の記憶から国後島をはじめとする四島は消え果てそうになっていた。「噂をとざす北の島」（一番）、「地図からいまは消されたような島」（三番）となっていることへの無念の思いが、この歌をつくらせたのであろう。

作詞したのは、一九二七年生まれのたなかゆきを。明治大学を卒業したあと、中学・高校で教えつつ作詞家を志し、一九五七年に石本美由起（3参照）の門下生となり、その翌年からプロ活動を開始した。代表曲として、三船浩（68参照）が歌った『サワーグラスの哀愁』などがある。

作曲は、明治大学・東京高等音楽学院に学んだ林伊佐緒（一九一二〜一九九五）。山口県出身の林は、日本初のシンガーソングライターとされる。一九三四年に本格的な歌手デビューを果たし、一九三七年、新橋みどり共唱のコミカルな歌『もしも月給が上ったら』がヒットした。その二年後には、講談社が募集した『出征兵士を送る歌』の作曲部門に当選している。

戦後となる一九五〇年代には、自らが歌唱した『ダンスパーティーの夜』や『高原の宿』などのほか、三橋美智也が歌った『リンゴ村から』や『母恋吹雪』など、作曲した歌が次々とヒットした。そして、一九六〇年代の後半からの「懐メロ」ブームでは再び歌手としても活躍し、日本歌手協会理事長・会長なども歴任した。

歌った春日《かすが》八郎（一九二四〜一九九一）は福島県の出身で、東洋音楽学校（現・東京音楽大学）を卒業している。作曲家江口夜詩《よし》（一九〇三〜一九七八）に入門し、一九五二年、江口が作曲した『赤いランプの終列車』が大ヒットした。その後、歌舞伎の演目を題材にした『お富さん』が一九五四年、望郷歌謡『別れの一本杉』が一九五五年に大ヒットしている。ほかのヒット曲として、『あん時ゃどしゃ降り』や『山の吊橋』などがある。

☆『国後の女』と『長崎の女』

この三人によるヒット曲に、熊本県天草市を舞台にした『ロザリオの島』（一九六四年）のほか、『長崎の女』（一九六三年）がある。長崎は異国情緒ただようロマンの都市である。「蘇鉄の花」、「石畳」、「オランダ坂」、「サファイア色の眼差し」、「外人墓地」、これらのフレーズが『長崎の女』

を彩っている。ちなみに、「女」を「ひと」と読ませた元祖はこの曲である。

日本情緒と異国情緒が溶け合う長崎。これに対して、異国でないにもかかわらず長らく日本人が締め出されてきた国後島《くなしりとう》。――同じトリオの楽曲でありながら、実に対照的である。

32 『千島を守った男　高田屋嘉兵衛』（三波春夫）

☆国民的歌手三波春夫

三波春夫（一九二三〜二〇〇一）については述べるまでもないだろう。長年、国民的歌手として親しまれ、没後二〇余年を経てもファンが多い。

新潟県三島郡越路町（現・長岡市）の出身であり、家業は書店であった。一九三六年に家族で上京し、米屋・魚河岸などで働いたのち、一九四〇年以降、南篠文若《なんじょうふみわか》の名で少年浪曲家として活躍した。

一九四四年、二〇歳で陸軍に入営し、満州に渡った。隊内で口演し、のちに「浪曲上等兵」と渾名されたという。一九四五年八月、「日ソ中立条約」を破棄して侵攻してきたソ連軍と交戦となり、敗戦後の九月に捕虜となる。その後の約四年間、シベリアに抑留されていた。

帰国後、浪曲界に復帰したが、業界はすでに衰退傾向にあり、一九五七年には芸名を「三波春夫」と改めて歌謡界に転進したが、デビューから二枚目のレコードのA面『チャンチキおけさ』とB面『船方さんよ』がともに大ヒットとなり、一躍、人気歌手となった。ご存じだろうが、ほかの代表曲として『雪の渡り鳥』、『大利根無情』、『東京五輪音頭』、『世界の国からこんにちは』などがある。

一九六四年、北村桃児《きたむらとうじ》の名で作詞・構成した長編歌謡浪曲『元禄名槍譜　俵星玄蕃《たわらぼしげんば》』が大ヒットし、以降、歌手活動のかたわら、旺盛に歌謡浪曲の創作を続けた。とりわけ、『豪商一代　紀伊國屋文左衛門』、『信長』、『勝海舟』など、日本史上の英傑を題材にした作品で話題を呼んだ。

☆高田屋嘉兵衛への思い入れ

三波がとくに注目していた人物に、江戸後期の海運業者、高田屋嘉兵衛《たかたやかへい》（一七六九～一八二七）がいる。嘉兵衛を広く有名にしたのは司馬遼太郎の小説『菜の花の沖』（一九七九年～一九八二年、「産経新聞」連載）であるが、三波はそれよりもはるか前から彼に着目していた。

嘉兵衛は淡路島の出身で、北前船の交易に活躍した。幕府の択捉島《えとろふとう》探検に応じて同島への航路を開き、漁場を開拓していった。また、箱館（のちの函館）を拠点に蝦夷地の商権を独占した人物である。

一八一一年、ロシア軍艦長ゴロヴニンが国後島で幕府役人に捕えられて箱館に抑留されると、翌年、その報復として嘉兵衛が国後島《くなしりとう》沖でロシア側に捕えられてカムチャツカに連行された。一八一三年に帰国した彼は、ゴロヴニン釈放など日露間の仲裁にあたり、事態が円満に解決され、国後・択捉の領土も保全された。

嘉兵衛の先祖は越後出身であり、越後出身・ソ連（ロシア）抑留体験などと共通項が多い三波が嘉兵衛に興味を惹かれたこともよく分かる。彼を題材にした三波の持ち歌は、『千島を守った男　高田屋嘉兵衛』（一九七一年）のほか、『あゝ北前船』（一九八六年）、『嘉兵衛まつり音頭』（一九九〇年）、『北前船の豪商　高田屋嘉兵衛さん』（一九九九年）と四曲もある。ここで取り上げるのは最初の作品で、「長編歌謡浪曲」と銘打たれており、舞台では長時間演じられたものの、レコードは四分五一秒と短い。

抑留体験者の三波にとって、日ソの領土問題は常に関心の的であった。長女の証言によると、「捕虜としてシベリアにいた間、ロシア側は、自分たちが北方領土を取ったことは、ひとっ言も僕たちに言わなかった」（三波美夕紀『昭和の歌藝人　三波春夫』さくら舎、二〇一六年）と、三波は無念の思いを熱く吐露している。

国後・択捉を守った嘉兵衛については、度胸・忍耐力・洞察力・行動力など、すべてが好きだったらしい。芸能界屈指の読書家としても知られた三波の著書に、『熱血！日本偉人伝』（集英社インターナショナル、二〇〇〇年）がある。日本史上の英傑一一人を扱った評伝エッセイであるが、その冒頭で三波は嘉兵衛を取り上げている。

☆三波春夫といずみたく

『高田屋嘉兵衛』の作詞は、北村桃児名の三波自身である。三番まである歌唱の部分で嘉兵衛の事績が顕彰され、その合間に、嘉兵衛が「儂《わし》」と自称して語る設定の、浪曲調の台詞が二つ挟まれている。

歌の一番は、「国は何処かと聞かれたら日本人だと胸を張る」、「此処はエトロフ千島の沖で波の飛沫《しぶき》を受けて立つ」とはじまる。続く台詞で嘉兵衛は、ロシア側のエトロフへの「不法上陸」と「発砲騒ぎ」をなじり、エトロフは「日本の領土」と宣言する。事実、歌の二番には、「捕えられても首斬られても日本の領土は渡されぬ」とある。そして、二度目の台詞では、「ロシアがあやまりを認める迄は儂は死んでも帰らぬと頑張った」と抑留体験が回顧されている。

難点となるのは、タイトルの「千島を守った」の部分である。国後《くなしり》・択捉《えとろふ》の二島のみを指して「千島」と称したことが、明治のごく初期には確かにあった。しかし、この表現は、現代では誤解を招きかねない。

作曲は、東京生まれのいずみたく（一九三〇〜一九九二）である。芥川也寸志《あくたがわやすし》（一九二五〜一九八九）に師事してプロの作曲家となり、歌謡曲、フォーク、ミュージカル、童謡、交響曲など幅広く活躍した。歌謡曲にしても、ポップス、演歌、シャンソン、ブルースなどと多彩な曲調となっている。代表作には、『見上げてごらん夜の星を』（坂本九）、『恋の季節』（ピンキーとキラーズ）、『夜明けのスキャット』（由紀さおり）、『世界は二人のために』（佐良直美）、『夜明けのうた』（岸洋子）、『いい湯だな』（デューク・エイセス）など、みなさんご存じの歌が多い。

『高田屋嘉兵衛』の作曲がいずみであることを意外に感じるという人も多いのではないだろうか。彼の曲調は先ほど述べたように多彩であるが、浪曲を意識したものは珍しい。それにもまして、彼と三波とでは政治的な立場が水と油である。いずみは長年、日本共産党の熱烈なシンパサイザーであった。他方、三波は、「日本を守る国民会議」（現・日本会議）の代表委員を務めるなど、右派系の政治活動を支持していた。

かつて三波も、抑留中に共産主義の徹底した思想教育を受け、オリジナルな「思想浪曲」を創作して各地収容所で披露するなどしたほか、帰国後もしばらくは同主義に心酔していた。しかし、その洗脳も次第に解け、やがてソビエト連邦による捕虜の取り扱いについては、国際法無視・人権蹂躙《じゅうりん》の国家的犯罪と非難するまでになった。

とはいえ、にこやかに『東京五輪音頭』（東京五輪テーマ）や『世界の国からこんにちは』（大阪万博テーマ）などを歌う三波の笑顔から、そのような屈折は感じられない。『高田屋嘉兵衛』の歌い振りも同様である。この作品が発売された一九七一年当時、日本共産党はすでにソビエト共産党とは袂を分かっていたので、三波もいずみも、互いに「敵の敵は味方」と感じていたのかもしれない。もっとも、すでに国民的歌手として人気のあった三波には、そもそものような政治的な立場へのこだわりなど、微塵《みじん》もなかったのかもしれない。

33 『北愁《ほくしゅう》』（氷川きよし）

☆氷川きよしと昭和三〇年代

一九七七年生まれ、福岡市出身の氷川きよしといえば、歌謡界の花形で、二〇〇〇年のデビュー以来、中高年女性を中心にファン層は盤石《ばんじゃく》である。彼の人気は、容姿・人柄・歌唱力にもよるが、私が見るところ、少なくとも二〇一五年ころまでの持ち歌の多くが、昭和三〇年代（一九五五年からの一〇年間）の大ヒット曲を想起させるからであろう。私も含めて、この年代に幼少年期を過ごした人であれば、どこか懐かしさを覚えてしまうはずである。そう感じられるように、スタッフが意図的に仕組んできたのであろう。

デビュー曲となった『箱根八里の半次郎』や二作目の『大井追っかけ音次郎』は、いわゆる股旅演歌である。股旅《またたび》ものは、『赤城の子守唄』（東海林太郎）や『勘太郎月夜唄』（小畑実）など戦前から数多くあるが、『箱根八里の半次郎』や『大井追っかけ音次郎』の制作スタッフがとりわけ意識したのは、「鯉名《こいな》の銀平」を主人公とする長谷川伸（一八八四〜一九六三）原作・長谷川一夫（5参照）主演の大映映画『雪の渡り鳥』（一九五七年）の同名主題歌であったと思われる。

この曲は、三波春夫（32参照）が歌い、映画の封切りと同じ一九五七年に発売された。ちなみに、「鯉名」は現在の静岡県にかつてあった地名、「大井」は静岡県を流れる河川、「箱根八里」は、大半が神奈川県であるが、西の一部は静岡県である。要するに、静岡つながりである。

また、氷川の『白雲の城』は、三橋美智也が歌った『古城』（一九五九年）、『あの娘と野菊と渡し舟』は同じく三橋の『おさげと花と地蔵さんと』（一九五七年）を強く意識してつくられたようである。むろん、いずれの場合も決して模倣や盗作ではなく、和歌にたとえるなら、有名な古歌の一部を強くふまえた「本歌取り」にあたる。

フランス語のオマージュ（hommage）は、尊敬・敬意、賛辞・献辞という意味で、芸術分野では、尊敬するクリエイターや作品から影響を受けつつ独自のアイディアや表現を加味して新しい作品をつくることをいう。アメリカ映画の『荒野の七人』は黒澤明（一九一〇〜一九九八）監督『七人の侍』のオマージュ、マンガ『ドラゴンボール』は中国古典『西遊記』のオマージュである。同じく、氷川の持ち歌の多くは、昭和三〇年代の大ヒット歌謡曲へのオマージュと見ることができる。

☆小林旭と氷川きよし

『きよしのズンドコ節』は戦時中の『海軍小唄』（作者不詳）がルーツである。このルーツから、昭和二〇年代には田端義夫（一九一九～二〇一三）歌唱版、同四〇年代にはザ・ドリフターズ歌唱版が派生してともにヒットした。しかし『きよしのズンドコ節』は、直接的には、一九六〇年に発売された小林旭の『アキラのズンドコ節』をもとにつくられている。

氷川には、『ズンドコ節』以外にも小林旭のヒット作へのオマージュと見られる曲がある。それがここで取り上げる『北愁《ほくしゅう》』で、二〇〇八年に発売されたシングル『玄海船歌』にカップリングされた癒し系の三拍子曲である。

舞台となっているのは知床半島で、「故郷《ふるさと》」を捨てた主人公が、「潮騒」と「流れる雲」に伴われ、「ギター」を抱いて「知床岬」、「宇登呂《うとろ》」、「羅臼《らうす》」をさすらう。旅の途次、「愁い」を含む「エゾジカの瞳《め》」に、忘れたはずの女性の面影がよぎる。どうやらタイトルの『北愁』は、この個所に引っ掛けた造語らしい。

歌詞に交通手段は描かれていないが、伴奏の「パッカパッカパッカパッカ……」と繰り返される木琴とおぼしき音色（あるいは、シンセサイザーによる合成音か）が乗馬旅を確信させる。この曲こそ、一九五九年から一九六二年にかけて公開された小林旭主演の日活娯楽映画「渡り鳥シリーズ」、そしてその主題歌である『ギターを持った渡り鳥』へのオマージュと言ってよい。

「渡り鳥シリーズ」は、『ギターを持った渡り鳥』、『口笛が流れる港町』、『渡り鳥いつまた帰る』、『赤い夕陽の渡り鳥』、『大草原の渡り鳥』、『波濤を越える渡り鳥』、『大海原を行く渡り鳥』、『渡り鳥北へ帰る』の八作品からなるが、ストーリーはどれも似通っている。

ギターと拳銃を携えた主人公（配役は小林旭）が西部劇さながらに馬で颯爽《さっそう》と登場し、土地に巣くう悪玉を懲らしめる。戦後の日本にはあり得ない状況設定で、そのためだろう、よく「無国籍映画」と揶揄された。悪玉に雇われた用心棒（配役はたいてい宍戸錠）と主人公との軽妙なやり取り、そして悪玉にいじめられてきた純情娘（配役はたいてい浅丘ルリ子）の主人公への思慕が、全編お定まりの味付けとなっている。ロケ地は広く北海道から九州に及び、主舞台が函館であったのが第一作と第八作で、釧路は第五作である。

☆「渡り鳥シリーズ」と『北愁』

小林旭が歌唱する四拍子の主題歌『ギターを持った渡り鳥』（A）は、西沢爽（61参照）の作詞、狛林正一の作曲になるが、これはご当地ソングではなく、ほぼ全国のさすらい旅に当てはめ得る。他方、氷川の三拍子の『北愁』（B）には、「知床岬」、「宇登呂」、「羅臼」という地名と「エゾジカ」、「こけ桃」という寒冷地特有の動植物が登場し、見事にご当地ソングに化けている。

A・Bに共通する語彙は、「海」、「ギター」、「故郷《ふるさと》」、「夜」などである。共通ではないが、関連の深い語彙群を表にすると次のようになる。

A	ギターかゝえてあてもなく	汐の匂い	波止場	渡り鳥	夕陽	涙
B	ギターを抱いて宛てもなく	潮騒	港宿	さすらい	たそがれ	泣いて

まさに、BはAの「本歌取り」となる。「パッカパッカ……」という木琴とおぼしき音色も然り。ただ、AとBで大きく異なるのは、別れた女性に対する主人公の思いである。Aでは「俺もあの娘も若いから／胸の涙もすぐかわく」と極めてドライであるのに対し、Bでは「忘れた筈のおもかげが／あゝ夢の中ににじむ」とウエット感が漂う。このあたり、小林旭と氷川きよしのキャラクターイメージの違いが歌に投影されているようで興味深い。

『北愁《ほくしゅう》』の作詞は松井由利夫（一九二五～二〇〇九）である。東京に生まれ、小学校教員の傍ら作詞活動を続けた。一九五四年に石本美由紀（3参照）の門下生となり、一九五八年、松山恵子（6参照）が歌った『だから云ったじゃないの』のヒットを機にプロの作詞家となった。代表作として、『未練の波止場』（松山）、『男傘』、『北海の満月』（ともに井沢八郎）、『俺の出番はきっと来る』（米倉ますみ）などがある。

作曲は杜《もり》奏太朗で、氷川や水森かおり（17参照）のアルバム収録曲などを中心にして幅広く活躍しているようであるが、詳しい情報は得られない。

二〇二三年一月、氷川きよしは、自らの意志により無期限の芸能活動休止期間に入った。活動を続けることにいろいろ悩みもあるのかもしれないが、私は一日も早い復帰を待ち望んでいる。彼はまだまだ、後輩歌手からオマージュを受けるだけでなく、彼自身が、昭和の文化遺産たる数多の先輩歌手たちをオマージュしなければならない宿命にあると、私は思っている。

34 『網走番外地』（高倉 健）

☆囚われの心情を切々と

高倉健（一九三一～二〇一四）、言うまでもなく日本屈指の映画俳優で、晩年には文化勲章を受章している。若い方々には『幸福の黄色いハンカチ』、『八甲田山』、『鉄道員（ぽっぽや）』（59参照）などで知られているようだが、年配の方々のイメージは「任侠映画のヒーロー」であろう。東映の「網走番外地シリーズ」は任侠とは似て非なる作品であるが、一八本もつくられた。その主題歌が、詞も曲も哀愁を帯びた同名の『網走番外地』であり、刑務所に囚われの身の心情を高倉自身が切々と歌い、映画とともに大ヒットした。

シリーズ第一作となる石井輝男（一九二四～二〇〇五）監督によるモノクロ映画は一九六五年

に公開された。出演陣はというと、高倉のほか、南原宏治《なんばら》（一九二七〜二〇〇一）、田中邦衛（一九三二〜二〇二一）、安部徹（一九一七〜一九九三）、嵐寛寿郎（一九〇二〜一九八〇）、丹波哲郎（一九二二〜二〇〇六）など、今では懐かしい顔が大勢並んでいる。

母親や妹の身を案じつつ網走刑務所に服役中の高倉扮する橘真一が、南原扮する服役囚と手錠でつながれたまま脱獄し、雪降り積もる荒野をさまよう。一九五八年に公開されたアメリカ映画『手錠のままの脱獄』（主演はトニー・カーチスとシドニー・ポワチエ）に想を得たアクション映画で、当時のポスターに描かれたキャッチコピーは次のようになっていた。

「どうせ死ぬなら娑婆《しゃば》で死ぬ／魔の白銀を蹴散らす狼二匹、のたうち・泣き・殺し合う脱獄24時間」

一九五九年に公開された日活映画に、同じく『網走番外地』と題されたものがある。これは、服役経験をもつ伊藤一の同名小説に基づく純愛映画で、監督は松尾昭典（一九二八〜二〇一〇）、主演は小高《おだか》雄二（一九三二〜二〇一六）と浅丘ルリ子であった。その六年後に、石井がタイトルと舞台設定を頂戴して制作したのが前掲の東映版である。このシリーズによって、高倉は一躍、大スターとなった。

「番外地」の名称は、この映画がきっかけで人口に膾炙《かいしゃ》した。本当に網走刑務所には地番のない番外地なのか、といった疑問も湧こうが、確かに無番地である。番地を振る必要がないということだ。

☆異色の作詞者と採譜者

一九六四年のある日、ＮＨＫのドキュメンタリー番組内で、この歌が元服役囚によって披露された。それを見た監督の石井が、翌一九六五年の鶴田浩二（一九二四～一九八七）主演映画『顔役』にこの歌を登場させた。高倉とその元恋人役の三田佳子が、「どうせ二人はこの世では／友呼ぶ千鳥と同じこと」云々と、互いをかばいあう心情を別々のシーンで口ずさんだ。そして、同年に公開された映画『網走番外地』で、これが主題歌に格上げされたのである（ディアゴスティーニ社刊同映画ＤＶＤシリーズの解説による）。

もともと、服役囚の間で自然発生的に生まれ、継承されてきた歌であり、元の歌詞のままでは支障があり、

登記上の住所は「網走市字三眺官有無番地」となっている網走刑務所　©あちゃっぺ 北海道函館市出身

主題歌とするにあたって差し替えが行われた。その作詞者はタカオ・カンベ（一九一六～二〇一〇）で、一九六〇年前後のロカビリー全盛期、山下敬二郎（22参照）が歌った『ダイアナ』の訳詞者であるほか、森山加代子（一九四〇～二〇一九）が歌った『じんじろげ』の作詞者などとして知られている。

自然発生的なメロディーのため作曲者は不詳であるが、映画のために採譜し、編曲したのは青森県出身の山田栄一（一九〇六～一九九五）である。代表作として、戦前・戦中の東海林《しょうじ》太郎（3参照）が歌った『すみだ川』や『上海の街角で』などがある。ちなみに、『すみだ川』は、戦後に島倉千代子（13参照）がリバイバルヒットさせている。

山田は映画音楽でも知られており、斎藤寅次郎（一九〇五～一九八二）監督の『のど自慢狂時代』（一九四九年）、渡辺邦男（一八九九～一九八一）監督の『日蓮と蒙古大襲来』（一九五八年）、内出好吉（一九一一～一九九四）監督の『鳴門秘帖』（一九六一年）などで活躍した。

とはいえ、岡田喜一郎が著した『昭和歌謡映画館』（中央公論新社、二〇〇九年）などによると、『網走番外地』は決して作曲者不詳ではなく、確かな原曲があるという。一九三一年に公開された日活映画『レビューの踊子』の同名主題歌がそれで、「浅草オペラ」（66参照）で活躍した田谷力三（一八九九～一九八八）や羽衣歌子（一九〇二～一九七九）らが歌ったそうである。

作曲は、「白い浜辺の松原に」ではじまる文部省唱歌『羽衣』などで知られ、東京音楽学校（東京藝術大学の前身）の教授も務めた橋本國彦（一九〇四～一九四九）だという。これが本当に原曲なのか、あえて詮索するのはよそう。出自すら謎めいていたほうが『網走番外地』には似つかわしい。

朴訥な歌いぶりの高倉の声は魅力的で、メロディーも覚えやすい。レコーディングの際には、歌手として大活躍していた妻（当時）の江利チエミ（一九三七～一九八二）が歌唱指導をしたという（前掲ＤＶＤシリーズの解説による）。

☆放送禁止歌に指定

自嘲に貫かれた歌詞は四番まであり、三番までは「その名も網走番外地」で終わる。「春に追われし花」さながらに「俺《おい》ら」の「行く先」は「どうせ」この土地なのである（一番）。「北の果て」で番号でしか区別されない囚人は、「姓は誰々／名は誰々」と匿名である（二番）。「遥か彼方にゃオホーツク」があり、浜辺では、身動きの取れない「はまなす」が囚人さながらに「泣いて」いるが、その色は血を思わせる「紅い真っ紅」（三番）。「追われ」る自分を「故里」で「かばってくれた」娘《こ》に「優言葉《やさ》」を掛けたいが、それもできない（四番）。

「酒」のことを「好き」をひっくり返して「きす」と呼ぶなど、囚人特有の隠語が使われており、しかもアウトローの生きざまを賛美し、刑務所を美化してもいる、といったような理由で、このカンベが詞を慎重に差し替えた歌すら、日本民間放送連盟はいわゆる「放送禁止歌」に指定し、テレビやラジオから閉め出してしまった。

　現在では、特定の歌を民放連がこぞって放送禁止にするといったことはないが、禁止措置そのものは残ったままで、長年にわたって多くの歌が封殺され続けてきた。その背景には、番組制作者サイドの「事なかれ主義」がある。

　該当曲の具体例については、森達也が著した『放送禁止歌』（光文社知恵の森文庫、二〇〇三年）に書かれているので、興味のある方は読んでいただきたい。思想・信条・言論の自由と放送事業とのかかわりにおける実態を垣間見せる好著である。

　ちなみに、同じく北海道を舞台にアウトローを謳いあげた歌として知られているのが、木立じゅんが歌った『４８４のブルース』である。これは、40『稚内ブルース』でリードボーカルを務めた原みつる（現在は「幸斉たけし」として作詞家で活躍）が若き日に作詞・作曲し、高月ことば（一九二一～二〇〇六）の補作詞、野崎眞一（一九三一～二〇一四）の補作曲を経て完成した曲で、発表されたのは、『網走番外地』の三年後となる一九六八年であった。タイトルの「４８４」とは、札幌刑務所の当時の所在地（苗穂町四八四番地）である。この曲もヒットしたが、民放連は『網走番外地』と同じく「放送禁止歌」として扱った。

35 『呼人駅《よびとえき》』（坂本冬美）

☆ご当地ソングの偶然と必然

一口にご当地ソングと言っても、舞台となる土地と展開されるストーリーとの関係性が濃密なものと、その関係性が希薄、あるいは単なる偶然で、ほかの地名に置き換えても十分に通用するものとに大別できる。後者のタイプの歌が意外に多い。失礼ながら、ご当地ソングが粗製乱造されてきたからだ、と言っておきたい。

そんななか、関係性が極めて濃密で、必然とさえ見なせるのが、ここで取り上げる『呼人駅』である。この駅は石北本線終点の網走駅の一つ手前の駅で、歌詞にもあるように「呼人はちいさな無人駅」である。さらに一つ手前が女満別《めまんべつ》駅で、名の知られた二つの駅に挟まれ、ひっそりと佇んでいる。

「呼人」命名の由来に、誰かを呼んだというようなエピソード

呼人駅のホーム　©ミスター0124

はなく、アイヌ語への当て字にすぎない。この駅の西方には網走湖があって呼人《よびと》半島が突き出ているが、この半島によって湖の一部が仕切られたようになり、アイヌ語の「イ・オピ・ト」、すなわち「別れ出ている湖」となっている（『北海道の地名』平凡社、二〇〇三年参照）。

☆見事なストーリー展開

網走と聞くと、網走刑務所をまず思い浮かべる人が多い。日本最北の刑務所であり、前節で取り上げた高倉健主演の映画などから、凶悪犯が多く収監されているというイメージがある。しかし実際は、累犯《るいはん》で刑期一〇年以下の受刑者の、短期処遇を目的とする施設である。

刑期を終え、刑務所前の網走川にかかる鏡橋を渡れば、晴れて「自由の身」となる。川面に我が身を映して襟を正すための橋、という意味を込めて「鏡橋」と名付けられたという。

家族・親族や友人・知人のなかには、当人の出所を待ちわびていた人、すぐにも大声で呼び掛けたい人も少なくないであろう。とはいえ、出所したばかりの人をその橋で堂々と出迎えるというのもはばかれよう。もちろん、最寄りの網走駅でも目立つ。比較的近くで目立たない場所、再会の場所として「呼人駅」はふさわしい。何しろ、網走駅の隣にあって、ひっそりとした無人駅で、しかも名称が「呼人」ときている。歌の題材としては三拍子揃っていて、感動的な再会ストーリーを展開しやすい。

見事なストーリーに仕立てた作詞家は池田充男である。一九三二年、茨城県に生まれた池田は、一九六〇年にプロの作詞家となった。43『最北航路』（香西かおり）、70『小樽のひとよ』（鶴岡雅義と東京ロマンチカ）のほか、石原裕次郎（62参照）の『二人の世界』、大月みやこ（27参照）の『白い海峡』（日本レコード大賞受賞）、さらには八代亜紀の『愛の終着駅』などの代表作があるが、いずれもストーリー性の高いものとなっている。

演歌といえば定型詩が圧倒的に多いなかで、『呼人駅』はかなり自由な詩である。型にはまらないほうが、出所者の登場する歌としてはふさわしいと考えられたのかもしれない。それでは、語句を拾いながら『呼人駅』のストーリー展開を追っていこう。

男は「流氷」漂う「二月」の「しばれ」る日に出所した。「鏡橋」を渡った男は、網走駅から石北本線に乗る。彼の好きな「すずらん」、まだ咲いていないがすでに花芽はできているすずらんを「袖にかくして」、彼を「呼人駅」で待つ女。待つことを「愛の証と信じて」生きてきた。「列車」が到着する間際の緊迫感。あと「三秒」、あと「一秒」。その「汽笛」。走馬灯のように過去を思い出す女。「線路の向こうはオホーツク」である。「向こう」とは、線路を渡った向こう側ではなく、終点網走駅のさらに奥のことである。

オホーツク海には当然、「かもめ」がたくさんいる。海から呼人駅までは、最短でも六キロはある。カモメはめったに内陸深くには飛来しないが、時たま来るというのがその習性である。カモメまで珍しくやって来た。まるで、「御苦労さまでした」とか「お帰りなさい」と男を出迎えるかのように。

女は、もう「離しちゃ嫌」とすがりたい一心で男を待っていた。

☆船村演歌の神髄ここに

作曲は演歌界大御所の船村徹（一九三二〜二〇一七）である。栃木県に生まれた船村は、東洋音楽学校（現・東京音楽大学）を卒業後、一九五三年に作曲家としてデビューした。代表作を挙げると切りがないが、春日《かすが》八郎（31参照）の『別れの一本杉』、島倉千代子（13参照）の『東京だョおっ母さん』、美空ひばり（38参照）の『哀愁波止場』、北島三郎（1参照）の『風雪ながれ旅』、鳥羽一郎（44参照）の『兄弟船』、大月みやこ（27参照）の『女の港』のほか、『柿の木坂の家』（青木光一）、『王将』（村田英雄）、『矢切の渡し』（ちあきなおみ）などを挙げておこう。

『呼人駅《よびとえき》』は、テーマがテーマだけに曲調は哀愁を帯び、船村演歌の典型と言える。音域がかなり広く、メロディーの高低差が激しい。歌ったのは坂本冬美だが、シングル曲ではなく、二〇〇一年に発表されたアルバム『冬美ルネッサンス』に収録されている。

坂本冬美は、一九六七年に和歌山県で生まれ、高校卒業後の一九八六年、ＮＨＫ「勝ち抜き歌謡天国」で名人となり、作曲家猪俣《いのまた》公章（一九三八〜一九九三）のすすめで上京して内弟子となった。デビュー曲は『あばれ太鼓』（一九八七年）で、これが大ヒットした。今や、人気・実力を兼ね備えた大スター歌手である。『祝い酒』、『能登はいらんかいね』、『夜桜お七』、『また君に恋してる』などをカラオケで歌っている方々も多いことだろう。

船村の弟子で網走出身の走裕介《はしりゆうすけ》（21参照）が、『呼人駅』のシングル盤を二〇〇九年に発表している。彼には安定した歌唱力・表現力があるのだが、この歌は、男の出所をひっそりと出迎える女が主人公である。男性の歌唱は圧倒的に不利だ、と私は思っている。

服役囚との再会を待ちわびる女の歌といえば、佐伯《さえき》孝夫（一九〇二〜一九八一）作詞・吉田正（18参照）作曲・松尾和子（一九三五〜一九九二）歌唱の『再会』（一九六〇年）が余りにも有名である。「監獄の壁」を見つめて暮らす男に「再び逢える日」を、ヒロインは「指折り数え」て待っている。『呼人駅』は、まるでその後日談のような歌となる。もっとも、松尾和子自身も『再会の朝』（同作詞・作曲、一九七一年）という後日談を歌っている。こちらのヒロインも、「ようやく鉄の扉があいて出られたあなた」にすがって「強く生きたい」と願っている。

ところで、呼人駅の開業は一九二三（大正一二）年九月一日で、まさに関東大震災の当日であった。震災の報の陰に隠れ、北海道内でもその開業は大きな話題にされる由もなかったであろう。現在も目立たない呼人駅を象徴するエピソードである。

歌の『呼人駅《よびとえき》』も、知る人ぞ知る、ひっそりと佇むだけの歌であり続けて欲しい。犯罪被害者やその家族・遺族の心情に想いを致すなら、そう願うのが筋であろう。

36 『サンゴ草の詩』（あさみちゆき）

☆強塩生植物サンゴ草

網走市に能取湖《のとろこ》という、オホーツク海に通じる湖がある。湖畔にはサンゴ草の群落がある。この植物は毎年九月頃になると、その名のとおり、茎と枝の濃緑色がサンゴ（珊瑚）のような紅紫色へ変化する。この紅紫の色素はベタシアニンであり、同じアカザ科のサトウダイコンの根で合成される色素と同種である。サンゴ草は一年性草本で、世界の寒帯地域に広く分布している。

生育過程で塩の蓄積が進んで、耐塩性を獲得する強塩生植物である。日本では、一八九一年に札幌農学校（北海道大学農学部の前身）教授の宮部金吾（一八六〇～一九五一）によって、まず厚岸町厚岸湖《あっけしちょう》の牡蠣島《かき》で発見され、「アッケシソウ」と命名された。その後の調査で、能取湖や、同じくオホーツク海沿岸のコムケ湖・サロマ湖（37参照）・濤沸湖《とうふつこ》、そして根室海峡沿いの尾岱沼《おだいとう》（29参照）・温根沼《おんねとう》・風蓮湖《ふうれんこ》（26参照）などにも分布していることが分かった（北海道都市環境課ホームページなどによる）。

とりわけ、能取湖の南岸、網走市卯原内《うばらない》地区は、長年にわたり、日本最大のサンゴ草の群落として観光客の人気を集めてきた。ここで取り上げるのは、能取湖のサンゴ草にちなんだ逸品、『サンゴ草の詩《うた》』である。フォーク調の、癒し系の三拍子曲である。

歌唱はあさみちゆき。一九七八年に山口県に生まれたあさみは、高校卒業後に上京し、二〇〇一年からラジカセとマイクを持参して東京都三鷹市の井の頭公園で路上ライブをはじめた。何と、その翌年にＣＤデビューを果たしている。芸名は、故郷の朝の海が好きなことから「あさみ」、早逝した兄の名前「智幸」をとって「ちゆき」としたという。「井の頭公園の歌姫」として親しまれ、同公園で定期的にライブ活動を展開した。歌謡曲・Ｊポップ・フォーク・演歌などの境界を超え、とりわけ、昭和を想起させる持ち歌で定評がある。代表曲として、『井の頭線』や『新橋二丁目七番地』などが挙げられる。

『サンゴ草の詩』は、二〇一三年一〇月に発売したアルバム『あさみのうたⅨ　〜日本・春夏秋冬〜』に収録されている一曲である。

能取湖　©メルビル

☆能取湖《のとろこ》のサンゴ草を歌に昇華

この歌を作曲したのは、あさみのデビュー曲『紙ふうせん』をはじめとして『青春のたまり場』や『聖橋で』なども手掛けてきた杉本眞人である。一九四九年生まれ、東京都の出身で法政大学を卒業している。シンガーソングライターで、二〇〇七年にはＮＨＫ「紅白歌合戦」に「すぎもとまさと」の名で出場し、自身が作曲し、親友であるちあき哲也が作詞した『吾亦紅《われもこう》』を披露している。熟年男が母親の墓前でしみじみと親不孝を詫びるという歌で、私も深く身につまされる歌詞である。

作曲の代表作として、石川さゆり（25参照）の『恋は天下のまわりもの』、坂本冬美（35参照）の『男の火祭り』、鳥羽一郎（44参照）の『男の鴎唄』のほか、『それは…黄昏《たそがれ》』（五木ひろし）などがあり、小柳ルミ子が歌った『お久しぶりね』や『今さらジロー』のように、詞・曲の双方を手掛けた作品も少なくない。

作詞者は、あさみの『青春の忘れもの』なども手掛けた、さくらちさとである。星野哲郎（41など参照）に師事し、二〇〇一年に日本作詞大賞最優秀新人賞を受賞してメジャーデビューを果たしている。演歌・歌謡曲から映画・ドラマの主題歌・挿入歌まで幅広く手掛けるという逸材である。

ある歌詞検索サイトのインタビュー記事によれば、彼女の作詞の三つのモットーは、星野哲郎が残した言葉の一つである「頭の二行に命をかける」。そして、正しく美しい日本語にこだわる。さらに、ひたむきに「ひたむきな想い」を綴る。まだ爆発的なヒットこそないが、この言葉のとおり、彼女は現在まで、ひたむきに、ていねいに、作詞活動を続けてきた。

実際、作詞家が「頭の二行に命をかけ」てこの歌ははじまっている。「北の最果て能取湖の／短い秋を深紅《まっか》に染める」とあって、鮮やかな情景イメージが醸し出され、ごく自然に三行目の「サンゴ草」の登場につながっている。ヒロインの「想い」は、そのサンゴ草と同じ深紅に染まってゆく。深紅は穏やかに燃やす情熱の色である。

一番では、幼い日に母親から聞いた「子守唄」をヒロインが「そっと歌って」深紅に染まる。二番では、「今は会えないあのひと」との約束を「胸に灯して」深紅に染まる。

そして、圧巻なのが三番である。「ふるさとを守って生きた」父親の「夢をつないで」深紅に染まるのである。この父親は、能取湖のサンゴ草の保護・育成に情熱を傾けてきたようだ。ヒロインも、その活動を受け継ごうとしている。

☆こだわりの逸品

サンゴ草は、環境省の『レッドデータブック』において絶滅危惧種に指定されている。とりわけ、湖岸の浸食や地盤沈下がその危機をもたらしたようだ。事実、サンゴ草が日本で最初に発見された厚岸湖《あっけしこ》では、最奥部に僅かに見られる程度の極めて深刻な状況となっている。

　前述のように能取湖南岸の卯原内《うばらない》地区は、長年、日本最大のサンゴ草群落として定評があった。トラクターで耕したり、ほかの植物を抑制したりして群落を維持し、毎年秋には二〇万人ほどが訪れる観光名所となっていた。しかし、環境改善のために搬入した土砂がかえって仇となり、二〇一一年に群落が大幅に縮小した。

　本州以南でも、かつては宮城・香川・岡山・愛媛の塩田跡地などで生育していたというが、住宅地・工業団地などへの転用に伴い、今では絶滅の危機に瀕している地区が多い。

　一方、北海道東部の住民有志らは、各所で「守る会」を組織し、『サンゴ草の詩《うた》』のヒロインの父親のように、この植物の保護に努めてきた。卯原内地区では、二〇一二年から土壌改良などを積極的に行った結果、幸いにして群落は、二〇一五年秋ごろには元の規模にかなり近づいてきたという（網走市ホームページなどによる）。

「正しく美しい日本語」にこだわり「ひたむきな想い」を綴ってきた、作詞のさくらちさと。『吾亦紅《われもこう》』を筆頭に、シンガーとしても独自の作品世界にこだわりつづける作曲の杉本眞人。そして、井の頭公園での路上ライブにこだわり続けてきた歌唱のあさみちゆき。みんな、それぞれに「こだわり」をもっている。『サンゴ草の詩』は、そんな「こだわり」のトリオから生まれた癒し系の逸品である。

ちなみに、木下龍太郎（17参照）作詞・小川寛興《ひろおき》（一九二五～二〇一七）作曲・芹《せり》洋子歌唱の『サンゴ草咲く日に』（一九七七年）も能取湖《のとろこ》のサンゴ草がモチーフになっている。こちらのヒロインは地元密着型の人ではなく、能取湖で恋にめざめた旅人である。「また逢いましょう／能取湖にサンゴ草紅く咲くころ」と歌われている。

37 『サロマ湖の歌』（伊藤久男）

☆中山正男と『馬喰《ばくろう》一代』

かつて、中山正男（一九一一～一九六九）という作家・事業家がいた。大学中退後の一九三三年に陸軍情報部の指導で出版社を設立し、雑誌「陸軍画報」を発行した。同誌や中国戦線従軍記などで戦争を鼓吹《こすい》したため、戦後には公職追放となった。その後、文筆活動の傍ら、「新理研映画社」の社長、日本ユースホステル協会の会長などを歴任している。

作家としての代表作は一九四九年に発表した小説『馬喰一代』（東光書房）で、これは直木賞候補になった。馬喰とは、牛馬の売買や周旋を職業とする人のことで、主人公の馬喰・片山米太郎のモデルは中山の父親である。そして、米太郎の息子のモデルは中山自身で、「大平」という名前で登場する。

父が粗野であるのに対して息子は優等生で、その成長を楽しみに父親は生きている。息子はその期待にこたえ、後半では札幌の中学に進んでさらに東京で活躍する。前半の主な舞台は留辺蘂《るべしべ》町である。留辺蘂は、現在北見市の一部になっているが、かつてはその西に隣接する自治体であった。

同小説の前半部は、一九五一年に木村恵吾（一九〇三〜一九八六）監督、三船敏郎（一九二〇〜一九九七）主演の大映映画となり、さらに一九六三年には、瀬川昌治（一九二五〜二〇一六）監督、三國連太郎（5参照）主演の東映映画になった。その間の一九五八年には、映画とは関係なく、中山作詞・古賀政男（5参照）作曲・村田英雄（一九二九〜二〇〇二）歌唱の同名歌謡曲が発表されている。言うまでもなく古賀は、作品が「古賀メロディー」の愛称で親しまれ、死後に国民栄誉賞を受賞した、歌謡曲界最大の功労者である。

この『馬喰《ばくろう》一代』には、美幌峠《びほろとうげ》から吹く風「美幌おろし」が登場する。しかし、歌詞全体は小説の筋を知った人でなければ理解できないだろう。さらに二〇〇六年、中村美律子が歌う同名異曲（もず唱平作詞・富田梓仁作曲）が発売され、これには旧留辺蘂町に聳える「北見富士」が登場しているが、この歌も原作小説を知らないと分かりにくい。ともに、手放しでご当地ソングとは呼べないものだ。

☆佐呂間が中山の生誕地

前述したとおり、小説『馬喰一代』における前半の主な舞台は留辺蘂町である。しかし、米太郎とその一家が「サロマからひきあげて、電灯のともっているルベへ移ることになったのは、大正十年の秋だった」という記述があるように、中山が生まれたのは北見市の北に隣接する佐呂間村（現・佐呂間町）であった。この村名は、アイヌ語で「葦原にある川」を意味する「サロマペッ」に由来する。

中山には、この生誕地の佐呂間にちなんで作詞した歌がある。一九五四年に発表した『サロマ湖の歌』である。

サロマ湖は、北見市・佐呂間町・湧別町にまたがるオホーツク海沿いの湖で、町名と同じくかつては「佐呂間湖」、また「猿澗湖」などと漢字で表記されていたが、現在では片仮名表記が一般的となっている。面積は約一五二平方キロメートル、国内の湖では琵琶湖、霞ヶ浦に次いで大きい。オホーツク海とつながって淡水中に海水が侵入する汽水湖であり、汽水湖としては日本最大である。

『サロマ湖の歌』は、この湖の広さを彷彿とさせる、ゆったりとした叙情歌曲調の作品である。作曲は古関裕而《こせきゆうじ》だが、彼については16『幸福と言う名の駅』で触れている。迫力あるバリトンの朗々とした歌唱は伊藤久男（一九一〇～一九八三）である。古関と同じ福島県の出身で、帝国音楽学校（一九四五年、東京大空襲により廃校）を卒業している。

戦前は『湖上の尺八』、『高原の旅愁』などの叙情歌、戦中は『暁に祈る』、『熱砂の誓い』などの軍歌、戦後は再び『あざみの歌』や『山のけむり』といった叙情歌を歌って活躍した。古関《こせき》が作曲した甲子園高校野球大会歌『栄冠は君に輝く』（16参照）の歌唱を最初に担ったのも伊藤であり、また、北海道を素材にした『イヨマンテの夜』や『オロチョンの火祭り』といったヒット曲もある。

『サロマ湖の歌』の一番は、「サロマ湖の水はからいよ」ではじまる。汽水湖なので、当然、水は塩辛い。続く歌詞では、その理由を、恋焦がれて「泣く女の熱い涙がしみてるから」だと説く。塩辛さのもとは女性の涙であ

サロマ湖衛星写真　©地球規模土地被覆施設（GLCF）

るというわけだ。そのことを「君」、つまり相手の男は知っているのかと問うのが、「君知るや君知るや」の部分である。

二番では、その女性は「恋の鳥」に姿を変えている。死後における変容である。彼女は「月に嘆く」。その声は、毎夜、「暗いコタンの森こえて」、「君」を呼んでいる。

三番は「サロマ湖の風は寒いよ」ではじまる。「音もなく」降る白い雪は、「君を慕いて嘆く」彼女の「こころ」を象徴している。

一途《いちず》に思いながらも恋は成就しないまま自裁《じさい》した女性の無念が歌われ、いかにもアイヌの伝説を思わせる。

サロマ湖を臨むピラオロ展望台の案内板には、次のような伝説が掲載されている。

昔、十勝アイヌと北見アイヌの争いが起こり、北見側の若者サンクルも戦場に赴いたが、帰ってこなかった。彼を恋い慕うマチカは涙に明け暮れ、ついにピラオロ台より湖水に身を投げた。湖水は彼女の涙でなお塩辛く、丘に咲く山百合は在りし日の彼女の姿をとどめている。

この話、実は観光用の創作であって、サロマ湖にかかわるアイヌ伝説にはそれらしいものは確認されない。中山正男が創作して広まった話とも考えられるが、出自は問わず、一つの歌謡曲として味わうだけならこれも一興である。歌詞も、メロディーも、歌唱も、十分に鑑賞に耐えうる作品である。

☆アイヌ似非歌謡あれこれ

それにつけても、戦後に次々と発売されてきたアイヌ民族をモチーフとする歌謡曲のなかには、「らしさ」を装ってはいるが似て非なるもの、すなわち似非《えせ》とされるものが何と多いことか。この『サロマ湖の歌』のほかにも、本書で扱っている20『毬藻《まりも》の唄』（安藤まり子）や、73『余市の女』（水田竜子）とそこで触れた織井茂子（16参照）の『黒百合の歌』、74『神威岬《かむいみさき》』とそこで触れた『イヨマンテの夜』（伊藤）、さらには井沢八郎（一九三七〜二〇〇七）の『北海の満月』なども同様である。

歌詞だけでなく旋律もオマージュ（尊敬・敬意）の産物ではなく、まったくの創作であり、実際のアイヌの儀式や伝統曲とはかけ離れたものである。まして、地元出身の著名人が制作に加担していたと知れば、誰しも複雑な心境になろう。

ちなみに、一九六〇年代に三田明が歌った青春歌謡に『サロマ湖の空』があるが、この歌は、歌詞の「サロマ湖」をどこの湖に置き換えても通用してしまうので、ご当地ソングとは言えない。この種の歌も、別の意味で厄介な存在である。粗製乱造と批判されても仕方あるまい。

38 『美幌峠《びほろとうげ》』（美空ひばり）

☆女王ひばりと『美幌峠』

美空ひばりといえば、戦後の昭和期を代表する国民的歌手である。一九三七年に横浜市に生まれた美空は、一〇代前半に歌った『悲しき口笛』、『私は街の子』、『東京キッド』、『越後獅子の唄』などが立て続けにヒットし、主演映画のヒットと相まって一躍スターダムに乗った。そして、歌のジャンルの境界を軽々と飛び越え、一九六〇年代には『柔』、『悲しい酒』などで人気・実力ともに「歌謡界の女王」の地位を確立した。

その後、NHKとのいざこざなどもあったが、晩年に『愛燦燦』や『みだれ髪』などで再ブレイクし、『川の流れのように』を最後に、一九八九年、昭和の終わりを見届けるかのように死去した。そして死後、国民栄誉賞を受賞している。彼女のキャラクターや生き様、持ち歌などに対する好悪はあっても、同賞の受賞は大多数の国民にとって異存のないところであろう。

歌唱したオリジナル曲だけでも五〇〇曲を優に超えている。そのなかには、北海道のご当地ソングもいくつかある。もっとも有名な曲といえば、小椋佳《おぐらけい》作詞・作曲のバラード『函館山から』であろう。一方、異色とも言えるのが、阿寒湖の毬藻をモチーフにした『マリモ哀歌』で、これは一九六〇年代に録音されていたが、発売されたのは美空ひばりの没後であった。ちなみに、作詞は和泉辰也、作曲は米山正夫（一九二一～一九八五）である。

これらの曲もそれぞれ魅力があって捨てがたいが、ここで取り上げるのは演歌『美幌峠《びほろとうげ》』である。一九八六年に発売されたシングルレコード『恋港』のB面曲である。

美幌峠は網走郡美幌町と上川郡弟子屈町《てしかがちょう》との境にある国道243号の峠で、阿寒国立公園内に位置する。眼下には、国内最大の火山湖である屈斜路湖《くっしゃろこ》が広がっているほか、阿寒の山々が一望できる。

美幌峠から見る屈斜路湖　©切干大根

『美幌峠』には、ヒロインが失恋の痛手を旅によって癒そうとするが、逆に未練が募ってゆくさまが歌われている。「あなた忘れる」のが目的の旅ではあるが、峠のあたりの「霧が心をまよわせ」、遠ざかるのはむしろ「にくしみだけ」。さらには、「しぐれ空」に「つらくなりそ」うになったり、「みぞれに泣いたり、「どこか似ているうしろかげ」の男に出逢って動揺したりする。

作曲は、一九五〇年に岡山県の離島に生まれた岡千秋である。中学を卒業後に歌手を目指して上京するが、やがて作曲家に転身した。ヒット曲は、石川さゆり（25参照）の『波止場しぐれ』、松原のぶえ（24参照）の『演歌みち』、そして『長良川艶歌』（五木ひろし）、『河内おとこ節』（中村美律子）、『だんな様』（三船和子）など多数ある。一九八三年には、落語家の初代桂春団治（一八七八〜一九三四）とその妻をモデルにした『浪花恋しぐれ』を都はるみ（45参照）と共唱し、日本レコード大賞特別金賞を受賞している。

☆歌詞はもともと小説の伏線

『美幌峠』の作詞は志賀貢である。一九三五年に北海道で生まれた志賀は、内科医として都内で診療する傍ら、小説やエッセイを硬軟取り混ぜて多数執筆してきた。そのなかに、小説『美幌峠で逢《あ》った女《ひと》』（角川文庫、一九八六年）がある。

作詞家の沙織と航空機客室乗務員の綾乃という若き双子の姉妹と、熟年内科医の「私」というのが主な登場人物である。姉妹は相次いで不治の病に侵され、「私」が彼女たちをケアする。作中、作詞家の沙織は失踪するが、彼女が残した失踪先の手掛かりという設定になっている

のが『恋港』と『美幌峠《びほろとうげ》』の歌詞にほかならない。二曲の歌詞の全文が小説中に記されている。『恋港』の歌詞に地名は登場しないが、歌詞を読んだ「私」は、舞台が知床半島のウトロ（宇登呂）ではないかと推測する。『美幌峠』のほうは、むろん、舞台はこの峠である。これらを手掛かりに、「私」と客室乗務員の綾乃が沙織の行方を捜索する旅に出る。二人は早春の美幌峠に立ち寄るが……。

以下が、その個所の描写である。

車はゆっくり左折して美幌国道を峠に向って登りはじめた。しだいに眺望が開けて、車窓に美幌牧場が広がった。（中略）峠は風があった。綾乃は髪を手でおさえながら、美幌峠の標識が立っている展望台までゆっくりと歩いていった。（中略）視界いっぱいに淡いブルーの水をたたえた屈斜路湖が横たわっている。展望台の前方には中島が浮かんでいる。（中略）遠く摩周湖のカムイヌプリのあたりを、雲が流れている。（前掲書、一四五〜一四七ページ）

ちなみに、カムイヌプリはアイヌ語で「神の山」を意味し、ここでは摩周岳（八五七メートル）のことである。

☆屈斜路湖《くっしゃろこ》・摩周湖・サロマ湖

これ以上、『美幌峠で逢った女』の内容を紹介すると小説のネタバレになってしまうので避けるが、この爽やかな描写とは異なり、『美幌峠』の歌詞には、この辺りの自然環境の厳しさが読み込まれている。「さいはての美幌峠に」に続く一番の歌詞は「霧が降る」、二番は「風が哭く」、三番は「雪が舞う」である。

歌詞にはさらに、峠から一望できる景色として「蓮葉氷《はすばごおり》にしずんだ湖《うみ》」、すなわち屈斜路湖と、この湖の南側に突き出た「和琴《わこと》」半島が登場する。また、翌日の旅先の候補として「サロマ」と「裏摩周」について言及されている。

「蓮葉氷」とは、氷が溶けはじめるときには氷塊が互いにぶつかり合って氷の縁がめくれ上がったように丸い形になる状態の氷のことである。ヒロインは、このような氷から「愛のもろさ」を感じ取る。

「サロマ」は、むろんサロマ湖のことで、37『サロマ湖の歌』（伊藤久男）のところで触れたように、オホーツク海とつながって海水が流れこむ日本最大の汽水湖である。美幌峠からは、車で北西に二時間ほどの距離である。そして「裏摩周」とは、釧路管内の弟子屈町《てしかがちょう》側とは反対の、根室管内の中標津町《なかしべつちょう》側、すなわち北東寄りのほうから眺められる摩周湖のことである。同湖については22『霧の摩周湖』（布施明）で扱ったが、美幌峠から裏摩周までは車で一時間ほどである。

志賀貢が『美幌峠《びほろとうげ》で逢《あ》った女《ひと》』を執筆しはじめた当時は、『恋港』にしても『美幌峠』にしても、曲がついてレコードとして発表される目途はまったくなかった。ところが、ほどなくして志賀を主治医としていた心筋梗塞の患者が仲立ちとなって、岡千秋によって曲がつけられ、さらに志賀の親友で美空ひばりの主治医である人物を介して、彼女が歌うことになったのである。レコードの発売は一九八六年九月、小説の発売は翌一〇月であった。そして、美空ひばり没後の一九九〇年一〇月、美幌峠の展望台には『美幌峠』の歌碑が設置された。

ちなみに、『千の風になって』で文字どおり一世を風靡したオペラ歌手秋川雅史《あきかわまさふみ》の持ち歌にも、同名の『美幌峠』がある。こちらは「あの娘《こ》をしのんで一人しみじみと」美幌峠を旅する男の物語である。

39 『オホーツク岬』（新川《しんかわ》二朗）

☆「あなたのメロディー」発

一九六三年三月から一九八五年三月までの長きにわたってNHKテレビで放送された視聴者参加型音楽番組に「あなたのメロディー」というのがあった。視聴者が作詞・作曲したオリジナル曲を公募し、応募作品のなかから優れたものを毎週五曲ほどプロ歌手が歌唱し、そのなかから一曲、その週のアンコール曲を決定する。そして、月間大会でさらに一、二曲に絞り、年一回、NHKホールで開催される年間コンテストで優秀作品（最優秀曲一曲と優秀曲二曲程度）を決定するという番組構成となっていた。ご記憶の方も少なくないであろう。

この番組は審査員の豪華さでも知られ、歴代の審査員には、作曲家の高木東六《とうろく》・服部正・山本直純・宮川泰《みやがわひろし》・遠藤実（13・77参照）・船村徹（35・61参照）・小林亜星・平尾昌晃（22参照）・鈴木淳・曽根幸明、作詞家の湯川れい子・石本美由紀（3参照）・星野哲郎（41・72参照）・山口洋子・なかにし礼（69参照）・荒木とよひさ、映画評論家の荻昌弘、指揮者の岩城宏之など、錚々たるメンバーが揃っていた。

年間コンテストで上位に入賞した曲はほぼレコード化されており、ヒットしたものも少なくない。北島三郎（1参照）の『与作』のほか、『空よ』（トワ・エ・モワ）、『海猫』（八代亜紀）などが挙げられる。ここで取り上げる新川二朗が歌った『オホーツク岬』も、年間優秀作品の一つである。

作詞・作曲は紋別市に在住していた坂下桂（一九二八～一九八四）。一九八〇年に優秀作に選ばれ、当時はシングル化こそされなかったが、同年に発売された新川のLPレコードに収録された。そして、二〇一一年一月、デビュー五〇周年記念曲としてシングルCDとなった。

新川（一九三九～二〇二二）は、石川県に生まれて、一九六二年にレコードデビューを果たしている。当時の芸名は新川《しんかわ》二郎、東京オリンピックが開催された一九六四年に発売された『東京の灯よいつまでも』が大ヒットした。

☆舞台はオホーツク・ライン

『オホーツク岬』は三コーラスからなるフォーク調の歌謡曲であり、各コーラス五・五・七調が四連ずつ例外なく重なっている。よい意味での、アマチュアの、奇をてらわぬ素直さがうかがえる歌詞とリズムである。タイトル名の岬は実在しておらず、オホーツク海に面する宗谷岬・能取《のとろ》岬・知床岬の三つを総称したものである。

主舞台は、これらの岬というより、遠かれ近かれ、それらに連なる国道「オホーツク・ライン」である。宗谷岬は一番、能取岬は二番、知床岬は三番にしか登場しないが、「オホーツク・ライン」の語は各番共通で登場する。これをタイトルにしたほうがよかったのに、と私自身は思っている。

オホーツク・ラインとは、国道238号線、いわゆる宗谷国道の通称で、網走市大曲一丁目の大曲一交差点を起点とし、稚内市潮見四丁目・五丁目交差点を終点とする総延長約三二〇キロメートルの道である。その名のとおり、ほぼ全線がオホーツク海沿岸のコースをとっている。起点から終点までの自治体を順にたどると、網走市・北見市・常呂《ところ》郡佐呂間町・紋別《もんべつ》郡湧別《ゆうべつ》町・紋別市・紋別郡興部《おこっぺ》町・紋別郡雄武《おうむ》町・枝幸《えさし》郡枝幸町・枝幸郡浜頓別《はまとんべつ》町・宗谷郡猿払《さるふつ》村・稚内市となる。

　このようにオホーツク・ラインは網走から稚内までとされるが、稚内方面から来る人が見ると、網走市はまだラインの途中で、そこから斜里郡小清水町を経て斜里郡斜里町の知床半島宇登呂《うとろ》のほうまで、ほぼ一直線に続いていると感じられるであろう。現に、国道238号とつながる国道244号の一部（斜里国道）や、さらにその先の国道334号の一部（知床国道）までを含めてオホーツク・ラインと表記している地図もある。『オホーツク岬』の歌詞も、そのような前提で組み立てられている。

☆大スケールの片思いソング

　一番と二番の季節は夏場である。主人公は若い男性で、「黄金色《こがねいろ》」の「朝やけ」がオホーツク海の「さざ波」を染めるなかを、稚内

オホーツク・ライン　©小石川人晃

市の「宗谷岬」目指してひたすら「オホーツク・ライン」に車を走らせている。「初恋」の女性に会いたい一心で、「愛しさ」ゆえに「遠い道」をひた走る「一人旅」である。

どうやら片思いのようで、相手の住所はよく分かっていない。ドライブの途次、彼は、ラインからはやや外れるが、休憩のため網走市の「能取岬《のとろ》」に立ち寄る。「浜辺」には「ハマナス」が「美しく」、「赤く」咲いている。「空」には「一羽」の「はぐれ鳥」が、「友」を探して「呼ぶ」かのように飛んでいる。この岬で主人公は、思わず「恋の唄」を「口ずさむ」。

三番では、打って変わって季節は「流氷寄せ」る冬である。どうやら主人公は、斜里町北端の「知床岬」までを行動圏内とする、知床半島のやや奥まった土地に居住しているようだ。宇登呂《うとろ》あたりだろうか、冬場ではドライブは思うに任せないだろう。ましてや、遠方の稚内とあっては困難である。

夏場に彼女の居所を突き止めたくて「君住む町」、つまり稚内を「さすらい」続けたことが思い出される。恋が成就するという「夢」は「淡」いが、ともかく、季節にも恋にも「春」がめぐってくるのが「待」ち遠しい。

何とスケールの大きい初恋の歌、しかも片思いの歌であろうか。遠距離恋愛ならぬ遠距離片思いである。作詞・作曲の坂下桂が居住していた紋別は、歌われている「オホーツク・ライン」のちょうど中間あたりにある。ここから、北西にも南東にも思いを馳せて、浮かび上がらせた楽曲ということになる。

片思いといえば、戦前に『片瀬波』という日本調の名曲があった。高橋掬太郎《きくたろう》（26参照）作詞・池上敏夫作曲・松山時夫（一九一〇〜一九九九）歌唱で、坂下の幼少時代となる一九三三年に発表されている。「思い寄せても届かぬ恋は／つらい浮世の片瀬波」、「片瀬波ゆえ今宵も泣いて／仰ぎゃ月さえ片あかり」、「ないてなかせて波間の千鳥／ほんに切なや片思い」と、短い歌詞のなかに片思いのやるせなさが凝縮されている。

砂浜の傾斜がごく緩やかで、しかも島などの陰にあって寄せ波の力が弱い場合、波が引き波になるころには次の寄せ波が重ねて打ち寄せる。こんなモヤモヤした状態が「片瀬波」だという。『オホーツク岬』には、「片瀬波」は登場しないが「さざ波」が登場する。「千鳥」かどうかは不明であるが「はぐれ鳥」は登場する。「ないてなかせ」こそしないが「友呼ぶ」鳥である。この二曲のイメージがオーバーラップするのは私だけだろうか。

第3章

宗谷から留萌《るもい》を経て上川へ

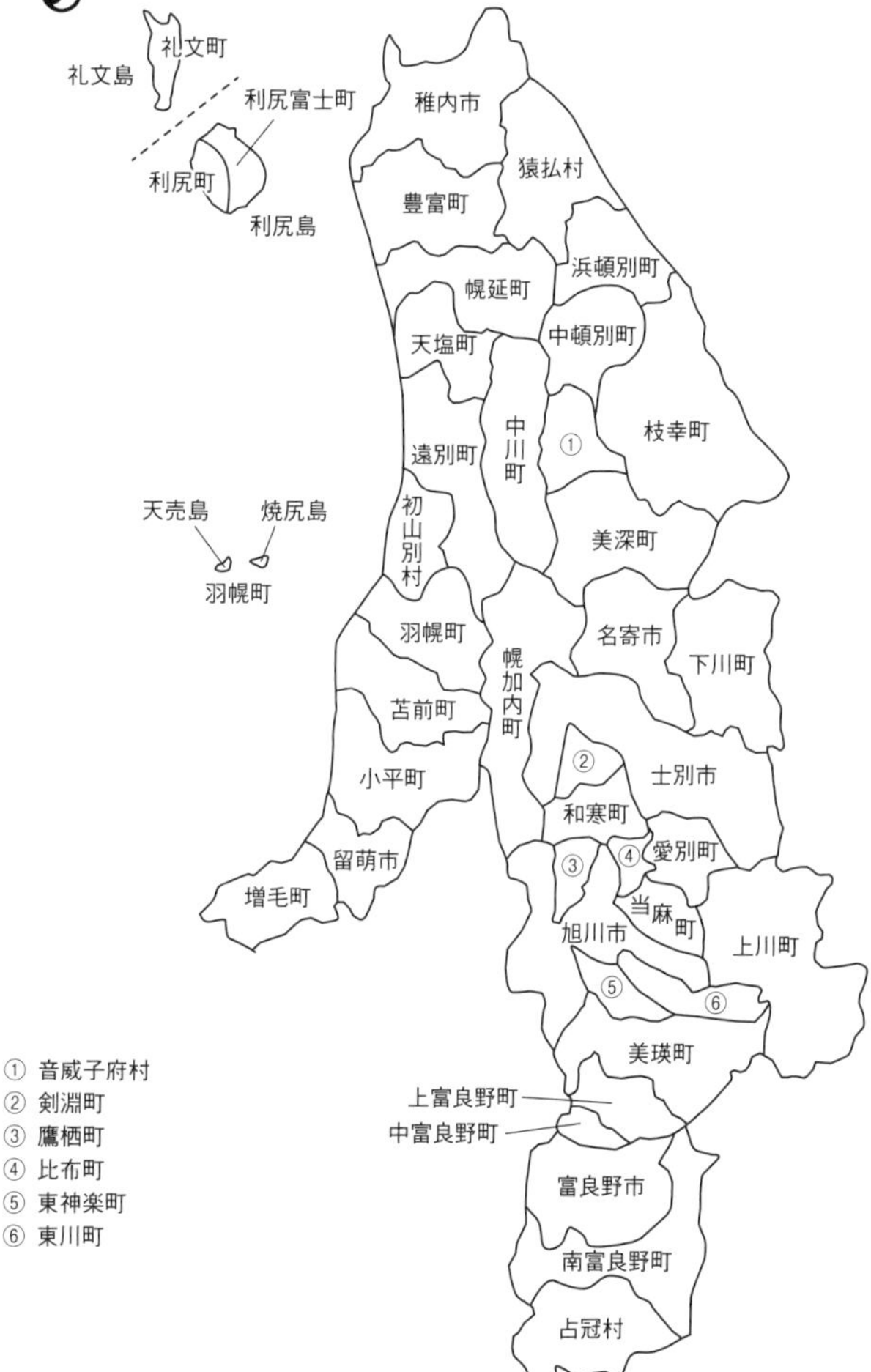
礼文町
礼文島
利尻富士町
利尻町
利尻島
稚内市
猿払村
豊富町
浜頓別町
幌延町
中頓別町
天塩町
中川町
①
枝幸町
遠別町
天売島
焼尻島
初山別村
美深町
羽幌町
羽幌町
名寄市
下川町
幌加内町
苫前町
②
士別市
小平町
和寒町
③
④
愛別町
留萌市
増毛町
当麻町
旭川市
上川町
⑤
⑥
美瑛町
上富良野町
中富良野町
富良野市
南富良野町
占冠村
① 音威子府村
② 剣淵町
③ 鷹栖町
④ 比布町
⑤ 東神楽町
⑥ 東川町

40 『稚内ブルース』（原みつるとシャネル・ファイブ）

☆ブルースらしくない『稚内ブルース』

稚内市は北海道本島最北の自治体である。海を隔てて北にサハリン（旧樺太）がある。一九〇五年、日露戦争に勝利した日本は、北緯五〇度以南の樺太（南樺太）をロシア（のちのソビエト連邦）から譲り受け、一九二三年には稚内・大泊《おおどまり》（現コルサコフ）間に「稚泊《ちはく》連絡船」を就航させた。

一九四五年八月、ソビエト連邦は一方的に「日ソ中立条約」を破棄し、満州・朝鮮などのほか南樺太にも侵攻した。命からがら引き揚げて来た日本人も少なくなかったが、死者も多発した。41『氷雪の門』（畠山みどり）のところで改めて触れるが、稚内公園内には、一九六三年、樺太でのすべての死者を悼む「氷雪の門」と、終戦時に集団自決した電話交換手たちを悼む「九人の乙女の像」が建てられた。

一九八八年一月、ご当地ソング『稚内ブルース』が発売された。作詞は『氷雪の門』と同じ星野哲郎、作曲は船村徹（35参照）。いずれも、当時すでに歌謡界の大御所であった。歌唱は船村の弟子である鳥羽一郎（44参照）で、彼も当時、同じく星野・船村による『兄弟船』の大ヒットなどで有名歌手となっていた。

歌詞の概要は以下のとおりである。

「サハリン」の「島影」に向かって「海鳥」が泣くと、つられて「石の乙女」も涙を流すかに見える（以上一番）。今では消息不明者の「噂」とてなく、「波止場」の四季の景観は昔のままで、日々「利尻通い」の船が出る（以上二番）。ソビエト連邦侵攻という「氷雪」にわだかまりは消えないが、太陽はそれを溶かすように「宗谷湾」に「海幸」をもたらし、人々に強く生きよと励ます（以上三番）。

いかにも稚内ならではの、地域の特性をストレートに反映した完成度の高い歌詞である。

しかし、私がちょっと首をかしげるのは、タイトルに「ブルース」とあることだ。もともとブルースは、一九世紀末にアメリカ南部に住む黒人の間に誕生した大衆歌曲で、独特の音階・旋法に乗せて個人のやり場のない苦悩・絶望・悲哀・不運などが歌われてきた。かつて日本の「ブルースの女王」と称された淡谷のり子（一九〇七～一九九九）の『別れのブルース』、『雨のブルース』、『君忘れじのブルース』などは、いずれも個人のブルーな感情の表白を基調としている。

ところが、この『稚内ブルース』には、ブルースと言いながら個人レベルでのブルーな感情が希薄なのだ。豪快な「海の男」というイメージがある鳥羽が歌っているためでもあろう。

☆ブルースらしい『稚内ブルース』

『稚内ブルース』という曲は、私の知るかぎりもう一つある。鳥羽版よりも一七年も前となる一九七一年七月に発売された、「原みつるとシャネル・ファイブ」という六人組のデビュー曲である。ここで掘り下げたいのは、歌詞が本来の意味でのブルースに近い、こちらの曲である。

この六人組がデビューしたころは、グループ歌謡の盛期であった。彼らが強く意識したのは、先行していた「内山田洋とクール・ファイブ」であったらしく、バックコーラスの「ワワワワー」の部分などはそっくりである。

ヒロインは「あなた」を愛し、彼だけが一筋の生き甲斐であった。彼を追って「流れ流れて」、「さいはての町」の「稚内」に来た。ヒロインにはもう「後がない」(以上一番)。しかし彼には、もはやヒロインとよりを戻す気はさらさらない。彼女としては諦めざるを得ず、「二人に終わりが見えた」。ヒロインにはもう「先がない」(以上二番)。「ひとすじにここまで愛してきた」男に振られ、今後「どうして生きる」のか、ヒロインにはもう「わからない」(以上三番)という内容である。

この歌のサビは、「稚内/後がない/ああもう後がない」、「稚内/先がない/ああもう先がない」、「稚内/わからない/ああもうわからない」の部分である。固有名詞は「稚内」のみ。男女の愛の行く末を、稚内の地理的位置と絡めて「後がない」、「先がない」と歌い、さらに、稚内と語呂が似ている「わからない」で結んでいる。現代の若者には、むしろ、一種の「おやじギャグ」として軽蔑されそうである。とはいえ、決してコミカルではなく、シニカルな、ブルースらしいブルースである。

☆藤本卓也と幸斉たけし

この『稚内ブルース』の作詞・作曲は藤本卓也である。一九四〇年に道内で生まれ、一九五八年にロカビリー歌手・柚木《ゆずき》公一としてデビューし、飯田久彦・高松秀晴とともに「スリービート」と呼ばれた。作曲家に転身後、作詞も手掛けた代表作として矢吹健（一九四五～二〇一五）が歌った『あなたのブルース』がある。「あなた」を二四回も連呼したこの大ヒット曲は、個人のブルーな感情を大爆発させた、文字どおりのブルースであった。ほかに、『うしろ姿』（矢吹健）、『待っている女』（五木ひろし）なども作曲している。

ボーカルの原みつるは、一九五三年に札幌で生まれ、若くして木立じゅんのヒット曲である『484のブルース』を作詞・作曲している（34参照）。その後、この六人組などで活動し、一九七六年に「平田満」と改名して、東北弁のラップ曲『愛の狩人』でソロデビューをしている。二〇〇一年以降、「幸斉《こうさい》たけし」の名で作詞・作曲活動を展開し、新沼謙治（49参照）・山川豊・大石まどからに楽曲を提供している。

札幌市で芸能事務所を経営しており、二〇一二年には札幌のライブハウスで同事務所主催の「シャネル・ファイブ再結成ライブ」を行った。北海道生まれの作詞・作曲者と歌手による『稚内ブルース』の悦ばしき復活である。

ところで、このレコードが発売された当時、前述の「後がない」、「先がない」などのフレーズに対して、稚内市民の間では、稚内の印象をことさら悪くする歌詞と見る向きもあったようだ。しかし、その見方は必ずしも適切でない。逆に、最端の地であることを強調することで、さまざまな発展の可能性が見えてくるように思われる。

沖縄と離島を除けば、日本の東西南北の最端は、納沙布岬（根室市）・神崎鼻《こうざきばな》（長崎県佐世保市）・佐多岬（鹿児島県南大隅町）・宗谷岬（稚内市）である。これらの四自治体は、観光客の増加を狙って二〇一六年四月から、共通となる「日本本土四極踏破証明書」を発行してきた。

夏場に猛暑が続く近年では、それを逆手に取って「日本一暑いまち」をPRする自治体すら現れている。いたずらに絶望視せず、『終着駅は始発駅』（一九七七年発売）と見なすような発想の

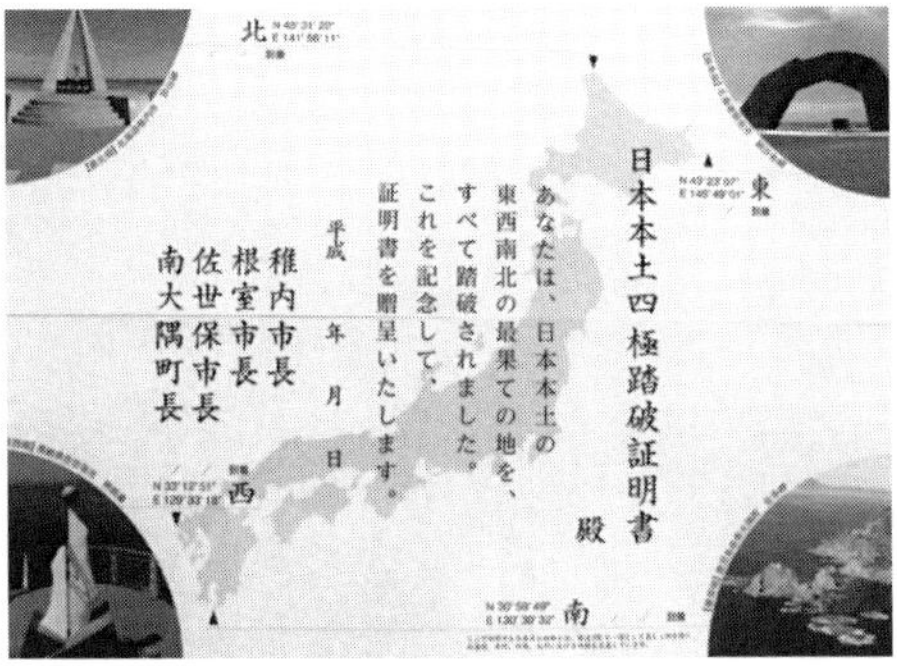

日本本土四極踏破証明書（稚内市）

郵便はがき

料金受取人払郵便

新宿北局承認

6524

差出有効期間
2024年3月
31日まで

有効期限が
切れましたら
切手をはって
お出し下さい

169-8790

260

東京都新宿区西早稲田
3—16—28

株式会社 **新評論**
SBC（新評論ブッククラブ）事業部 行

お名前	年齢	SBC 会員番号 L 番
ご住所 〒 — TEL		
ご職業 E-maill		
●本書をお求めの書店名（またはよく行く書店名） 書店名		
●新刊案内のご希望 □ ある □ ない		

SBC（新評論ブッククラブ）のご案内
会員は送料無料！各種特典あり！詳細は裏面に

SBC（新評論ブッククラブ） 入会申込書	※✓印をお付け下さい。 → SBCに 入会する□

読者アンケートハガキ

●このたびは新評論の出版物をお買い上げ頂き、ありがとうございました。今後の編集の参考にするために、以下の設問にお答えいただければ幸いです。ご協力を宜しくお願い致します。

本のタイトル

●この本をお読みになったご意見・ご感想、小社の出版物に対するご意見をお聞かせ下さい
（小社、PR誌「新評論」およびホームページに掲載させて頂く場合もございます。予めご了承ください）

●**購入申込書**（小社刊行物のご注文にご利用下さい。その際書店名を必ずご記入下さい）

書名　　冊

書名　　冊

●**ご指定の書店名**

書店名　　都道府県　　市区郡町

転換こそが肝要であろう。実は、この北島三郎（1参照）の大ヒット曲の作詞には、皮肉にも、前述のブルースらしくない鳥羽版の『稚内ブルース』を作詞した星野哲郎がかかわっている。

41 『氷雪の門』（畠山みどり）

☆作詞星野・作曲市川・歌唱畠山

戦時中、一九三九年に生まれた、畠山みどりという個性的な歌手がいる。芸名がいかにも絵画的で、原色の袴《はかま》をはき、派手な図柄の扇子を持ち、重厚な声で絞り出すように歌う。どれをとってもインパクトが強い。

『恋は神代の昔から』と『出世街道』という二つのミリオンセラー（ともに一九六二年発表）の内容も独特である。いかにも高度成長期の申し子のようなタイトルと歌詞。前者では、「恋はするほど艶が出る」から、臆せず堂々と恋をせよと若者にすすめる。ただし、「無理も道理のひとつです／グッと握った彼女の手／スキというまで離しやせぬ」などと、いまならセクハラで訴えられかねない部分もある。後者では、ひたすら出世を目指し、我慢強くなれと企業戦士たちを諭す。こちらは「出世街道／色恋なしだ」と、恋愛には禁欲的である。ともに、作詞・作曲は星野哲郎・市川昭介コンビである。

ここで取り上げるのは、同じコンビによるもっとシリアスな歌、『氷雪の門』である。ご当地ソングではあるが、軽々しくそのように呼べないような重い内容である。前の東京オリンピックが開かれた一九六四年に発表された。舞台はサハリン（旧樺太）と稚内。この稚内こそ、畠山みどりの出身地にほかならない。

星野哲郎（一九二五〜二〇一〇）は山口県出身。高等商船学校を卒業し、日魯漁業（現・マルハニチロ）に入社して遠洋漁業に従事するが、数年後、腎臓結核のために下船している。闘病中、郷里で作詞を学び、一九五二年に雑誌の懸賞に入選し、選者の一人であった石本美由起（3参照）のすすめで翌年に作詞家デビューを果たした。代表作となると、みなさんご存じの曲が多い。北島三郎（1参照）の『なみだ船』、大月みやこ（27参照）の『女の港』、美空ひばり（38参照）の『みだれ髪』、鳥羽一郎（44参照）の『兄弟船』のほか、『いっぽんどっこの唄』（水前寺清子）、『男はつらいよ』（渥美清）、『昔の名前で出ています』（小林旭）、『雪椿』（小林幸子）などが挙げられる。

作曲の市川昭介（一九三三〜二〇〇六）は福島県の出身で、高校卒業後に上京し、歌手の付き人をしながら作曲とピアノを独学で学んだ。一九六一年、島倉千代子（13参照）が歌った『恋しているんだもん』で作曲家デビューをしている。こちらの代表作も、石川さゆり（25参照）の『滝の白糸』、都はるみ（45参照）の『涙の連絡船』、大川栄策（77参照）の『さざんかの宿』

のほか、『皆の衆』（村田英雄）、『細雪《ささめゆき》』（五木ひろし）、『男船』（神野美伽）などとヒット曲が並ぶ。

このコンビの作品には、都はるみが歌った『アンコ椿は恋の花』や『夫婦坂』、水前寺清子が歌った『涙を抱いた渡り鳥』などもある。

☆舞台は樺太と稚内

樺太は半島でなく独立した島である、と最初に確認した日本人は間宮林蔵（一七八〇～一八四四）で、一八〇九年のことであった。

ここには、古くからロシア人とアイヌ・和人とが雑居していた。幕末の一八五五年に結ばれた「日露和親条約」でも、樺太では、従来どおり日露国境は定めないことが規定されたが、明治維新後の一八七五年には、「樺太・千島交換条約」において、樺太はロシア領、千島列島は日本領と定められた。一九〇五年、日露戦争に勝利した日本は、「ポーツマス条約」により北緯五〇度以南の樺太島（いわゆる南樺太）を自国領とした。

一九〇八年の調査では、南樺太在住の日本人は約二万六〇〇〇人であったが、その後増え続け、一九四〇年には四〇万人以上が住んでいた。

一九四一年、日本とソ連（ロシアの後身）は相互不可侵などを定めた「日ソ中立条約」を締結した。しかし、一九四五年八月九日、ソ連はこれを一方的に破棄して日本に参戦し、満州・南樺太などに侵攻した（31『国後の女』を合わせて参照）。アメリカによる広島・長崎への原爆投下なども重なり、もはや戦争継続は不可能と判断した日本は、八月一四日、米英中による「ポツダム宣言」を受諾して戦闘行為を停止したが、ソ連軍の侵攻は続き、多くの日本人が犠牲となった。そのなかに、樺太真岡《まおか》郡真岡町の真岡郵便電信局において落命した若い女性たちがいる。

☆真岡郵便電信局事件

八月二〇日、同局に連絡業務のため残留していた電話交換手の女性一二名が、ソ連軍の侵攻に際し、青酸カリなどを用いて集団自決を行い、うち九名が死亡したというのが同事件のあらましである。

戦後一八年を経た一九六三年、樺太で死去したすべての日本人を慰霊すべく、稚内市の稚内公園内に、地元の樺太関係者の手によって慰霊碑「氷雪の門」が建てられた。両側に高さ八メートルの門（望郷の門）、中央には、戦争で受けた苦しみの象徴とされる高さ二・四メートルの女性の像がある。そして同公園内には、同時期、九人の電話交換手の慰霊碑である「九人の乙女の像」も建てられた。この碑には、ある交換手の最後の言葉「**皆さん　これが最後です　さようなら　さようなら**」の文字が刻まれている。

これら慰霊碑の建立を契機につくられた歌謡曲が『氷雪の門』にほかならない。「ふたたびかえらぬ九人の乙女」、「うらみに凍れる真岡のあの空」、「最後の電話のりりしきあの声」など、彼女たちを顕彰する歌詞が並ぶ。四分の四拍子で、二小節ごとに八文字の歌詞がほぼ規則的に当てはめられ、軍歌調・行進曲調の歌謡曲となっている。あえて軍歌調にすることによって、かえって聴く者に当時を思い起こさせ、慰霊の念にもつなげるという意図があったのだろう。

この九名に対しては、公務殉職として一九七三年に勲八等宝冠章が授けられている。翌一九七四年には、この事件をかなり忠実に描いた映画『樺太1945年夏　氷雪の門』（JMP製作、稚内市・全国樺太連盟ほか協力）が劇場公開されている。原作本は、北海タイムス社の記者として活躍した金子敏男（一九二九～二〇〇六）の著書『樺太一九四五年夏』（講談社、一九七二年）であり、監督は村山三男（一九二〇～一九七九）が担った。

同映画で電話交換手役を演じた女優は、二木てるみ、藤田弓子、鳥井恵子、岡田可愛、木内みどり、今出川西紀《にしき》らで、

九人の乙女の像　©100円

周りを、島田正吾（一九〇五～二〇〇四）、丹波哲郎（34参照）、田村高廣（一九二八～二〇〇六）、千秋実（一九一七～一九九九）、若林豪（一九三九～）、南田洋子（一九三三～二〇〇九）といった当時の映画界における錚々たるメンバーが固めていた。

ソ連軍の樺太侵攻をテーマにした唯一の映画で、一九七三年五月に撮影が開始され、当初は一九七四年三月から順次全国公開される予定になっていたが、ソ連側からクレームが付き、日本の左翼陣営にも同調者が少なからずいたことにより、上映館の大幅削減という事態に追いこまれた。

映画『樺太1945年夏　氷雪の門』DVD

終戦後八〇年に垂《なんな》んとし、当時を証言する人々が次々と姿を消している今日、映画『氷雪の門』と歌謡曲『氷雪の門』は、戦争を知らない世代が往時に想いを馳せるための手掛かりを与えてくれる貴重な素材である。現職の教育者たちは、これらの事実をどれほど知っているのだろうか。

なお、同じくこの事件をモチーフにした歌謡曲に、高石かつ枝が歌った『おとめの像』と『花の決死隊』（一九六四年）、青山和子が歌った『九人の乙女』と『真岡の赤い花』（一九六五年）があることを補足しておこう。

42 『はまなすの詩集』（浜田光夫）

☆映画俳優の青春歌謡

はまなすは夏季に赤い花を咲かせるバラ科バラ属の落葉低木で、日本では北海道の砂浜に多い。北海道が「道の花」に指定しているだけでなく、石狩市、紋別市、稚内市が「市の花」に、浦幌町、江差町、雄武《おうむ》町、奥尻町、興部《おこっぺ》町、斜里町、標津《しべつ》町、寿都《すっつ》町、天塩町が「町の花」に指定している。

この花は北海道のご当地ソングにもよく現れ、本書で取り上げている歌にかぎってみても、4『立待岬』、34『網走番外地』、39『オホーツク岬』、45『天塩川』、65『ラ・サッポロ』、75『岬まで』、78『ソーラン渡り鳥』に登場している。ここで取り上げるのは、歌詞だけでなくタイトルにもこの花が登場する、稚内のご当地ソング『はまなすの詩集』である。歌唱したのは、一九六〇年代前半に映画俳優として絶大な人気を博した浜田光夫である。

はまなすの花　©Qwert1234

一九五五年からの一〇年間、つまり昭和三〇年代は、日本の映画産業の黄金期であった。松竹・東宝・大映・東映・日活、さらに途中までは新東宝が競い合って映画を量産した。日活は石原裕次郎（62参照）・小林旭を主軸にしてアクション映画を量産していたが、後半になると青春映画ないし純愛映画にシフトしていった。この路線を支えていたのが吉永小百合であり、定番ともいえる恋人役だったのが、一九四三年生まれ、東京都出身の浜田である。

一九六〇年以降、若杉光夫（一九二二〜二〇〇八）監督の『ガラスの中の少女』、浦山桐郎（一九三〇〜一九八五）監督の『キューポラのある街』、中平康（一九二六〜一九七八）監督の『泥だらけの純情』、齋藤武市《ぶいち》（一九二五〜二〇一一）監督の『愛と死をみつめて』など、四〇本以上の青春映画・純愛映画で吉永小百合と共演し、トップスターの地位を不動のものとした。

映画のかたわら、五〇枚以上もの歌謡レコードを発表している。自身が出演した映画の主題歌・挿入歌が多かったが、映画とは無関係のご当地ソングもいくつかあった。そのなかの一曲が『はまなすの詩集』で、これは『いのち短し』のB面曲として一九六四年四月に発売されたものである。

一九六三〜一九六四年当時の歌謡界を風靡《ふうび》していたのは、『高校三年生』（舟木一夫）、『美しい十代』（三田明）、『君だけを』（西郷輝彦）などの青春歌謡であった。『はまなすの詩集』も一種の青春歌謡としてこれらの系譜に位置づけられるが、『高校三年生』などがいずれも長調であったのに対し、失恋が主題となっている『はまなすの詩集』は短調で、センチメンタルな感じが漂い、当時、同じく失恋歌謡である久保浩のヒット曲『霧の中の少女』を連想する向きも多かったのではないかと思われる。

『はまなすの詩集』の作曲者は、青森県出身の上原賢六《けんろく》（一九二四〜一九八〇）である。東洋音楽学校（現・東京音楽大学）を卒業した彼も日活映画とは縁が深く、石原裕次郎が主演した映画の主題歌『俺は待ってるぜ』、『錆びたナイフ』、『赤いハンカチ』や『夕陽の丘』（浅丘ルリ子共唱）などのヒット作がある。

作詞者は稚内在住の吉田弘。「流氷溶けて／春風吹いて」ではじまる稚内の有名ご当地ソング『宗谷岬』（船村徹作曲）の作詞者として知られている。彼の作品には、利尻島・礼文島（43参照）を舞台とする『島を愛する』（上原賢六作曲、浜田光夫歌唱）や『北航路』（よしむらくにお作曲、芹洋子歌唱）などがあり、いずれの歌詞も、稚内とその周辺に対する彼の郷土愛のなせる業と言える。

☆カチューシャとサガレン

『宗谷岬』の歌詞が口語体であるのに対し『はまなすの詩集』は文語体で、明治の浪漫主義詩人島崎藤村（一八七二〜一九四三）の『若菜集』（一八九七年）に収められている詩さながらに格調が高い。主人公は遠い地からはまなすの咲く時期に稚内を訪れた旅人で、当地における、ある少女との恋を想い出している。前後の脈絡を踏まえて言葉を補い、現代の口語体に直してみよう。

はまなすが咲いているときに君と知り合い、散ってしまったときに君は去っていった。詩集を胸に泣き濡れていたあの乙女は、この最果ての街稚内のどこにいるのだろう。カチューシャを身につけていた彼女がなつかしい（以上一番）。

「日本最北端の地」の碑に吹きすさんでいるのは、サハリンから宗谷海峡を渡ってくるサガレンおろしである。旅の途次にある自分には、これがことさら身にしみる。波の音の激しいこの宗谷岬にたたずんでいると、遠いあの日の彼女との思い出がよみがえる（以上二番）。

はまなすが咲いていていて涙が湧くのだから、これが散ったあとには涙は枯れるであろう。真赤な花が失恋体験を呼び覚ます北国の地は淋しい。砂丘の果てでは、雲さえ今にも雨をもたらしそうに飛んでいるなあ（以上三番）。

「カチューシャ」とは、弾力性のある弧状のヘアバンドである。トルストイ（一八二八〜一九一〇）の小説『復活』が大正初期に松井須磨子（一八八六〜一九一九）主演で舞台化されて好評を博したあと、彼女が身に着けていたヘアバンドがヒロインの名をつけて売り出され、ヒット商品となった。劇中で彼女が歌った『カチューシャの唄』も同じく流行した。作詞の中心人物は島村抱月《ほうげつ》（一八七一～一九一八）、作曲したのは中山晋平（一八八七～一九五二）であった。

「サガレン」とは、サハリンの日本における古い呼称で、満州語に由来する。ちなみに、三沢あけみには『サガレン小唄』、井沢八郎（37参照）には『サガレンの夕焼け』という持ち歌があるが、どちらもあまりヒットしなかったようだ。

「カチューシャ」といい「サガレンおろし」といい、海峡を挟んでロシアと国境を接する稚内のご当地ソングにふさわしい道具立てである。

☆行かん／行けり／行きぬ

ともあれ、気になるのは『はまなすの詩集』というタイトルである。これはどうやら、主人公の思い出として「はまなす」のイメージとともに彼の心に刻みこまれた、いわば心の中の「詩集」という意味であるらしい。一番の歌詞の「泣き濡れし乙女」が胸に当てていた詩集とはイコールではなさそうである。

全体が文語体の定型の歌詞で、道具立ても含めて完成度は高いが、一番の歌詞に一か所だけ語法的に不自然な部分があるのが玉に瑕《きず》である。

「はまなす散って／君去り行かん」とあるが、この「去り行かん」はどう考えてもおかしい。「ん」

（古くは「む」）は、推量・意志・適当などを意味する助動詞なので、「去り行かん」では、「去って行くだろう」、「去って行こう」、「去って行くのがよかろう」などという意味になってしまう。この個所は「はまなす咲いて／君知りそめて」を受けて思い出を語っているのだから、「はまなす散って」のあとは、「君去り行けり」または「君去り行きぬ」でなければならない。「り」や「ぬ」であるなら完了を表す助動詞なので、「去って行ってしまった」という意味になる。

43 『最北航路』（香西かおり）

☆礼文島と利尻島

北方領土の択捉島《えとろふ》を除けば、日本において人が住む離島のうちもっとも北に位置するのは礼文《れぶん》島、二番目は利尻《りしり》島である。両島の大部分が利尻礼文サロベツ国立公園に属している。人口概数は、礼文島が二三〇〇人で、利尻島が四一〇〇人（二〇二二年四月現在）となっている。

礼文島は、稚内の西方約五〇キロメートルの日本海上に位置する、馬の顔を南北に引き延ばしたような形の島で、面積八一平方キロメートル余りで、全体が礼文郡礼文町に属する。冷涼な気候のため二〇〇種以上の高山植物が低地にまで咲き乱れ、別名「花の浮島」と称されている。島の南東部に香深《かふか》（「かぶか」ともいう）港がある。

一方、利尻島は礼文水道を挟んで礼文島の南東に位置するほぼ円形の島である。利尻山（利尻富士）を主体とした火山島で、面積約一八二平方キロメートル。利尻郡の利尻富士町と利尻町からなる。北部に鴛泊《おしどまり》港、西部に沓形《くつがた》港を擁している。

北海道本土とこの両島を結ぶ定期航路が、ハートランドフェリー（旧・東日本海フェリー）株式会社によって運航されている利尻・礼文航路である。

これには、①稚内・香深間、②稚内・鴛泊間、③香深・鴛泊間、④香深・沓形間を結ぶものがあり、片道当たり、①は約一二〇分、②は約一〇〇分、③は約四五分、④は約四〇分を要する。また、季節によって、①には鴛泊経由便、②には香深経由便も運航されている。いずれにせよ、これらが日本の最北航路である。

厳密にいえば、このなかの①が最北ということになるが、通例は利尻・礼文航路全体を指してそう呼んでいる。この航路を舞台にした、文字どおり『最北航路』という演歌が二〇〇六年三月に発売された。

歌唱は、一九六三年、大阪市出身の香西かおりである。

利尻島利尻山の山頂（手前）から見た礼文島（奥）
©Payoka

出生名は「香西香」で、「日曜日」や「劇中劇」、千葉県「市川市」や海苔の「山本山」と同じく、いわゆる漢字回文である。幼いころから民謡で活躍し、一九八一年に民謡のレコードを発売している。一九八二年に銀行に就職するが、歌への想い止み難く、やがて退行して上京し、一九八八年に演歌『雨酒場』でデビューをして日本レコード大賞新人賞に輝いている。それ以来、安定した歌唱力で活躍している。代表作として、『流恋草《はぐれそう》』（日本有線大賞）や『無言坂』（日本レコード大賞）などがある。

作詞は池田充男、作曲はあらい玉英《たまえ》である。池田については35『呼人駅《よびとえき》』と70『小樽のひとよ』のところで詳述している。あらいは栃木県の出身で、作曲家・船村徹（35・61参照）に師事し、一三歳のときに歌手デビューをし、十数年の歌手活動を経て、三六歳から作曲家活動を開始した。代表作として、やはり香西が歌った『恋慕川《しのびがわ》』や小林幸子が歌った『雪泣夜《せつないよ》』などがある。

利尻島　© ウィキコモンズジョーカー

☆稚内―鴛泊《おしどまり》間が舞台

ヒロインは東京で失恋を経験したが、まだ「わたしの胸に残るあなた」がいる。未練を捨てきれていないのである。それを捨てるため旅に出た。東京から遠く離れた「北の最はて」の、しかも船旅を選んだ。恋が荒波に「砕けて沫《あわ》にな」ることを願っている。しかし、未練を象徴するかのように、船を追って「カモメ一羽がついて来る」。「振りきれ恋みれん」と自分に言い聞かせるヒロイン（以上一番）。

彼女は、利尻《りしり》・礼文《れぶん》航路の「クイン宗谷」に乗ってデッキで思いにふけっている。「好き」だという感情が「恨みにかわる」ことを悲しく思う。その一方で、涙が出るのを「意気地なさ」のしるしと自己嫌悪する。沖は「鉛いろ」に見える（以上二番）。このあたり、彼女の心の機微はなかなかに複雑である。

ちなみに、「クイン宗谷」は一九九二年六月に就航を開始しており、総重量三五〇〇トン余り、全長九五メートル余り、速力約二〇ノット、旅客定員五〇〇名であったが、この歌が発売された翌二〇〇七年に引退し、現在は使われていない。

「利尻まわりのちいさな旅路」である。稚内港から鴛泊港

クイン宗谷

まで行き、そこで降りて利尻《りしり》島内を散策し、また鴛泊《おしどまり》から稚内へ戻る旅である。途中、船上で遠方に陸地を発見した。「あれは礼文《れぶん》の島かげか」と少々戸惑う。当地は初めてなので、基本的なことすら分からない。とはいえ、「東京」なんか「ふり向くな」と自分に言い聞かせ、「せめて今夜は静かな宿で夢をみないで眠りたい」と願うヒロイン（以上三番）。日帰りなら、宿はおそらく稚内、泊り掛けなら利尻島内ということになる。

ちなみに、同じ航路を舞台にした芹《せり》洋子の持ち歌に、吉田弘（42参照）が作詞した『北航路』（よしむらくにお作曲）がある。『最北航路』より一か月遅い二〇〇六年四月の発売である。こちらの歌詞には、礼文島に咲くエーデルワイスや利尻島の姫沼が登場し、両島の観光案内のようになっており、メロディーも歌唱も明るい。これに比べると、『最北航路』は具体的な地名に乏しいが、痛手を負ったヒロインとしては観光どころではないであろうから、むしろふさわしいと言える。

なお、森進一にも一九九三年に発売された『北航路』という持ち歌があるが、これは利尻・礼文航路とは関係がない。

☆回文を附録として

最後に、香西かおりの出生名「香西香」にちなんで、漢字回文ならぬ、私の拙いひらがな回文を披露しよう。中身は『最北航路』にちなんでいて、なおかつ私の観光体験も踏まえたものだが、長いので、日本語の表現としてやや不自然な点があることや、呼称に失礼な点があることはお許し願いたい。

――「快晴なのも稚内航路にみなと鴛泊か。ヒロイン香西かおり、はや、北の利尻の滝。やはり、丘、いざウコン色。ひかり窓、汐と波に牢固。田舎つわもの、無い成果」

（かいせいなのもわつかないこうろにみなとおしどまりか／ひろいんこうざいかおりはやきたのりしりのたき／やはりおかいざうこんいろ／ひかりまどしおとなみにろうこ／いなかつわものないせいか）

ちなみに、「利尻の滝」（利尻滝）は、利尻町沓形地区の森林公園内にある人工の滝で、「丘」は、鴛泊港にほど近い夕日の絶景スポット「夕日ヶ丘展望台」とご理解いただきたい。「ウコン色」（鬱金色）は夕日を思わせるやや赤みを帯びた黄色で、私の記憶そのままである。そして「ひかり窓」は、フェリー客室の頑丈な採光窓を表している。

最後の一文は、快晴ではあったが波は荒く、利尻島の屈強な漁業者にさえ収獲がなかった、との意である。

44 『サロベツ原野』（鳥羽一郎）

☆勇払・釧路そしてサロベツ

北海道の「三大原野」と総称されてきたのが、胆振《いぶり》総合振興局管内の勇払《ゆうふつ》原野、釧路総合振興局管内の釧路湿原、そして宗谷総合振興局管内のサロベツ原野である。勇払原野については、12『ウトナイ湖』（若原一郎）と10『ゆのみの花』（美咲じゅん子）で触れた。釧路湿原については、水森かおりが歌ったヒット曲『釧路湿原』を取り上げた（17参照）。そして、ここでは、最後の一つ、その名もずばりの演歌『サロベツ原野』ほか一曲を取り上げたい。これで三大原野を歌で踏破したことになる。

サロベツ原野は天塩川《てしおがわ》の北方に位置する豊富《とよとみ》町と幌延《ほろのべ》町の日本海沿いに広がる湿原で、天塩平野の大半を占め、面積は二〇〇平方キロメートルにも及ぶ。サロベツの名は「葦原にある川」を意味するアイヌ語に由来する。この原野は泥炭性《でいたんせい》の低湿地で、北の豊富側は「上サロベツ原野」、

サロベツ原野から見る利尻富士　©ビル・フランクリン

南の幌延側は「下サロベツ原野」と呼ばれる。当然ながら、冬季と夏季では原野の表情は大きく異なる。

☆原野・冬・長谷川千恵

冬季の過酷な環境下のサロベツ原野を舞台にした演歌に、長谷川千恵歌唱の『サロベツ原野の子守唄』（作詞は北村けいこで、作曲は新井利昌［7参照］）がある。二〇〇三年一月に発売されたCDのジャケットには、「第三五回日本作詩大賞最優秀新人賞受賞曲」とある。この「子守唄」は、サロベツ原野のあたりで暮らす家族が赤子をあやすという唄ではない。冬場の荒れ狂う原野そのものを宥《なだ》める唄であり、そのコンセプトは斬新である。

訪ねる人とて誰もない真冬、北風が戸に当たって出す音は、まるで「昔ばなしをしゃべる」よう。つらい昔を思い出させるようである。何としても風には鎮まって欲しい。そこで「ねんねころろんサロベツよ」と、家族の誰かが風鎮めの唄を歌う。しかし、風は鎮まるどころか、雪を舞い上げ「龍に姿を変えてゆく」。唄はさらに、「夏の分まで寝るがいい」、「土のふとんは暖かろ」、「今は根を張れ夢ん中」と、風をいわば寝かしつけようとする。

屋外で仕事ができないからといって、決して遊んでいるわけにはいかない。「納屋で男は一仕事」し、「豆を煮ながら女らは／ストーブ囲んで毛糸編む」。ここに引用した男女の労働を描いた部分から多くの人が連想するのは、窪田聡作詞・作曲の『かあさんの歌』であろう。これは一九五六年に発表され、国民に広く愛唱されて、二〇〇六年には文化庁と日本ＰＴＡ全国協議会によって「日本の歌百選」の一曲に選ばれた。歌詞には、「かあさんが夜なべをして手袋あんでくれた」、「かあさんが麻糸つむぐ一日つむぐ」、「おとうは土間でわら打ち仕事」とある。『サロベツ原野の子守唄』の作詞者の念頭にこれらのフレーズがあったことは否定できまい。むろん、盗作や剽窃《ひょうせつ》ではなく、オマージュ（敬意・賞賛）の素材として、である。しかし、いまだに国民の間には『かあさんの歌』のインパクトは根強いので、『サロベツ原野の子守唄』の歌詞は「二番煎じ」という印象がどうしても拭えない。しかも、「かあさん」、「おとう」という表現なら座りがよいが、「女ら」、「男」というのでは抽象的で、余計な詮索を差し挟む余地が残ってしまう。

さらに、「わら打ち仕事」も「一仕事」に変わって具体性が消失した。「手袋あんで」ではなく「毛糸編む」になっているのも、意識的に変更したのであろうが、ここは、たとえば「セーター編む」とでもしなければ、いたずらにイメージが拡散してしまう。

ともあれ、冬のサロベツ原野の、厳しく過酷な環境に耐えてこその人々の暮らしぶりは、そこそこ伝わってくる。

☆原野・夏・鳥羽一郎

同じくサロベツ原野を舞台としながら、『サロベツ原野の子守唄』と好対照をなすのが、三年後の二〇〇六年九月に発売された演歌『サロベツ原野』である。こちらのほうの舞台は夏で、原野のやさしく寛大な表情が歌われている。主人公の男はここの住人ではなく、旅人である。

歌唱は一九五二年生まれの鳥羽一郎。名前のとおり三重県鳥羽市の出身で、父親は漁師、母親は海女《あま》である。遠洋漁業の船員を経て、二七歳で演歌作曲界の大御所、船村徹に師事し、一九八二年、三〇歳にして船村作曲の『兄弟船』でデビューした。ご存じのようにこれが大ヒットをしている。ほかの持ち歌として、『海の匂いのお母さん』、『下北漁港』、『男の港』など海の歌を中心に多数がある。

『サロベツ原野』の作曲も船村である。彼については、坂本冬美が歌った35『呼人駅《よびとえき》』のところなどで触れた。作詞は、広島県出身という仁井谷俊也《にいたにとしや》（一九四七〜二〇一七）。会社員の傍ら数々の歌詞募集に応募し、のちにプロとなった。代表作として、『蜩　－ひぐらし－』（長山洋子）、『人生しみじみ』（天童よしみ、藤田まさと賞）のほか、氷川きよし（33参照）が歌った『面影の都』（日本有線大賞）や『ちょいと気まぐれ渡り鳥』（日本作詩大賞）などがある。

『サロベツ原野』で描かれているのは、夏のサロベツ原野を訪れた主人公が、その広大な景色に触れて自身の心持ちを癒してゆくという過程である。

冬の「シベリアおろし」に耐え抜いたからこそ夏のサロベツ原野は、「緑なす草原と碧き空」という形で「生きる生命《いのち》」の存在をしっかり確かめることができている（以上一番）。

自分も含めて、人間の「胸の内」は「傷だらけ」である。しかし、原野はいつも穏やかに「血潮燃やす」。自分が「弱気」になると、原野の「声《うた》」が自分の「魂《こころ》に木霊《こだま》」してくる（以上二番）。

原野は毎年「草花《はな》」を咲かすが、自分も負けじと「ひとすじに夢を咲か」そう。そして、明日も「男の人生《みち》をゆく」ことにしよう（以上三番）。

歌詞には、男の素性はいっさい示されていない。どんな人間も「傷だらけ」であって、その傷は大自然こそが癒してくれるという普遍的な教訓が示されているだけである。

メロディーを度外視して歌詞だけで評価するなら、冬の原野の厳しさ・過酷さのなかでの暮らしぶりを「女ら」、「男」、「一仕事」、「毛糸編む」などと隔靴掻痒《かっかそうよう》ふうにしか表現し得なかった長谷川千恵の歌よりも、夏の原野のやさしさ・寛大さを「生命《いのち》」、「血潮」、「声《うた》」といったストレートな印象表現で描ききった鳥羽一郎の歌のほうに、私は軍配を上げたい。もっとも、私がよく知っているのも夏場の爽やかなサロベツ原野なので、そもそもバイアスがかかっていると言われればそれまでである。

45 『天塩川《てしおがわ》』（都はるみ）

☆作詞・作曲ともに北海道出身の大御所

作詞・作曲ともに北海道出身の大御所の手になり、北海道の大パノラマを題材にした歌を取り上げたい。都はるみが歌唱した『天塩川』である。一九七七年六月に発売されたシングルレコード『サロベツ慕情』のB面曲である。

天塩川河口の空中写真　©国土交通省［https://mapps.gsi.go.jp/maplibSearch.do#1 国土画像情報（カラー航空写真）］をもとに作成

天塩川《てしおがわ》は北見山地天塩岳付近に源を発し、名寄《なよろ》盆地を北へ流れたあと天塩平野に出て、天塩町と幌延町《ほろのべ》の境界を西へ流れる。そして、日本海を目前にして南に向かい、浜堤に沿って一〇キロメートルほど流れ、天塩町の市街地の手前で海に注いでいる。流域の自治体をたどると、士別市、名寄市、美深町《びふか》、音威子府村《おといねっぷ》、中川町、幌延町、天塩町となる。全長は約二五六キロメートルで、道内では石狩川に続き二番目に長く、国内では四番目に長い川となる。上流域の約六〇キロメートル以外は標高差が少なく、流れはゆったりとしている。

参考までに述べると、河口部から約二〇キロメートル手前までの川底の標高はマイナス五メートルからマイナス七メートルくらいとなっており、海水面より低くなっている。シジミ漁やサケ漁や同養殖業が盛んなことがよく分かる。これらのことも手伝って、二〇〇四年、天塩川は北海道遺産に選定された。

流域には、今でも天然のままの護岸が多い。水流を堰《せ》き止めて魚を捕るための仕掛けを「梁《やな》」と言うが、その形をした岩が中流域を数多く横切っていたことから、アイヌ語で「テッシ・オ・ペッ」（梁のある川）と呼ばれていた。これが「天塩」の語源である。

明治期には舟運として利用されていたが、明治末期から大正にかけて川沿いに鉄道（現・宗谷本線）が開業していき、舟運は昭和初期にその役目を終えている。一九九二年からは、「天塩川カヌーツーリング」が人気となっている。

作詞したのは、利尻島《りしりとう》出身の時雨音羽《しぐれおとは》（一八九九～一九八〇）。日本大学法学部を卒業したあと、大蔵省主税局に勤務していたという経歴がある。中山晋平（42参照）が作曲し、「浅草オペラ」（66参照）で活躍した男性歌手の藤原義江《よしえ》（一八九八～一九七六）が歌った『出船の港』がヒットした。レコード業界に入り、『君恋し』、『浪花小唄』とヒットを重ね、業界草創期の人気作詞家となった。有名な文部省唱歌である『スキー』も彼の作詞である。

戦後は、一九五七年に公開された森繁久彌（30参照）主演の東宝映画『雨情』をはじめとして、多くの映画・舞台の脚本も手がけたという逸材である。

ペンネームの由来について、彼自身が著書に次のように記している。

――ある池のほとりで時雨に遭遇したとき足元から鳥が飛び立ち、これが「四辺の景色と調和して頗《すこぶ》るよかった」。そこで、「時雨」に、「羽音」を逆転させた「音羽」を加えた（『レコード芸術　歌謡随筆』宗高書院、一九四七年、七二ページより要約）。

作曲は八洲秀章《やしまひであき》（一九一五～一九八五）。虻田《あぶた》郡真狩《まっかり》村出身の八洲は、上京してからＹＭＣＡの音楽劇に参加し、その後、山田耕筰（一八八六～一九六五）に師事した。一九三七年に作曲家デビューを果たしているが、代表曲として、20『毬藻の唄』（安藤まり子）のほか、伊藤久男（37

参照）が歌った『高原の旅愁』と『あざみの歌』、さらには『さくら貝の歌』（辻輝子）といった歌謡曲があるほか、管弦楽曲の『森の精』や組曲『春告魚《にしん》』などもある。一時期、「志摩光一」の名で歌手活動もしていたようだが、私はよく知らない。

時雨が作詞した『君恋し』は、「浅草オペラ」で活躍した二村定一《ふたむらていいち》（一九〇〇～一九四八）の歌唱版が戦前の一九二八年に発売され、戦後の一九六一年にフランク永井（一九三二～二〇〇八）がリバイバルヒットさせている。その印象が強かったために私は、一九七七年に発売された『天《て》塩川《しおがわ》』が時雨の作詞だと知ったとき、てっきり戦前の曲を都はるみがリバイバルさせたものと思いこんでしまった。

そんな錯覚に拍車をかけたのが、作曲が八洲《やしま》だという事実である。前述のとおり、彼も戦中から活躍していただけに、まさか一九七〇年代のオリジナル曲だとは思わなかった。衰えを知らぬ両者の創作力に脱帽した次第である。

☆天塩川の景観をたどった歌

この歌は五番まであり、二・三・四番には、それぞれ音威子府《おといねっぷ》（村）、中川（町）、幌延《ほろのべ》（町）が登場する。交通手段こそ定かでないが、旅人が天塩川沿いを上流から下流へ移動していくときに目に映るであろう景観が、順に歌いこまれている。「わかれ」、「嘆き」、「孤独」、「あわれ」、「哀し」、「愁い」など、旅人の心情が景観に投影され、川・花・魚・鳥が擬人化されている部分もあって、なかなか難解な歌詞となっている。その展開を整理してみよう。

緑のなかを天塩川が、岸辺の花々との別れを惜しむかのように悠然と流れている（以上一番）。川沿いに白樺の道が現れる。夜の音威子府駅から汽笛が哀しく響く。ここで乗客たちは別れ別れになる（以上二番）。鱒《ます》の子が中川町を下っている。鱒にとっても、旅人にとっても、この先、旅はまだ果てしなく長い（以上三番）。サロベツ原野に花が咲き乱れ、渡り鳥も飛び発ちかねるかのようである。かなたに、幌延の名山台が見える。幌延は旅人の母の町である（以上四番）。川は山間部を流れ続け、赤いハマナスの咲く砂浜に出る。海鳥が出迎えているかのようである。天塩川も終点である（以上五番）。

二番の末尾に、やや唐突に「音威子府の夜の駅／いつの日あえるいつ逢える」とある。作詞がなされた当時、音威子府駅は、浜頓別《はまとんべつ》を経由して南稚内に向かう天北《てんぽく》線が宗谷本線から分岐する駅であった。乗り換えたら次はいつ逢えるのか、という乗客たちの惜別の情が代弁されているわけである。ち

天北線の「音威子府駅」に入線する急行「天北」

なみに、天北線は一九八九（平成元）年に廃止となった。

なお、歌の終着である天塩川《てしおがわ》河口付近からは、利尻水道を隔てて、時雨音羽《しぐれおとは》の故郷利尻島《りしりとう》の、利尻富士の絶景が眺望できる。彼のエッセイ集『「出船の港」と利尻島』（北書房、一九七六年）には、この歌の詞の下敷きになったとおぼしき天塩川紀行も載っている。

☆都はるみの明るい歌唱

都はるみについては述べるまでもないだろうが、簡単に記しておく。

一九四八年に京都市に生まれた都は、五歳から日本舞踊とバレエ、六歳から浪曲と民謡を稽古し、高校を中退して上京して、一九六四年に歌手としてデビューした。ご存じ『アンコ椿は恋の花』が大ヒットして日本レコード大賞新人賞を受賞し、一九七六年には『北の宿から』で同大賞を受賞したあと、一九八〇年には『大阪しぐれ』で同大賞最優秀歌唱賞まで受賞している。

ほかに『涙の連絡船』、『おんなの海峡』、『夫婦坂』などのヒット曲を残し、一九八四年末に一旦引退したが、一九九〇年に復帰し、『小樽運河』などで新境地を開いた。

『天塩川』には「わかれ」、「嘆き」、「孤独」、「あわれ」、「哀し」、「愁い」などの語が使われているのだが、曲調は明るい。そのアンバランスが、かえって聴き手には新鮮に響く。好きな男性との別れを女性の立場からあっけらかんと明るく歌った、初期の作品『馬鹿っちょ出船』や『好きになった人』と同じノリである。

ちなみに、「ご当地ソングの女王」の異名をとる水森かおりにも、二〇〇三年に発売されたアルバムのなかに『天塩川』という曲がある。作詞・作曲は17『釧路湿原』と同じ木下龍太郎・弦《げん》哲也のコンビで、失恋したヒロインが宗谷本線の列車旅をするという設定となっている。車窓からの天塩川の眺めに、ヒロインは動揺したり癒されたりする。はるみの『天塩川』が陽・明を基調としているのに対し、かおりのそれは陰・暗である。

46 『オロロン岬』（北山たけし）

☆焼尻島《やぎしりとう》と天売島《てうりとう》

留萌《るもい》管内苫前《とままえ》郡羽幌《はぼろ》町の羽幌港から日本海を西へ二五キロメートルほど進んだ地点に焼尻島、さらに武蔵水道を挟んでその西に天売島がある。両島とも羽幌町に属している。羽幌・焼尻・天売を高速フェリーが一時間、通常フェリーが一時間半ほどで結んでいる。

焼尻島は面積約五・二平方キロメートル、住民は一八〇人足らず（二〇二一年三月現在）で、名称はアイヌ語の「エハンケ・シリ（近い島）」あるいは「ヤンケ・シリ（水揚げする島）」に由来するらしい。一方の天売島は約五・五平方キロメートル、二七〇人足らず（同）の島民が暮らしている。アイヌ語の「テウレ（魚の背腸）」もしくは「チュウレ（足）」に由来するらしく、これは海岸線の形からの命名とされる。ここで取り上げる曲は、この両島、とりわけ天売島《てうりとう》を舞台とする演歌『オロロン岬』である。

☆オロロンはウミガラス

オロロン岬、実在の岬名ではない。「オロロンが群れ飛ぶ岬」というほどの意味で使われている。オロロンとはウミガラスの別名で、鳴き声からそう呼ばれる。天売島の南西海岸には断崖が続き、このウミガラスをはじめとして、オオセグロカモメ、ウトウ、ウミウなどの海鳥が繁殖している。この島は、戦時中の一九三八年に海鳥の繁殖地として国の天然記念物に指定されており、一九八二年には国の鳥獣保護区に指定された。

ウミガラスはチドリ目ウミスズメ科に分類され、体長は四〇センチほど、体重は一キロ以上にも及ぶ。背が暗褐色で腹は白い。嘴《くちばし》は長くて、翼や尾は短く、脚は尾の近くにあるので、陸上をよちよち

焼尻島から見る天売島
©スナップ55

焼尻島　©スナップ55

と直立歩行する姿はペンギンを彷彿とさせる。ロシアのサハリン（旧樺太）の南西に位置する海豹島《かいひょうとう》・海馬島《かいばとう》や、ハバロフスクとその周辺、日本では北方領土の歯舞《はぼまい》群島に多く分布し、冬期には本州の北部にまで南下してくる。

かつては天売島のほか、松前町の渡島小島《おしまこじま》、根室市のユルリ島・モユルリ島でも数多く生息していた。近年では、漁網による混獲《こんかく》、天敵の増加、エサ資源の減少、さらには観光の影響などによって生息数がめっきり減少している。

とりわけ天売島では、大型海鳥オオセグロカモメがウミガラスを捕食するため、その卵や雛の被害が甚大となっている。現在では、卵や雛を守りやすい狭い岩の窪みなどにかろうじて集団繁殖地（コロニー）をつくっているありさまで、絶滅も危惧されている（羽幌町《はぼろちょう》ホームページなどによる）。

ちなみに、隣の焼尻島《やぎしりとう》には、海鳥はさほど生息していない。ここでは、地元民が「オンコ」と呼んでいるブナ科の常緑高木イチイ（櫟）の原生林が厳しい自然環境のために稀有な森林相をなしており、一九八三年に国の天然記念物に指定されている。

一九九〇年、天売・焼尻の両島は、周辺の暑寒別《しょかんべつ》山系などとともに「暑寒別天売焼尻国定公園」として指定された。

ウミガラス

☆波が鞭打つオロロン岬

演歌『オロロン岬』の歌詞は三番まである。末尾はすべて、「オロロンオロロンオロロン岬」で統一されている。

主人公の男性は、恋人だった女性と別れて間もない。もはや修復は不可能で、「どうせ還らぬ遠い人」なのだが、彼は彼女を追ってフェリーで「北の最果て焼尻《やぎしり》島天売《てうり》島」までやって来た。しかし、「未練をからかうように」、海鳥が泣いて舞い飛ぶばかりである。一番から分かるのは以上であり、二番に続く。

彼は、彼女に何もしてやれなかった。今はただ、「**きっと倖せ掴んでくれ**」と夕空に祈るばかりである。歌詞には、オロロン岬は「波が鞭打つ切り立つ断崖《いわ》」であることが示唆されている。天売島におけるこうした「断崖」の典型として連想されるのは、島の南西部に位置する、灯台のある赤岩展望台と、そのすぐ近くの、海面から垂直に三八メートルの高さに切り立った奇岩の赤岩である。このあたりがオロロン岬のモデルであろうか。

天売島の赤岩　©Snap55（日本語版ウィキペディア）

しかし、天売島内で明確に「岬」と付く場所として知られるのは、むしろ、島の西側にある観《かん》音岬《のんざき》展望台や、北側にあるゴメ岬のほうである。「オロロン岬」は、むしろ明確なモデルのない架空の岬なのではないかと考えたくもなる。

以上が二番から読み取れる情報であり、三番へとつながる。

男は揺れるフェリーに一人乗って、島を離れている。「かすむ島影／凍る海」とある。実は、このあたりは対馬海流に洗われているため道北にしては海が温暖なのだが、彼女みたいな「優しい女《ひと》」にはもう二度とめぐり逢えないだろうと思っている彼にとっては「凍る海」なのであろう。その未練を裏付けるかのように、「明日は留萌か宗谷の海か」とある。羽幌《はぼろ》港でフェリーを降りて南へ向かえば留萌《るもい》、北なら宗谷であるが、男はまだ明日の行方を決めかねている。

よくあるタイプの悲恋演歌ないしは未練演歌であるが、天売島を舞台とし、ウミガラスの鳴き声と絡めているところが珍しい。

このような斬新な作詞をしたのは、出身が三重県という下地亜記子《しもじ》（一九四三～二〇一六）である。五木ひろしの『九頭竜川《くずりゅうがわ》』、水森かおり（17参照）の『ひとり薩摩路』などのご当地ソングをはじめとして、氷川きよし（33参照）のアルバムでの収録曲など、多くの歌手に楽曲を提供してきた。

作曲は大谷明裕《めいゆう》。一九五四年生まれの、大阪市出身のシンガーソングライターである。学生時代からのバンド活動を経て音楽界へ入り、作曲家の曽根幸明（一九三三～二〇一七）に師事した。

代表作として、『ありがとう…感謝』（小金沢昇司）、『倖せにしてね』（長山洋子、日本レコード大賞優秀作品賞）、『満天の瞳《ほし》』（氷川きよし、日本有線大賞）などがある。

歌唱は北山たけしである。一九七四年、福岡県生まれの北山は、高校を中退して上京して歌手デビューを果たすが、あいにくと芽が出ずに帰郷した。二一歳になって再び上京し、北島三郎（1参照）の内弟子を八年間務め、二〇〇四年に再デビューした。同年、日本レコード大賞新人賞などを受賞し、二〇〇九年には北島の次女と入籍している。代表曲として、『片道切符』、『剣《つるぎ》山《さん》』、『男のなみだ雨』などがある。『オロロン岬』は、二〇一〇年九月に発売されたアルバム『日本の情景・神話のふる里』に収録されたものである。

ちなみに、義父の北島三郎には『海鳥の島』と題する持ち歌がある。中山大三郎（17参照）が作詞し、一九七三年に発売されたこの曲も、天売《てうり》・焼尻《やぎしり》を舞台としたもので、海鳥と住民の日常を点描している。「オロロンの島」と表現されているのが天売島、「オンコの林／牧場を歩く／あれも旅人」とあるのは焼尻島の光景、そして「シベリアおろしが／波さわがせる」は、武蔵水道の描写である。

こちらの歌の作曲は、9『室蘭の男』と同じく、北島の従妹である松前ひろ子の夫、中村千里改め中村典正が担った。ちなみに、同節で触れたように、演歌界のホープ三山ひろしは中村・松前夫妻の娘婿なので、北島の娘婿である北山たけしとは遠い親戚ということになる。

47 『塩狩峠』（森若里子）

☆楽曲『塩狩峠』

塩狩峠は上川郡の比布町《ぴっぷ》と和寒町《わっさむ》との境にある峠で、石狩川水系と天塩川水系の分水界である。石狩と天塩から一字ずつをとって命名されたものだ。

一八九八（明治三一）年、旭川駅から永山駅を経て蘭留《らんる》駅へと至る「北海道官設鉄道天塩線」が開業した。JR宗谷本線の前身である。翌一八九九年、同線は和寒駅まで延伸し、塩狩峠は列車で越せるようになった。同線はさらに、翌年には士別駅まで、一九〇三年には名寄《なよろ》駅まで延伸している。

一九〇九年二月二八日、この峠に差し掛かった上り終列車の連結器が外れ、機関車のみを残して列車が逆走するという事故があった。乗り合わせていた鉄道運輸事務所の書記で、敬虔なクリスチャンの長野政雄が咄嗟《とっさ》にハンドブレーキを操作したが、列車間の線路上に転落（当時の新聞記事による）し、殉職してしまった。しかし、乗客の生命は救われた。この事故をモチーフとした小説が、三浦綾子（5参照）のキリスト教小説『塩狩峠』（新潮社、一九六八年、一九七三年に新潮文庫）である。

この小説が雑誌に連載されはじめてから五〇周年にあたる二〇一六年の三月、同名の楽曲『塩狩峠』のCDが発売された。企画・制作を手掛けた徳間ジャパンのウェブサイトでは、「鉄道事故の実話を基にした三浦綾子による大ベストセラー小説『塩狩峠』を題材にした楽曲」と宣伝されたが、CDジャケットのどこにも、その旨の記載はなかった。

歌唱は、一九五四年生まれ、島根県出身の森若里子。一九八一年、ラジオのカラオケ番組で優勝して、遅咲きのプロデビューを果たしている。広島を中心に活動したあと、一九八五年に『浮草情話』で全国デビューをし、これがヒットした。それ以降も地道に活動しており、代表曲として『女の酒』や『雪の華』などがある。ここで取り上げる『塩狩峠』は、彼女のデビュー三五周年記念曲である。

作詞は東逸平《あずまいっぺい》。一九六〇年代に歌謡曲・フォーク・CMソングなど幅広く手掛け、大津美子（26参照）、水原弘（一九三五〜一九七八）、松山恵子（6参照）、藤島桓夫《たけお》（18参照）、ヒデとロザンナ、ザ・ピーナッツなどの歌を作詞し、一時、一線を退いていたが、二〇一一年、四〇年ぶりに復帰した。

作曲したのは伊藤雪彦だが、彼に関しては 3 『函館青柳町』のところで触れているので、そちらを参照していただきたい。

☆小説・映画『塩狩峠』

小説『塩狩峠』には、モデルとなった長野政雄は「永野信夫」の名で登場している。この作品で設定された永野は、一八七七（明治一〇）年に東京で生まれ、中学卒業後に裁判所の事務職として就職し、その数年後、北海道に住む旧友吉川修と一〇年振りに再会する。吉川のすすめで北海道行きを決意し、二三歳で札幌の鉄道会社に再就職した。そして、翌年に旭川へ転勤となっている。

やがて、父・母・妹、そして吉川の妹で、先天的な跛行《はこう》のうえ肺結核・カリエスを患うふじ子の影響でクリスチャンとなった。一九〇九年、ふじ子との結納を夕刻に控えた二月二八日、名寄《なよろ》から列車で札幌へ向かう途中、塩狩峠の頂上に差し掛かった際、信夫の乗る最後尾車両の連結部が外れ、同車両が逆走をはじめた。乗客を守るためにレールへ飛び降りた信夫は車両の下敷きとなって落命したが、乗客は無事であった。

この小説は、一九七三年にワールド・ワイド映画と松竹によって映画化もされている。監督は中村登（一九一三～一九八一）。劇団俳優座が協力しており、信夫を中野誠也《せいや》、修を長谷川哲夫（一九三八～二〇二三)、ふじ子を佐藤オリエが演じ、ほかに近藤洋介、滝田裕介(一九三〇～二〇一五)、岩崎加根子、野村昭子(一九二七～二〇二二)らが出演した。

小説・映画の設定には、モデル長野政雄の実人生や当該事故とは異なる点が多々あるが、それについては、中島啓幸《ひろゆき》が著した『塩狩峠、愛と死の記録』(いのちのことば社、二〇〇七年)に詳しい。

事故から七年を経た一九一六年、塩狩信号場が開業し、一九二四年に塩狩駅となっている。駅に隣接して、「長野政雄氏殉職の地」顕彰碑が建っている。

☆難しい歌詞解釈

繰り返すが、森若の『塩狩峠』は三浦の小説を題材にしていると宣伝されているが、CDジャケットにはそんな記載はない。小説発表五〇周年を当てこ

「長野政雄氏殉職の地」石碑、正面(東面)©合田俊幸

んだ「便乗商法」と見ることもできる。小説と歌との間に人物や状況の整合性を求める必然性はないが、それでもあえて求めるなら、その歌詞は、残された女（吉川ふじ子）が「塩狩峠に消えた」男（永野信夫）を偲んだものと解釈できる。とはいえ、以下のように、小説とのくい違いも指摘できる。

結納を「明日《あした》」に控えた二人の「幸せ置き去りに」して、男は「塩狩峠に消えた」（一番）。しかし小説では、結納は「明日」ではなく当日であった。

女は、事故の発生を暗示する「夜明けに走る列車の響き」を聴くが、それは「まぼろし」（三番）。小説では、事故は昼間に起きており、ふじ子に大音響が聴こえた気がしたのも同日の昼間である。

自分自身が雪になって「あなたの心に降り積もれ」と願う女（二番）が歌に描かれているが、小説にはそのような描写は微塵もない。

こうした細かい点はともあれ、この歌のキーセンテンスは、女から男への問い掛けの言葉①「愛は運命《さだめ》を越えられますか」（一番・三番）、および②「人は運命を越えられますか」（二番）である。これらをどのように解釈するべきなのだろうか。

「運命」を婚約者の死と捉え、①を、「愛する気持ちさえ失わなければ、婚約者の死という辛い現実を克服できるでしょうか」などと解釈するのは浅はかであろう。敬虔なクリスチャンにとって「愛」といえば、個人的な性愛（『新約聖書』にいう「エロス」）を超越した、信仰に裏打ちされた普遍的な愛（同書にいう「アガペ」）なのだから。

小説を踏まえて、①を私なりに換言すると次のようになる。

「人は愛によって、おのれの『死』という不可避な運命を、意義あるものに転化できますか」

一方、②のほうは次のようになる。

「人は、カリエス・跛行など病気や先天性障害といったおのれの個人的な運命を、信仰によって克服できますか」

むろん、作詞者の真意は分からないが、以上のように解釈すれば小説との整合性は一応とれる。しかしながら、永野信夫に劣らず敬虔なクリスチャンである吉川ふじ子による問い掛けなら、運命を「越えられますか」という疑問ではなく、「越えられますよね」という確認・念押しとなるのではないだろうか。

歌詞を理解できたという確信が私にもてないのは、失礼ながら、歌詞が杜撰《ずさん》だからか、と思ってしまう。それとも、私がクリスチャンではないからなのか。私にとっては小説との違和感を抜き去りがたいこの歌を、もし三浦綾子さんが復活して聴いたら、どのように反応なさるのであろうかと想像している。それも、楽しいひとときとなる。

ちなみに、旭川市神楽《かぐら》には、彼女の偉業の数々を展示している「三浦綾子記念文学館」がある。この地、神楽こそ、代表作『氷点』のヒロインとして設定された辻口陽子の育った場所である。

48 『石北峠』（長坂純一）

☆ご当地ソングで青春歌謡

石北峠は国道39号の峠で、上川総合振興局管内の上川郡上川町とオホーツク総合振興局管内の北見市（旧留辺蘂町）との境にある。この峠も、旧国名の石狩と北見から一字ずつを取って命名されている。上川町側は石狩川水系で日本海に注ぎ、北見市側は常呂川《ところがわ》水系でオホーツク海に注いでいる。峠の標高は一〇五〇メートル。展望台からは、近くは大雪山系、遠くは阿寒の山並みまでが眺められ、層雲峡や温根湯《おんねゆ》温泉にほど近い。この峠は、越えると気象状況が大きく変わることで知られており、また、降雨量などによってしばしば交通規制も行われている。

ここで取り上げるのは、作詞・作曲・歌唱ともに北海道に根づいて活躍してきた人の手による『石北峠』である。一九七九年に発売された曲で、四〇年以上が経った現在もなお、多くの北海道民に愛されている。要するに、典型的なご当地ソングであるのだが、聴かれたら分かるように青春歌謡でもある。

明るく爽やかで、健全な歌詞を特徴とする青春歌謡のブームは一九六〇年代前半である。守屋浩が歌った『僕は泣いちっち』（一九六〇年）を皮切りに、『湖愁』（松島アキラ、一九六一年）、『いつでも夢を』（橋幸夫・吉永小百合、一九六二年）、『若いふたり』（北原謙二、同）、『高校三年生』（舟木一夫、一九六三年）、『美しい十代』（三田明、同）、『君だけを』（西郷輝彦、一九六四年）、『青春の城下町』（梶光夫、同）、『女学生』（安達明、同）、『霧の中の少女』（久保浩、同）、『新聞少年』（山田太郎、一九六五年）などが代表的な青春歌謡として挙げられる。発表時期はこのようなブームより一〇年以上も遅くなるが、『石北峠』はその流れを汲む曲と言える。

☆作詞も作曲も歌唱も北海道ローカル

歌ったのは、一九四七年に宮城県仙台市に生まれた長坂純一。高校卒業後に歌手を目指したのだが、まず仙台なまりを克服するために札幌で生活をしてから、一九六七年に上京したという経歴をもっている。

コミックバンドを経て、一九六九年から流しの演歌師となり、一九七二年からは札幌「すすきの」で流しはじめ、翌年以降、スナック経営を経て鮨店を経営するという変わり種である。客を介した縁で、一九七九年に『石北峠』でレコードデビューをしてからは、北海道をテーマとした歌を数多く歌ってきた。

しかし、デビューから二〇年ほどしたときに癌を発症し、約一〇年にわたる闘病生活を余儀なくされたが、二〇〇八年に歌手活動を再開し、北海道のＦＭラジオ局の番組「長坂純一の歌謡曲だよ！人生は！」のパーソナリティーも務めてきた。

作曲は桑山真弓（一九三〇～二〇〇一）。旧制砂川中学を卒業後、目指していた教員の道を病気のため断念し、アコーディオン奏者に転身したという、こちらも変わり種である。北海道放送（HBC）の専属バンドのリーダーとなったのち、一九六五年に音楽事務所を設立して、『網走ブルース』など北海道を舞台とする歌を六五〇曲以上も作曲しているほか、郷土芸能の創作・育成にも意欲的な人物であった。

かつて北海道文化放送（UHB）には、音楽で北海道を紀行するという番組「サウンドインほっかいどう」があったが、一九七九年四月、『石北峠』が同番組の「今月の歌」となって道民に広く知られるようになった。

作詞したのは高木隆春だが、彼について私にはほとんど情報がない。網走市が作成した年表によれば、ペンネームを「高上あゆむ」と言い、『石北峠』が「今月の歌」として流れた当時、網走市立南小学校の教諭であったという。健全な内容である歌詞も、教諭の作と聞けば「なるほど」と得心がゆく。

それでは、内容を見てみよう。主人公の若者が、「えぞ松」に雪が積もる冬場に、「いとしい人のおもかげ」を偲びつつ、「恋心」を秘め、「あこがれ胸にだきしめて」石北峠を自動車で越境するという歌である。峠を越えたからといって、「はてなく遠い北国」の雄大な景色はすぐに変化しない。主人公は、「山の向こうも山」、「雲の向こうも雲」、「道の向こうも道」だろうかと、さらに長い旅路を予感する。恋は成就するのかどうかは定かでない。「青春の行方」も、この国道と同じく「はてなく遠い」ようだ。

ところで、主人公はどちらからどちらへ峠越えをしたのだろうか。旭川方面から網走方面へか、あるいはその逆なのか。網走市の教諭が作詞したのだから、後者と考えるのが自然であろう。実際、歌詞に「石北峠」の語が三回登場したあとの三番の歌詞末尾に、「北海道の屋根という大雪《たいせつ》こえる旅心」とある。つまり、峠を越えたあとに大雪山系がさらに大きく見えてきたのであろう。となると、やはり網走方面から旭川方面へ、東から西へとなる。国道の名称も、峠以東が「北見国道」であるのに対して、以西は「大雪国道」と付けられている。

☆ヒットさせた長坂と歌い継ぐ清水

長坂は三〇歳を過ぎてからという遅咲きのレコードデビューであった。『石北峠』の発売初日から石北峠頂上ほかで精力的にキャンペーン活動を展開し、当時の留辺蘂《るべしべ》町長をはじめとして多くの町民の祝福を受けて、最初の三日間だけで四六〇〇枚ほどが売れたという。その後、着実にヒットしていったわけだが、彼の歌手人生は「順風満帆《まんぱん》」とはいかず、前述したように闘病生活などという逆境もあった。

「ローカルにいて歌一本で食べて行くということは大変」であるが、「カメのようにこの雄大な大地を踏みしめて」歩んでいきたいと、一九九六年に発売された自伝に抱負を記している（長坂『北を歌う男』北海道新聞社）。

『石北峠』発売から一三年が経った二〇一二年、この曲を清水博正が歌い継ぎはじめた。一九九〇年、群馬県に生まれた清水は、生後間もなく未熟児網膜症で失明している。祖父母が持っていたカセットテープを聴くという日々を送ったことで歌謡曲・演歌が好きになった。二〇〇七年、「ＮＨＫのど自慢」のグランドチャンピオンとなり、審査員の弦《げん》哲也（17参照）にスカウトされて高校在学中にプロに転向した。同年、『雨恋々』で、演歌界初の音楽ダウンロードデビューをし、翌年に同曲のシングルＣＤをリリースしている。

長坂が伸びやかで張りのある甘い声を活かした歌い方であるのに対し、清水のそれは、演歌色を前面に出し、こぶしを利かせた粘っこいものである。どちらが曲にあっているのか、聴く人によって評価は分かれるところである。

「山の向こうも山」、「雲の向こうも雲」、「道の向こうも道」――『石北峠』は北海道のご当地ソングであるとと

もに青春歌謡である。そしてまた、苦難の人生に対する応援歌でもある。お二人が、病気や障害という人生の「峠」を乗り越えて、この曲を末永く歌い続けてくれることを願っているし、ファンの一人として、それが一番うれしい。

49 『大雪《だいせつ》よ』（新沼謙治）

☆大雪山は雄大な火山群

大雪山（たいせつざん、だいせつざん）は北海道中央部にそびえる火山群である。前節で取り上げた長坂純一の『石北峠』の歌詞にもあるように、よく「北海道の屋根」と形容される。一つの山ではないことを明確にするために、「大雪山系」という呼称もしばしば使われている。

この山系は、狭義には、旭岳連峰、すなわち石狩川と忠別川の上流部に挟まれた山塊を指す。これを構成するのは旭岳・北鎮岳・白雲岳・愛別岳・北海岳・黒岳などである。これらの山々は、約三万年前の大噴火によってできた窪地である御鉢平《おはちだいら》カルデラの周辺に盛りあがっている。しかし、広義の大雪山系は、これらにトムラウシ山などを加えたいわゆる「表《おもて》大雪」だけでなく、北大雪・東大雪・十勝連峰をも含む、南北六三キロ・東西五九キロにわたる大雪山国立公園の広大な全域を指し、一市九町に及ぶその面積は神奈川県とほぼ同じである。

ともあれ、広くとっても狭くとっても、大雪山系が雄大な景観であることに変わりはない。この景観をモチーフに、有限でちっぽけな存在たる人間、とりわけ若者たちに、「細かいことにこだわってクヨクヨするな」といった教訓を授けている歌が、ここで取り上げるバラード『大雪よ』である。この曲は、バブル崩壊真っただ中の平成初期、一九九二年六月に発売された。

作詞・作曲は阿部佳織、歌唱は一九五六年生まれの新沼謙治である。CDジャケットには「第九回ＮＨＫ北の讃歌コンクール優秀曲」とある。このコンクールについても、作詞・作曲者の阿部についても、残念ながら私にはほとんど情報がない。応募作のなかから選ばれた「優秀曲」である以上、少なくとも当時、阿部はプロではなかったのであろう。

一方、みなさんよくご存じの新沼謙治は岩手県出身である。一九七五年、オーディション番組である「スター誕生！」の決戦大会で合格し、翌年『おもいで岬』でレコードデビューを果たしている。

代表曲として『嫁に来ないか』、『ヘッドライト』、『津軽恋女』などがあるほか、自ら作詞・作曲し、二〇一二年一一月に発売された『ふるさとは今もかわらず』は、前年に発生した東日本大震災からの復興を祈念した合唱曲であり、母校大船渡《おおふなと》市立第一中学校の生徒たちを含むコーラス隊とともにレコーディングされた。

☆「た」か「だ」か

『大雪《だいせつ》よ』のCDには、清音の「たいせつ」ではなく濁音の「だいせつ」と、わざわざルビが振られている。なるほど、大雪山国立公園は「だいせつざん」云々が正式の呼称となっている。この国立公園に固有の動植物にも「ダイセツ」を付けられたものが多く、主なものに「ダイセツオサムシ」や「ダイセツトリカブト」などがある。

しかし、国土地理院発行の地図では「たいせつざん」の呼称が採用されている。旭川市を起点とする国道39号の通称「大雪国道」、同市内の多目的施設「旭川大雪アリーナ」や複合施設「旭川市大雪クリスタルホール」、美瑛町の宿泊施設「大雪青少年の家」なども同じく清音となっている。

ともあれ、「た」か「だ」かといったちっぽけな問題にこだわるのは愚かなことである。『大雪よ』の歌詞も、「ちっぽけな自分にため息こぼれたら君に会いに行こう」ではじまる。「君」とは、大雪山を擬人化した呼び掛けである。この「君」は「北の国の友」であり、しかも「心の友」である。

東川町内のクラフト街道から望む大雪山連峰（写真提供：東川町）

この友は、短い夏を「一心に燃え」、長い冬に「じっと耐える」。夏は「万年雪」が「茜色《あかね》に染まり、冬は「ふきのとう」が「氷の下」で「春のおとずれ」を祈る。さらにこの友は、「疲れた体を投げ出し眠れ」とささやいたり、「時の流れるままにまかせよ」とほほ笑んだりする。歌詞の主人公は、この友に「強く抱きしめてくれ」と願い、「いつも見守ってくれ」と願っている。

☆『大雪よ』と『青い山脈』

新沼謙治がもっとも尊敬している歌手は藤山一郎（一九一一～一九九三）であるそうだ。戦前・戦中・戦後と活躍し、『影を慕いて』や『長崎の鐘』などで知られる、あの国民栄誉賞受賞歌手である。なるほど、新沼の丁寧な楷書のような歌いぶりは、確かに藤山を彷彿とさせる。

藤山といえば、代表曲の一つが、奈良光枝（一九二三～一九七七）と共唱した『青い山脈』、西《さい》條八十《じょうやそ》（54参照）作詞で服部良一（63参照）作曲の、熟年世代なら誰でも知っている歌である。奇しくも『大雪よ』とは「山」つながりで、山脈ないしは山系の景観を、若者たちの心の拠りどころ、若者たちを励ます存在と捉えている点で共通している。

『青い山脈』は、戦後間もない一九四九年に封切られた、今井正（一九一二～一九九一）監督の同名東宝映画の主題歌である。「山脈」の固有名詞は歌詞から分からないし、石坂洋次郎（一九〇〇～一九八六）が著した同名原作小説でも明らかではない。むしろ、このタイトルは、登場する若者たちの連帯を一つの山脈になぞらえたものと受け取れよう。

映画では、その連帯を、原節子（一九二〇～二〇一五）・池部良（一九一八～二〇一〇）・杉葉子（一九二八～二〇一九）・若山セツ子（一九二九～一九八五）たちが見事に演じきった。「青い」には、山脈の色というよりは「青春」の「青」が含意されているのであろう。

『青い山脈』では、山脈に咲く「雪割桜」が夢を呼んだり、背景をなす「バラ色雲」に乙女が憧れたり、山脈の「かがやく嶺」に涙が滲んだり、山間の「みどりの谷」へ行く若者たちに希望の「鐘が鳴」ったりする。それらの歌詞は、戦後間もないころの、「雨にぬれてる焼けあと」からの復興、そして「古い上衣よさようなら」のフレーズが象徴する封建遺制との決別を、高らかに謳い上げたものとなっている。

これに対して『大雪よ《だいせつ》』では、バブル崩壊真っただ中の時期に生きる若者たちに対し、山並が、「ため息」こぼす「疲れた体を投げ出し眠れ」、「時の流れるままにまかせよ」とやさしくささやき、ほほ笑んでいる。

『大雪よ』は、『青い山脈』の一九九〇年代版ともいうべき健全な青春讃歌と捉えるのが本筋かもしれない。とはいえ、「ため息」や「疲れた体」のフレーズは、バブル崩壊当時の若者たちの寄る辺なさの反映、そして「時の流れるままにまかせよ」のフレーズは、時代を開拓する意欲を発揮したくてもできない絶望感の裏返しとも受け取れる。

やがて日本は「失われた一〇年」に突入し、それはリーマンショック（二〇〇八年）や東日本大震災（二〇一一年）の影響で「二〇年」になり、「三〇年」になり、そして今や、新型コロナウイルス感染症流行（二〇二〇年以降）の影響で「四〇年」になろうとしている。

50 『おんなの石北線』（瀬川瑛子）

☆石北線と石北本線

旭川市の新旭川駅から、北見市の北見駅を経て網走市の網走駅までを結ぶＪＲ北海道の路線が石北本線である。名称上の起点は新旭川駅であるが、実際は二つ西寄りの旭川駅を起点に運転されている。営業距離は約二三四キロメートル。歴史的に見ると、一九一五年に全通した遠軽《えんがる》駅・野付牛《のつけうし》（現・北見）駅間の湧別《ゆうべつ》線と、一九三二年に全通した新旭川駅・遠軽駅間の石北線とが統合されて石北線となり、さらに一九六一年に網走本線の北見駅・網走駅間が統合されて石北本線となった。しかし現在では、「石北線」という呼称が石北本線の通称として使われることが多い。

石北本線を走る特急オホーツク２号
©ノレク

ここでは、池田充男作詞・弦《げん》哲也作曲の演歌『おんなの石北線』を取り上げたい。池田については35『呼《よび》人《と》駅《えき》』（坂本冬美）で、弦については17『釧路湿原』（水森かおり）でそれぞれ触れている。

歌唱は瀬川瑛子、歌い方も話し方も「おっとり」という副詞がぴったりの個性的な歌手である。大柄の体躯、鼻にかかったアルトの太い声、目鼻立ちのくっきりした容貌と相まって、失礼ながら「あやしい」という形容詞がよくあてはまる歌手である。これは「怪しい」とも「妖しい」とも書ける。

函館市の出身で、『上州鴉』などのヒット曲がある往年の歌手が瀬川伸（一九一六〜二〇〇四）だが、瑛子は彼の次女として一九四七年に東京で生まれ、一九六七年に歌手デビューした。一九七〇年に『長崎の夜はむらさき』がヒットしたあと、苦節十数年を経て、一途な夫婦愛を描いた『命くれない』（一九八六年）が大ヒットしたことはご存じだろう。ここで取り上げる『おんなの石北線』は、二〇〇四年一〇月に発売されたＣＤシングル『かさね酒』のカップリング曲である。

☆天人峡《てんにんきょう》温泉での不倫

『おんなの石北線』の物語は、いわくありげな中年男女が、「運命《さだめ》のいたずら」か、「いまごろ結ばれ」たことにはじまる。舞台は、大雪山国立公園の一角を占める「湯の香ただよう天人峡」温泉である。二人はここで、一夜の逢瀬《おうせ》を楽しんだ。「罪というならそれもいい」とあるから、明らかに不倫である。何とも怪しく、妖しい余韻を、石北線で戻る女性の立場から描いた歌である。一番から三番まで、文字どおり末尾はすべて「あゝ／おんなのおんなの／石北線」で終わる。

天人峡温泉は、旭川市の東に隣接する上川郡東川町の忠別川沿いにあり、「柱状節理《ちゅうじょうせつり》」という、規則性のある割れ目をもつ地質構造を特徴とする深い渓谷の底に位置している。ナトリウム・カルシウム・マグネシウム・硫酸塩・炭酸水素塩などが溶けこみ、湯は黄褐色を呈している。大雪山への登山拠点の一つとなっており、温泉街はその西麓にあるが、この歌が発表された二〇〇四年当時には四軒あったホテル・旅館が、現在では一軒のみとなってしまった。

温泉街の近くには、一九九〇年に「日本の滝百選」の一つに選ばれた、落差二七〇メートルの「羽衣の滝」がある。透明感のある薄手の生地を思わせるこの呼称は、詩人・歌

（上）天人峡温泉唯一の旅館「御やど　しきしま荘」（右）忠別川沿いにある柱状節理
（写真提供：東川町）

人・随筆家・評論家として著名な大町桂月《おおまちけいげつ》（一八六九～一九二五）によって一九一八年に命名された。羽衣といえば「天女」との連想からであろうが、一九三六年になって温泉の名称が「天人峡」と定まった。

『おんなの石北線』では、この天人峡で「夢の間」の逢瀬を楽しんだ二人が、翌日の夕刻あるいは夜、男は列車で札幌へ、女はその反対方向の遠軽へ同じく列車で帰ってゆく。「しぐれて遥か雪模様」とあるので、季節は晩秋から初冬にかけてである。遠くの山々は、すでに雪景色となっている。

二人の乗車駅名は歌詞に出てこないが、交通の便を考えると、乗車した駅は、同温泉から車で一時間ほどを要するJR旭川駅以外に考えられない。温泉から忠別湖・忠別川沿いに二〇キロほど進むと東川町の中心部に至り、さらに一〇キロほど進むと旭川駅に着く。

滝見台から見る羽衣の滝（写真提供：東川町）

女は、旭川駅から石北線の「網走ゆき」に乗り、「五分おくれ」の列車に乗るはずの男を残して「となり合わせのホーム」から去る。遠軽までは二時間ほどの旅である。女は車中で回想にふける。「二度と逢わない」約束ながら、彼女は未練を捨てきれない。「あなたの面影を窓辺に座らせ」、「せめてふたりでまぼろしの／旅をこのままつづけたい」彼女。「闇をひき裂く」列車の「汽笛」の音が悲しみを誘い、「北斗の星」も涙目には「揺れて」見える。

☆スイッチバックの遠軽駅《えんがるえき》

ヒロインが戻る遠軽町はオホーツク管内の紋別郡にある。この歌が発表された二〇〇四年当時の遠軽町は小さな町であった。翌年、生田原《いくたはら》町・丸瀬布《まるせっぷ》町・白滝村と対等合併して大きくなったが、合併以前でも、遠軽駅は特急を含むすべての旅客列車が停車する、沿線では比較的大きな駅であった。しかも、ここは北海道では数少ないスイッチバックの駅として知られてきた。

スイッチバックとは、ある方向から反対方向へと鋭角的に進行方向を転換する線路である。また、そうした設備を走行する運転行為も「スイッチバック」と呼ばれている。遠軽駅で停車したあと、列車は前後を入れ替えて出発する。このとき乗客は、ほぼ一斉に座席を一八〇度回転させるが、これが遠軽駅の風物詩となっている。

女が遠軽駅で下車するというのは、せめてもの救いである。さらに網走寄りの駅まで行くとなると、列車は遠軽駅を発車した直後、

遠軽駅のホーム　©ミスター0124

スイッチバックのために旭川方面に戻るような感じになる。心までもスイッチバック状態となって、未練がさらに刺激されてしまうかもしれない。

一方、女が遠軽《えんがる》に向けて石北線で旭川駅を去った五分後、男のほうは、函館本線で札幌へと戻る。「おんなの石北線」は、同時刻に「おとこの函館本線」である。女が去ったあとの「五分おくれ」なら、駅で未練に浸る余裕はないだろう。また、札幌まで線路は淡々と延び、幸か不幸か、車内で未練が強まるという余地も少ないであろう。

もっとも、鉄路が真っすぐであろうと極端に紆余曲折があろうと、鉄路ならぬ人生行路においては、不倫は避けて通るに越したことはない。「あやしい」魅力が漂う瀬川瑛子ではあっても、彼女には、不倫の歌よりは一途な夫婦愛の歌のほうが似合っている。「いまごろ結ばれた／運命のいたずらか」と聴かされるよりは、「生まれる前から／結ばれていた／そんな気がする／紅の糸」（北原じゅん作詞『命くれない』）と聴かされるほうが、少なくとも私には心地よい。

51 『石北本線』（多岐川舞子）

☆路線曲あれこれ

鉄道路線をタイトルにした歌謡曲はたくさんある。この種の歌には、当然ながら、沿線の景観、名所・旧跡、名物・特産品が織りこまれることが多い。たとえば、山川豊の『函館本線』には「窓の向こうは石狩平野」とあるし、水森かおり（17参照）の『五能線』には「窓いっぱいに日本海」とある。さらに、あさみちゆき（36参照）の『井の頭線』には具体的な駅名「永福町」と「下北沢」が登場するし、狩人の『磐越西線』には、名所「磐梯山」、「猪苗代湖」や、「郡山」、「越後」、「会津」、「喜多方」が登場する。

もっと言えば、角川博の『日豊本線』に至っては、観光案内よろしく「小倉」、「豊前」、「中津」、「宇佐」、「別府」、「大分」、「臼杵」、「津久見」、「日向」、「宮崎」、「都城」と、駅名・地名のオンパレードとなっている。逆に、西島三重子の『池上線』のように、線名以外に固有名詞がまったく登場しないという歌もあるが、これはこれでまた一興である。

ここで取り上げる『石北本線』は、後述するように、歌詞の趣が以上のいずれとも異なる摩訶不思議な歌となっている。歌ったのは、一九六九年、京都生まれの多岐川舞子。高校在学中にNHK「勝ち抜き歌謡天国」で優勝したことが縁で作曲家の市川昭介（41参照）に師事し、卒業後の一九八九年に『男灘』でデビューを果たし、それ以来、実力派の演歌歌手として活躍している。『石北本線』は、二〇〇八年九月、デビュー二〇周年記念の一曲として発売されたものである。

作詞したのは、一九六四年、長野県生まれのかず翼。『石北本線』のほかにも、『出雲雨情』や『伊万里のおんな』など多岐川の持ち歌の多くを作詞しているほか、氷川きよし（33参照）のアルバム曲なども手掛けている。

一方、作曲は一九四八年に佐賀県に生まれた徳久広司。一九七一年、小林亜星（一九三二〜二〇二一）に師事し、一九七五年、小林亜星が主演したTBS系ドラマ『寺内貫太郎一家』の挿入歌『北へ帰ろう』で歌手デビューをしたのち作曲家に転身している。代表作には、美空ひばり（38参照）が歌った『おまえに惚れた』を筆頭に、『そんな女のひとりごと』（増位山太志郎《たいしろう》）、『ノラ』（門倉有希《ゆき》）、『蜩』（長山洋子）、『花のワルツ』（藤あや子）などのヒット曲がある。

☆優佳良織と神居古潭

石北本線は、50『おんなの石北線』のところでも述べたように、旭川市の新旭川駅から網走市の網走駅までの約二三四キロを結んでいる路線だ。「石」狩方面と「北」見方面を結ぶ路線であることからこの名がある。新旭川駅が起点であるが、すべての列車がその西にある旭川四条駅、さらにその西の旭川駅まで乗り入れており、特急列車の一部は札幌駅までの運行となっている。

さて、『石北本線』は、別れた男への未練を断ち切るためにヒロインがこの路線を旅するという設定の曲であるが、登場する固有名詞は「石北本線」と、特産物の「優佳良織《ゆうからおり》」および名所「神居古潭《かむいこたん》」しかない。

優佳良織は一番の歌詞に登場する。これはウールを主素材とする織物工芸品で、旭川の染織作家の木内綾《あや》（一九二四〜二〇〇六）が生み出し、一九六二年に工房を発足させている。むろん、「ゆうから」の発音はアイヌの叙事詩から来ているが、漢字表記の命名者は版画家の棟方志功（一九〇三〜一九七五）である。

色の多さが特徴で、一つの作品に二〇〇色以上が織りこまれている。杉綾《すぎあや》織・浮《うき》織・平《ひら》織・裂《さき》織などといった多様な技術を駆使して複雑な紋様が表現されているほか、紡ぎ・染め・織りなどの工程がすべて手作業で行われてきた。洋服・和服・バッグ・ストール・座布団などと作品の幅は広い。

ちなみに、私が長らく勤務してきた旭川医科大学では、一九九八年に竣工した看護学科棟の大講義室（約二五〇名収容可）の固定式の各座席に、この優佳良織の薄い座布団が埋めこまれており、学生たちの腰の負担の軽減に役立っている。

長年にわたってこれらを展示販売してきたのが、旭川市内にある「優佳良織工芸館」である。木内綾とその教え子によって精力的に制作されてきたが、二〇〇六年に木内が没したあとは急速に

優佳良織工芸館　住所：〒070-8028
旭川市南が丘３-１-１

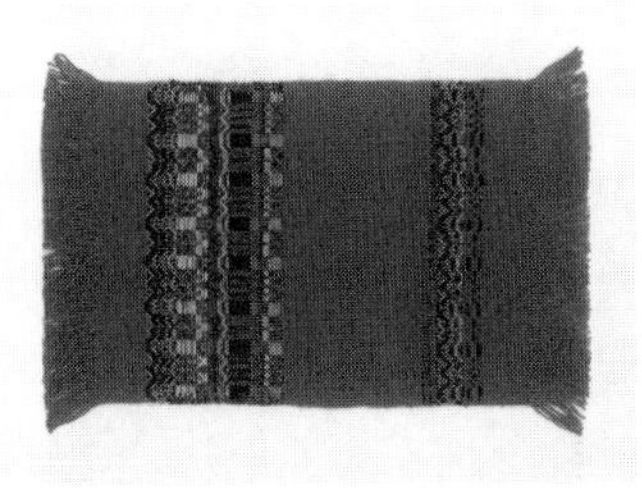

優佳良織のテーブルセンター

衰退し、工芸館も二〇一六年末に休館の憂き目にあって存続が危ぶまれる事態となった。しかし、二〇二一年八月になって、地元の有力三企業が同工芸館を共同取得し、その後、優佳良織《ゆうからおり》の伝統を活かした形での起死回生が模索され続けている。

工芸館の所在地は旭川市南が丘三丁目であるから、石北本線ではなく函館本線の沿線である。石北本線の最西端となる新旭川駅から工芸館へは、さらに西方へ直線距離にして五キロ、函館本線の最東端の旭川駅からでも四キロはある。

一方、神居古潭《かむいこたん》は二番の歌詞に登場する。石狩川の急流を望む景勝地として有名なところである。アイヌ語で「神の棲む場所」を指す「カムイコタン」を音意訳したもので、川の最深部は七〇メートルにも達する。水上交通に依存し

旭川市神居古潭の石狩川に架かる神居大橋　©タキソー

ていたアイヌにとって、ここは最大の難所で、無事に通過することを神に祈ったことからこの名があるらしい。

一八九八（明治三一）年、川の北岸に沿って函館本線が開通し、一九〇一年に神居古潭駅（当初は簡易停車場）が設置された。それに伴って、対岸の集落との間に初めて橋が架けられた。一九六九（昭和四四）年、函館本線の線形改良によってこの駅は廃止されており、現在は旧線跡がサイクリングロードとなり、復元された駅舎が休憩所として利用されている。なお、この旧駅舎は旭川市指定有形文化財となっている。

このように、神居古潭も石北本線の沿線ではなく函館本線の沿線にある。旭川駅から歌詞にある神居古潭の「橋の上」までは、西方へ直線距離にして一〇キロ以上もある。

☆石北本線の名こそ奇妙

要するに、『石北本線』には沿線の景観などは読みこまれておらず、沿線にはない名所や特産物が堂々と登場しているのだ。この曲を、まともなご当地ソングと認知してよいのかといったご批判もあろうが、以下の理由で私には捨てがたい歌である。

そもそも、石北峠や石北本線の「石北」は、旧国名の石狩国と北見国から一字ずつをとって命名されたものである。石狩国は、現在の石狩振興局管内の大部分のみならず、空知《そらち》総合振興局管内の全域と上川総合振興局管内の大部分、さらには、現在では後志《しりべし》総合振興局管内に属する小樽市の一部までをも含む、広大な領域を有していた（「もくじ」扉の地図参照）。

　現在の旭川市は、昔の石狩国のかなり北寄りに位置する。石北「峠」なら両国の境界、いわば「点」なので領域全体はあまり気にしなくてよいが、石北「本線」は鉄道路線、文字どおり「線」なので、新旭川駅以東だけの路線を指して「石北」と呼ぶのはかなりの不当表示となる。明治時代に函館から旭川までの幹線が「函館本線」と命名され、結果的にそのあおりを受けたような形で石北本線の名は、本来の「石北」の東寄りの部分だけに限局《げんきょく》されてしまったわけである。

　札幌駅から旭川駅を経て網走駅に至る長い路線を「石北本線」と呼んだほうが地理的にはしっくりする。前述したように、一部の特急列車は札幌―網走間を直通で走っているのだ。石北本線をこのように命名し直すなら、そこを南西から北東へと旅をしてきたヒロインが、そのほぼ中間地点である旭川駅で降りて、名所や特産品に触れて心の傷を癒すというのは、演歌として絵になる。

　作詞者のかず翼のねらいが何だったのかという詮索はさておき、結果的にこの『石北本線』は、私にとって鉄路名の当否を考え直すきっかけを与えてくれた歌となった。それゆえ、捨てがたいのである。むろん、メロディーや多岐川舞子の歌唱力も捨てがたい。

52 『旭川の女』（藤 圭子）

☆ご当地ヒットのない旭川

札幌には遠く及ばないものの、北海道で二番目に人口の多い自治体が旭川市である。三位が函館市で、四位は苫小牧市、五位は帯広市、以下、釧路市、江別市と続く。

しかし、ヒットご当地ソングとなると、札幌・函館・釧路には62『恋の町札幌』（石原裕次郎）、1『函館の女』（北島三郎）、18『釧路の駅でさようなら』（三浦洸一）などがあるほか、人口が旭川の三分の一ほどにすぎない小樽市にも70『小樽のひとよ』（鶴岡雅義と東京ロマンチカ）などがあるが、旭川市の場合、皆無と言っても過言でない。

有名歌手による旭川の歌で、しかもレコードA面曲といえば、浜口庫之助（62参照）が作詞・作曲し、細川たかしが歌った『旭川恋の町』（一九八四年）くらいしか思い浮かばないし、残念なことに、この曲はヒットしなかった。人口の割に、なぜ旭川市にはヒットご当地ソングがないのかに関する理由を考えてみた。

❶旭川は仮名書きすると五文字で、母音は五つだから五音節。釧路・小樽の三文字三音節、札幌の四文字三音節、函館の四文字四音節に比べて長い。したがって、歌詞にはめこみにくい。

表　人口が多い市ベスト5

順位	市名	人口（人）	所管振興局
1	札幌市	1,960,668	石狩振興局
2	旭川市	327,960	上川総合振興局
3	函館市	248,106	渡島総合振興局
4	苫小牧市	169,528	胆振総合振興局
5	帯広市	165,047	十勝総合振興局

（注）北海道の全人口は5,183,687人（2022年1月時点）

❷函館・釧路・小樽などといった海沿いの町には、一般的に絵画的な情緒がある。「ここは北国しぶきもこおる」（『函館の女』）、「霧笛の音も泣くような」（『釧路の駅でさようなら』）、「二人で歩いた塩谷《しおや》の浜辺」（『小樽のひとよ』）など、いずれも情景を想起しやすい。これに対して旭川は、完全な内陸のために絵になりにくい。

❸旭川には雪深い極寒の地というイメージがある。明治期に記録されたものであるが、郊外の江丹別《えたんべつ》の氷点下四一度が日本観測史上の最低気温であり、否応なくイメージが暗い。

❹旭川は風情ある固有名詞に乏しい。「川のまち」とされるが、あいにくと風情ある名の橋は少ない。東京浅草の言問《こととい》橋、西早稲田の面影橋（近くに本書の出版社がある）、新潟の万代橋、釧路の幣舞《ぬさまい》橋などと違って、旭川の旭橋ではあまりにも当たり前すぎる。盛り場なら、札幌の「すすきの」、金沢の「香林坊」、岐阜の「柳ケ瀬」、鹿児島の「天文館」などは、響きも文字も旅情を誘う。一方、旭川の「三六《さんろく》」（三条六丁目）

は数字だけで何とも色気がない。発音を聴いただけでは「山麓」と間違えてしまう。

旭川市民の一人でもある私にとっては、このように何とも寂しいかぎりである。

☆佳品『旭川の女』

しかし、旭川にも、ヒット曲ではないが「佳品」と称すべき曲が存在する。その典型とも言えるのが、藤圭子が歌った『旭川の女』である。一九七一年三月に発売されたLP『さいはての女』に収録されている一曲だが、彼女が旭川で育ったことから企画された作品と言える。ヒットした『さいはての女』はその一か月前に発売されている。固有名詞は登場しないが、ここから同じ作詞・作曲者コンビが派生させてご当地ソング化したと見なせるのが『旭川の女』である。

作詞は、圭子の「育ての親」と称すべき石坂まさを（一九四一～二〇一三）。東京都新宿区に生まれた石坂は、少年期から病弱で、同人誌に投稿しながらチャンスをうかがい、一九六一年に念願のプロの作詞家となった。

宇多田ヒカルの母親としても知られる藤圭子は、一九五一年に岩手県一関市に生まれ、前述したように旭川市で育った。小学五年生のころから、浪曲師の両親に同行するといった興業生活を送り、自らも歌ったという。そして、中学三年生のときに岩見沢市の歌謡大会で北島三郎の 1

『函館の女』を歌って作曲家の八洲秀章《やしまひであき》（45参照）に見いだされ、やがて上京したが芽が出ず、ギターを抱えて盛り場で「流し」を稼業としていた。

　そんな圭子が、一九六八年秋の某夜、新宿区に住む、まだ無名の石坂を訪れた。ギターを弾きながら菊池章子（一九二四～二〇〇二）の『星の流れに』とエト邦枝《くにえだ》（一九一六～一九八七）の『カスバの女』を披露した。その数日後、どんなことをしてでも彼女を歌手にしようと石坂は心に決めた（石坂まさを『きずな　藤圭子と私』文藝春秋社、一九九九年参照）。

　ちなみに、レコード業界を舞台にした五木寛之の小説『艶歌』（一九六六年）に眉《まゆ》京子という新人歌手が登場するが、藤圭子プロモーション戦略のいわば雛型には眉京子があったという（輪島裕介『創られた「日本の心」神話――「演歌」をめぐる戦後大衆音楽史』光文社、二〇一〇年参照）。作中に描かれているディレクターの、「流行歌手というものは、生きてることの哀しみを心の底にたたえていなくてはならない（中略）。この新人には、それがある」という評言は、いかにも藤圭子を彷彿とさせる。

　一九六九年、石坂が作詞・作曲したデビュー曲の『新宿の女』が大ヒット。その後も、彼は圭子のプロデューサー兼作詞家として精力的に活動した。作詞した『女のブルース』、『圭子の夢は夜ひらく』や、詞・曲の双方を手掛けた『命預けます』はいずれも大ヒットとなった。これらのほかにも、『浮世絵の街』（内田あかり）、『冬の花』（鮎川いずみ）、『おしどり』、『べにばな』（ともに五木ひろし）などといった作品がある。

『旭川の女』を作曲したのは、一九三三年生まれの、帯広市出身の彩木雅夫である。一九五六年に北海学園大学を卒業し、一九六六年に作曲家デビューを果たしているが、それ以外の顔も凄い。北海道放送ディレクターやエフエム北海道取締役などを歴任している。代表作には、『花と蝶』、『年上の女』（ともに森進一）、『長崎は今日も雨だった』（内山田洋とクール・ファイブ）、『なみだの操』（殿さまキングス）など、みなさんがよくご存じの曲が多い。

☆暗さの極み『旭川の女』

『旭川の女』は、『新宿の女』や『さいはての女』などと同じく、夜の酒場に生きる女の実らぬ恋と未練を、ドスの効いたハスキーボイスで唄いあげた、閉塞感の漂う陰鬱な曲である。「どうにもならぬ」、「つらい」、「いたみ」、「うずく」、「あきらめ」などといった暗いフレーズが並び、一番から三番までに共通する末尾は「ああ夢に泣く泣く旭川の女」である。登場する固有名詞は、「旭川」、「三条六丁目（さんろく）」、そして「旭橋」のみである。

曲調が暗く、固有名詞に色気がない。ヒットしそうにない要素にあふれている曲だが、いかにも藤圭子らしい「怨歌」である。彼女のイメージを最大限に生かし、暗さに徹し、いわば暗さを生かしてできた曲である。この曲が旭川市のイメージアップに貢献したとは言いがたいが、逆に、当時の旭川が彼女のイメージを補強したと言えるかもしれない。

それにしても、「しん・じゅ・く」と違って「あ・さ・ひ・か・わ」は長すぎて間延びがする。さすがの彼女も、歌いにくそうであった。

藤圭子は、一九七九年に事実上の引退をしている。作家沢木耕太郎が同年に圭子と行った対談を収めた『流星ひとつ』（新潮社、二〇一三年）を読むと、彼女の心の闇が垣間見えてくる。その心情を知りたい方は、ぜひご一読を。

石坂まさをと藤圭子は、二〇一三年、相次いでこの世を去った。前者は持病、後者は自裁。

53 『富良野にて』（杉尾聖二）

☆北海道の「へそ」富良野市

富良野といえば、狭義には北海道中央部の自治体である富良野市を指すわけだが、広義には、同市をほぼ中央にした富良野盆地一帯にわたる地域の通称となっている。富良野盆地は、東は十勝岳、西は幌内山地や夕張山地、南は金山峠、北は美瑛町付近の丘陵地に囲まれている。「富良野」の名を冠する自治体には、富良野市のほか、上富良野町・中富良野町・南富良野町があり、これら四市町は、一九〇三年までは「富良野村」という一つの自治体であった。

ここで取り上げる歌は、その名もずばり『富良野にて』であるが、舞台は狭義の富良野、つまり富良野市である。歌ったのは、同市出身の杉尾聖二（一九五九年生まれ）である。

富良野市は、面積約六〇〇平方キロメートル、人口は約二万人（二〇二三年二月現在）で、市域の約七割を山林が占めている。富良野の名は、アイヌ語の「フラヌイ」（臭いをもつ所）が転訛したという説が有力で、十勝岳を水源とする富良野川が硫黄の臭気を含むことに由来するらしい。地域・全日本・世界の各レベルのスキー競技会の開催地としてよく知られている。

毎年七月下旬に開催される「北海へそ祭り」などを通して、北海道の地理的中心をアピールしてきた。ここを主な舞台とする倉本聰脚本・田中邦衛（34参照）主演のテレビドラマ『北の国から』がフジテレビ系列で放送されはじめたのは一九八一年であり、同年以降、観光客が飛躍的に増加した。

歌唱の杉尾については、2『いさりび鉄道』（浅田あつこ）のところで作曲

北海へそ祭り（写真提供：0167-39-2312　富良野市商工観光課）
2023年は７月28～29日の開催

者として触れたが、一九八二年に五木ひろしの『細雪』の歌唱を競う全国大会で優勝するなどしたあと、一九九一年にCDデビューを果たしている。それ以降、北海道を中心に歌手やラジオパーソナリティーとして地道に活動する傍ら、作詞や作曲もこなし、浅田のほか水田竜子（73参照）などにも作品を提供してきた。

『富良野にて』は、二〇〇九年九月に発売されたシングルCD『浜茄子《はまなす》』のカップリング曲で、「フォーク調演歌」あるいは「演歌調フォーク」という形容が当てはまる。杉尾の声質や歌唱法は、どこか谷村新司を思わせる。

作詞・作曲は一九五八年生まれの駒峰守《こまみねまもる》。楽器製作所勤務などを経て、作曲家の茅大介・伊戸のりお父子に認められ、作詞家として活動しはじめた。代表作として、漫才コンビの今いくよ・くるよが歌った『ほほほの穂』があるが、これは関西人以外にはほとんど知られていないマニアックな歌である。なお、コミュニティFM局である「株式会社さっぽろ村ラジオ」の代表取締役なども歴任していることを補足しておこう。

☆キーワードは三つ

富良野市を象徴するキーワードとして歌詞に登場するのは、「麓郷《ろくごう》の森」、「樹海」、「空知《そらち》の川」の三つである。

「麓郷の森」は、一九八四年にオープンした富良野市東麓郷にある観光拠点で、ドラマ『北の国から』で使われたロケセットが中核をなしている。「黒板《くろいた》五郎の丸太小屋」は、同ドラマのなかで、田中邦衛扮する五郎と、その子の吉岡秀隆扮する純と、中嶋朋子扮する螢とが力を合わせて建てた住居である。この森には、風力発電装置のある「五郎三番目の家」、さらには「森の写真館」、「彩《いろどり》の大地館」、「森の広場」などが点在する。

二つ目の「樹海」は、富良野市の南部、旧東山村の一帯にあたり、東京大学大学院農学生命科学研究科に附属する演習林となっている。面積は二万ヘクタール以上に及び、亜寒帯性の樹齢数百年の大木が立ち並び、原始の面影を残している。低地ではヤチダモ（11・54参照）、ハルニレ、ケヤマハンノキ、ヤナギ類を主とした樹林が広がり、標高が上がるにつれて、エゾマツ・トドマツ・ダケカンバ、さらにはアカエゾマツを主体とする樹林となり、標高一二五〇メートル以上ともなるとハイマツ群落などの高山植生となる。

最後の「空知の川」、すなわち空知川は、上川・空知総合振興局管内を一九四キロ余りにわたって流れる石狩川支流

五郎三番目の家　©秋吉の部屋

の一級河川である。同支流のなかでもっとも長く、流域面積ももっとも広い。アイヌ語で「滝が幾重にもかかる川」を意味する「ソー・ラプチ・ペッ」が川名の由来である。

南富良野町北東部の上ホロカメットク山南面を源とし、同町幾寅《いくとら》（59参照）の繁華街を過ぎると金山《かなやま》ダムに流入するが、その周辺は文字どおり砂金の産地である。沿岸で石灰石が採掘される一帯を過ぎると、富良野盆地へ出る。畑地ではメロンやジャガイモの栽培が盛んで、それが徐々に水田へと風景を変えると富良野市内である。

この歌に登場する空知《そらち》川は大自然のなかのそれに限局されているので、市街地に入ったあとの流れについては簡単に触れるにとどめよう。市街地西部を抜けると富良野川と合流し、さらに、かつては炭鉱で知られた芦別・赤平の両市（59参照）を経て石狩平野へ出たあと、滝川・砂川両市の境を流れ、樺戸《かばと》郡《ぐん》新十津川町《しんとつかわちょう》で石狩川（61参照）に合流する。

名称の由来となった空知大滝　©タキソー

☆『富良野にて』鑑賞

歌詞のコンセプトは、少年時代に富良野市の大自然に沈潜《ちんせん》したという主人公の、しみじみとした追憶である。四季の景観に改めて思いをはせつつ、幼い日の初恋の彼女は今「しあわせ」に暮らしているのだろうかと、主人公は感慨をあふれさせる。

一番は冬の景観である。「大雪」山系が雪で白くなるころ、富良野にも「雪虫」が現れ、やがて「初雪」が降る。寒く長い冬を経ないと春は来ない。「富良野は吐息も凍る粉雪の里」である。

二番は春から夏にかけての景観である。「桜」が散ったり、「むらさき」のラベンダーが咲き誇ったり、「麗郷の森」が夕日に染まったりするのを目にするにつけ、幼いころが思い出され、「きみ」は「しあわせ」に暮らしているかと気にかかる。

「富良野は北の国から吹く風もやさしい」とあるが、この文は、「富良野は北の国から／吹く風もやさしい」と切ることも、「富良野は／北の国から吹く風もやさしい」と切ることもできる。前者なら、「富良野はドラマ『北の国から』に象徴される土地であり、春から夏にかけて、ここにはやさしい風が吹き渡る」と解釈できる。一方、後者なら、「春から夏にかけての富良野は、北の国つまりロシアから吹いてくる風さえ、冬場と違ってやさしい」と解釈できる。

そして三番は秋の景観。雨が降るたびに紅葉は鮮やかになり、枯葉が「空知の川」に浮かぶのを見ると初恋の彼女と「樹海の小路」を歩いたことが思い出され、涙が流れてくる。富良野の秋は「星降る」季節でもある。

狭義の富良野であれ、広義の富良野であれ、当地を舞台とする歌はたくさんありそうな感じがするが、実は極めて少ない。『富良野にて』は、癒し系の貴重な一曲である。

54 『狩勝の美少年』（川田孝子）

☆石狩・十勝の分水界

狩勝峠《かりかち》は上川総合振興局管内の南富良野町と十勝総合振興局内の新得町の境界にあり、標高は六四四メートル。西は石狩川水系、東は十勝川水系で、日本海側と太平洋側の分水界である。明治中期に旧石狩国・旧十勝国から一字ずつ取って命名された。

かつては峠付近を鉄路が通り、「狩勝線」と呼ばれていた。狩勝信号場から十勝寄りには狩勝隧道《ずいどう》があり、ここを抜けると雄大な十勝平野が望めることから、「日本三大車窓」の一つとされ、昭和初期には「日本新八景」にも選定されている。

狩勝峠頂上（2007年７月）／画像左側が南富良野方面、右側が新得方面

アイヌの伝説に、この分水界狩勝峠の周辺にまつわる、次のような話がある（更科《さらしな》源藏編著『アイヌ伝説集』所収「石狩川と十勝川」、北書房、一九七一年刊より要約）。

ある年、石狩夕張と十勝幸震《サチナイ》の首長同士の間に争いが起こった。シラチッカという夕張の少年がオベリベリ（今の帯広）の生まれであったことから使いに出され、佐幌岳を越えて幸震に行き、首長と会見してチャランケ（談判）をした。

十勝川と石狩川は同じ源に流れを発する川である。したがって、両川の流域の人々は乳を分けた兄弟ではないか、と彼は説き、両集落の争いは解決した。

ちなみに、佐幌岳は狩勝峠の北に位置しており、標高一〇六〇メートルの頂上にはこの伝説にまつわるチャランケ岩がある。また、幸震は現在の帯広市幸福町にあたり（16参照）、札内川の流域に位置している。

このような東西の分水界であれば、狩勝峠《かりかち》を舞台にした男女の悲しい別れの物語ができても不思議はない。アイヌの伝説にはそれらしきものはないが、後世の創作ならある。前掲の伝説をヒントに創作されたと思われる男女の悲恋物語が、ここで紹介する童謡風の歌謡曲『狩勝の美少年』である。

☆川田孝子が紅白で披露

歌唱は川田孝子（一九三六〜二〇二二）。戦後まもなく童謡歌手として活躍した川田正子（一九三四〜二〇〇六）の妹で、孝子自身も童謡歌手であった。孝子は一九五四年と一九五五年にNHK「紅白歌合戦」に出場しており、一九五五年に『狩勝の美少年』を歌っている。レコードの発売は同年で、翌年には織井茂子（16参照）が歌ったレコードも発売されている。

作曲したのは、十勝の幕別村《まくべつ》（現・幕別町）に生まれた万城目正《まんじょうめただし》（一九〇五〜一九六八）。旧制中学を卒業後に上京し、武蔵野音楽学校（現・武蔵野音楽大学）に学んだ。霧島昇（13参照）が松原操（ミス・コロムビア）と共唱した『旅の夜風』、高峰三枝子（12参照）と共唱した『純情二重奏』、並木路子（一九二一〜二〇〇一）と共唱した『リンゴの唄』、そして美空ひばり（38参照）の『悲しき口笛』や『東京キッド』、島倉千代子（13参照）のデビュー曲である『この世の花』など、映画主題歌を中心にヒット曲が多数ある。どの曲も、戦前生まれの人にとっては懐かしいものばかりである。

作詞したのは、前掲の『旅の夜風』、『純情二重奏』、『この世の花』などでも万城目とコンビを組んだ西條八十《さいじょうやそ》（一八九二～一九七〇）である。東京の出身で、早稲田大学英文科を卒業したのち、児童文芸誌「赤い鳥」などに童謡を多数発表し、のちに大正期を代表する童謡詩人として、北原白秋（一八八五～一九四二）と並び称された人である。

西条八十

一九一九年に詩集『砂金』で詩人の地位を確立し、フランス留学などを経て一九三一年、早稲田大学仏文科教授に就任している。戦後、日本音楽著作権協会会長を務めたほか、歌謡曲の作詞でも活躍している。代表作として、『東京行進曲』（佐藤千夜子）、『蘇州夜曲』（李香蘭）、『誰か故郷を想わざる』（霧島昇）、『青い山脈』（藤山一郎、49参照）、『ゲイシャ・ワルツ』（神楽坂はん子）、『王将』（村田英雄）などがあるが、どの曲も大ヒットをしている。

☆「若い日の乙女のわたし」は誰か

『狩勝の美少年』作詞にあたっては、十勝に土地勘のある万城目が西條八十に何らかの示唆を与えたのであろうか。前述のように、万城目は幕別の出身である。

歌詞は三番まであり、うち一番と三番は、前掲のアイヌ伝説にヒントを得たとおぼしき、石狩の美少年に対する十勝の少女の恋の物語となっている。いかにも東西の分水界を舞台とするにふさわしい悲恋物語である。

――少女は狩勝《かりかち》峠で白牛を連れた美少年に出逢い、恋心を抱いた。しかし少年は去り、雪融け後に黄色いタモの花が咲いても、少女は二度とその少年には逢えなかった。

タモとは、11『北国の慕情』（倍賞千恵子）でも触れたように、北海道に広く分布する落葉広葉樹ヤチダモのことで、弾力性に富むため、野球のバット、ラケット、スキー板などといった運動具の素材として重用されている。雌雄異株の植物で、雄花のほうが目立つ。春になってタモの雄花は咲いたが少年は戻って来ないと、いわば雌花である少女が嘆き悲しんでいる詞と見なすことができる。

ところが、二番の歌詞は、一番・三番から完全に遊離している。二番は、この「痛ましい女《め》の子の恋のロマンス」を「涙で聞いていた若い日の乙女のわたし」が主人公である。「若い日」に聞いた悲しい「ロマンス」を、現時点で「わたし」が回想しているのである。この「わたし」とは誰のことで、誰から「ロマンス」を「涙で聞い」たのか。歌った川田孝子を「わたし」と想定して書かれた詞だと考えるのは不自然である。何しろ、レコードが発売された一九五五年当時、彼女はまだ一九歳で、いまだ「若い日」にあったわけだから。

　では、「わたし」とは誰なのか。私の推理では、西條八十《さいじょうやそ》の娘・嫩子《ふたばこ》（一九一八～一九九〇）である。彼女なら、戦時中の一九四〇年にすでに結婚しており、『狩勝の美少年』発売の一九五五年には三七歳になっている。童謡作家の父から嫩子は、少女期にアイヌ民話や、それをもとに父親が創作した物語を幾度となく聞かされていたのではないか。こう想像するのは容易である。

　とはいえ、この歌詞も、実は創作したのが嫩子なのではないかと私には思われてならない。彼女は、すでに結婚前から詩作をはじめていたし、彼女の処女詩集『後半球』（小山書店新社）が刊行されたのはレコード『狩勝の美少年』が発売された二年後である。まだ無名だった彼女の歌詞を世に出してやりたいと思った八十が、親心を発揮して、父親名義で発表したのではないだろうか。こんなふうに、私は想像を逞しくしているが、何の確証もない。

　レコードの翌年に出版された八十自身の『唄の自叙伝』（生活百科刊行会）をはじめとして、嫩子のエッセイ『父西條八十』（中央公論社、一九七五年）や『父西條八十は私の白鳥だった』（集英社、一九七八年）、彼女が編集した『西條八十歌謡集』（角川文庫、一九七九年）、彼女の弟八束《やつか》の『父・西條八十の横顔』（風媒社、二〇一一年）、傑作評伝と評される吉川潮の『流行歌《はやりうた》　西條八十物語』（新潮社、二〇〇四年）、筒井清忠が著した『西條八十』（中央公論新社、二〇〇五年）にも、手掛かりとなるような記述は見られなかった。

55 『トマム絶唱』（松尾雄史）

☆占冠村トマム

北海道のほぼ中央、上川総合振興局管内の、最南に位置する自治体が勇払《ゆうふつ》郡占冠《しむかっぷ》村である。面積五七〇平方キロメートル余りの九四パーセントが山林で、人口は一四〇〇人余り（二〇二三年二月）となっている。隣接する自治体は夕張市・南富良野町・むかわ町・平取町《びらとりちょう》・日高町である。村をほぼ東西に横切る鉄道がＪＲ石勝線で、千歳市の南千歳駅から夕張市などを経て上川郡新得町の新得駅までを結んでいる。占冠村内では、西に占冠駅、東にトマム駅を擁している。

村は五地区からなり、もっとも東にあるのがトマム地区で、現在はリゾート地として知られている。トマムはアイヌ語で「湿地・泥炭地」を意味し、漢字の当て字は「苫鵡」である。

ここで取り上げるのは、二〇一七年一月に発表された曲で、トマムを舞台とした『トマム絶唱』である。声をかぎりに感情を込めて歌いあげる、「絶唱」の名に恥じない歌唱を披露しているのは松尾雄史《ゆうし》である。一九九一年、長崎県に生まれた松尾は、作曲家の水森英夫に師事し、二〇一二年にレコード会社の創立五〇周年記念新人としてデビューをしている。『トマム絶唱』を作曲したのも水森である。彼については、56『夕張川から』（山内惠介）で触れるほか、73『余市の女』（水田竜子）のところでも改めて触れることにする。

作詞したのは板橋雅弘。漫画原作者・小説家として知られている人物で、一九九一年から二〇〇一年まで、講談社「週刊少年マガジン」にラブコメディー『BOYS BE…』シリーズを連載（イタバシマサヒロ作・玉越博幸画）し、単行本全五八巻は二〇〇〇万部以上の大ベストセラーとなった。これ以外にも漫画原作が多数あるほか、小説として『ジルコニアのきらめき』（ＰＨＰ研究所、一九九一年）などがある。

☆リゾートの昔と今

トマムのリゾート開発は、過疎化が進む占冠村の振興策として北海道開発庁が提言したのを承けて一九八〇年代初頭にはじまった。一九八一年に第三セクター方式での開発が決定され、民間企業ホテルアルファが参画し、同年に石勝線が開通し、石勝高原駅（現トマム駅）が開業した。そして、一九八三年にスキー場やホテルなどが完成し、「アルファリゾート・トマム」が開業した。しかし、その後の開発の歴史は平坦なものではなかった。

一九八四年、国鉄（現ＪＲ）と協力して専用列車やスキーシーズン臨時寝台特急の運行を開始し、翌年、分譲式コンドミニアム完成、その翌年にはゴルフ場も造成した。一九八七年と一九八九年には、山岳地帯に例のない超高層ホテルがオープンするとともに、スキー場も拡張された。

しかし、オーナーの身内が別会社を設立して新たな開発を単独ではじめた一九八九年ころから雲行きが怪しくなった。バブル崩壊直後の一九九四年、その別会社が資金難に陥り、ホテルアルファが経営支援をしたが、一九九七年、北海道拓殖銀行が経営破綻して資金不足に追い打ちがかかり、一九九八年、別会社は自己破産をしている。

世間ではアルファリゾート・トマム本体が経営破綻したとの印象が広まったため、客離れが進行し、占冠村は破産財団から施設を買い取って加森観光という会社へ無償貸与した。一九九九年、同社は村と協定を結び、それに基づいて雇用確保と集客維持に尽力したが、リゾート全体の経営難は解消されず、二〇〇四年にアルファリゾート・トマムの所有施設は売却され、星

星野リゾートトマム　©大野健太郎

野リゾートが設立した子会社の手に移った。ほどなく加森観光は撤退し、二〇〇五年一〇月からは星野リゾートの子会社が単独でリゾート全体を取り仕切っている。

従来、このリゾート地は冬場のスキー客に照準を当てた経営に依存したもので、夏場に赤字が膨らむという悪循環に陥っていた。二〇〇五年、起死回生を雲海に求め、翌年に「雲海テラス」を開設した。展望デッキの拡充などによって観光客が増え、二〇一三年には年間来場者数が一〇万人を突破している。

こうして通年型リゾートへの転換が功を奏し、施設の老朽化にも対処できた。二〇一一年には施設名が「アルファリゾート・トマム」から「星野リゾートトマム」と改称され、その後、中国資本の本格参入などといった紆余曲折を経ながらも今日に及んでいる（以上、ウィキペディア「星野リゾートトマム」などによる）。

☆地元若者の閉塞感を歌に

現在のトマムは、リゾート地として前途に光明も感じるわけだが、外国からの移住者はともかく、村の日本人の人口のほうは減少傾向を続けている。業者や観光客を別にすれば、地元民、とくに若い住民にとっては、前途は不透明で閉塞感もぬぐえない。それを反映してか、『トマム絶唱』の歌詞も暗いものとなっている。

この歌の主人公は、トマム在住の、前途に希望のもてない若いカップルらしい。一番は晩夏、二番は晩秋、三番は冬の情景を歌っている。さらに、最後にハーフの歌詞が続く。

一番で、彼は彼女の髪にラベンダーを挿す。この花は、畑単位であれば壮観であるが、一本だけでは何か物悲しく、香りも淡い。しかも、そのあとの歌詞には「幸福《しあわせ》の駅探してみても錆びた線路に列車は来ない」とある。16『幸福《こうふく》と言う名の駅』のところで触れた、廃線となった広尾線の廃駅となった「幸福駅」を想起させるような歌詞であるが、それとは関係がない。

「列車は来ない」とあるのは、『トマム絶唱』の企画・制作過程の二〇一六年夏、石勝線の一部区間が台風によって不通になったことを踏まえているらしい。この台風で、トマム駅―新得駅(上川郡新得町)の間と、それに接続する根室本線の新得駅―芽室《めむろ》駅(河西郡《かさいぐん》芽室町)の間の六四キロが四か月にもわたって運休を余儀なくされた。一番の最後で二人は、「なにを待つのか」と自問するが、まさに展望のない二人である。

続く二番では、陽は落ち、風が吹く。渡り鳥たちも暖を求めて南を目指す。冬は近い。自分たちの行く末も心細い。「どこへ行こうか」と、二人は先の見通しが立たないために悩む。

そして三番。腕を伸ばしても、むろん星には届かない。星が象徴する希望にも届かない。心も体も寒い。身を寄せ合うが、二人の冬は終わらない。「しばりしばられ」互いを拘束し、「これでいいのか」と問い合う二人。

こうして晩夏・晩秋・冬と、自分たちは「なにを待つのか」、「どこへ行こうか」、「これでいいのか」と煩悶《はんもん》を続け、光明を見いだせないまま最後のハーフの部分に至る。ハーフの部分は、「トマムの春は氷の下でだれを待つのか」である。春が待つのは自分たちでないことだけは確かで、自分たちは春から見捨てられている、と意識する二人。

観光客やリゾート業者ばかりに注目が集まるトマムを、地元若者の閉塞感という視点から描いた、異色の歌謡曲である。占冠村やトマムのイメージアップには決してつながらないが、逆にこういう村だからこそ、興味がそそられるという人もいるだろう。現に、私もその一人である。

第4章

空知《そらち》から石狩・後志《しりべし》を経て檜山《ひやま》へ

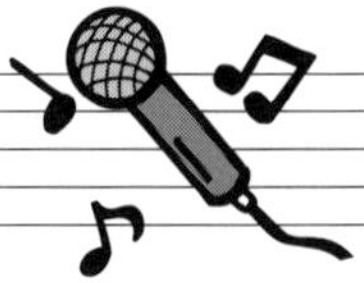

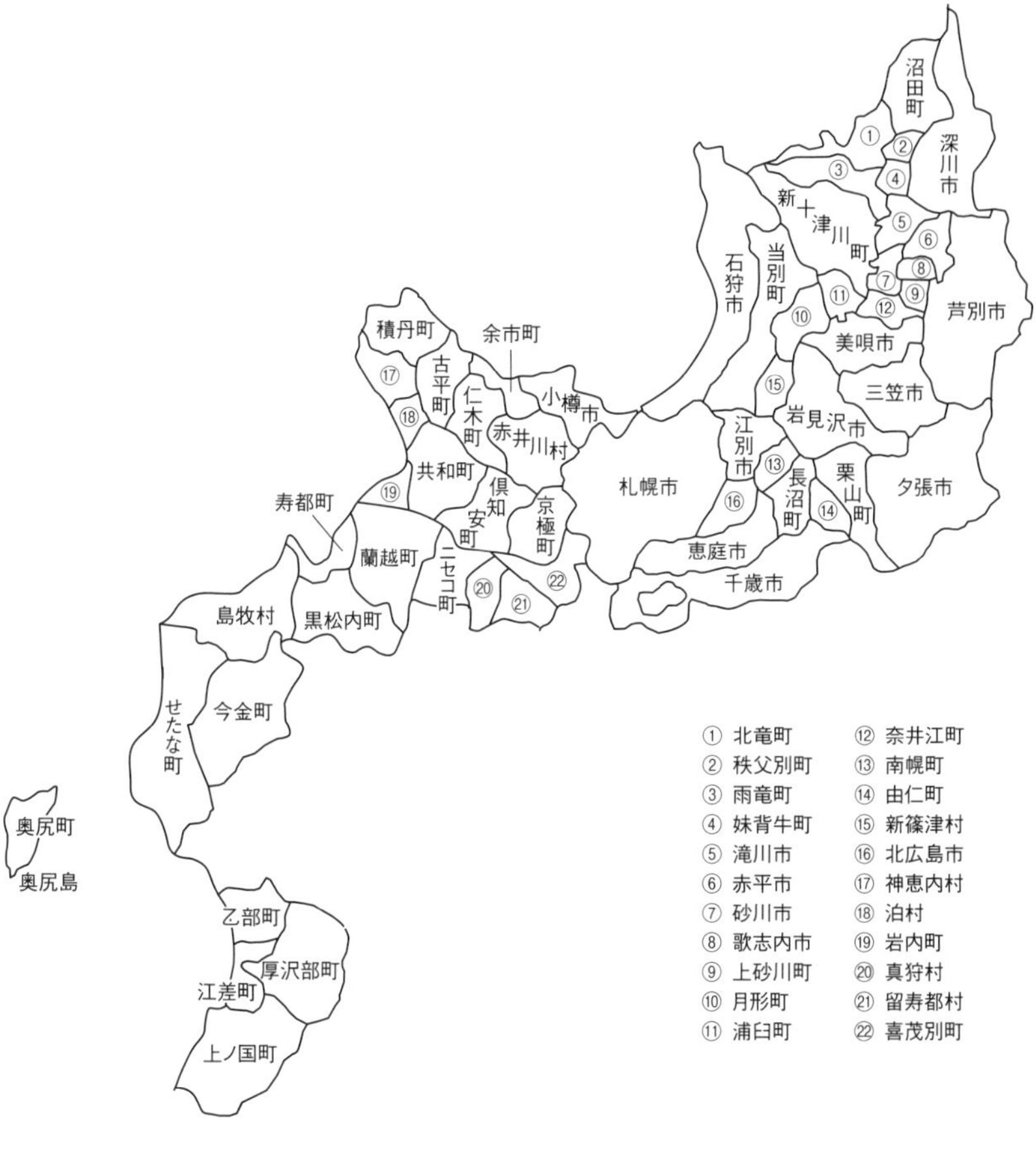

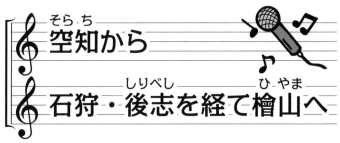

56 『夕張川から』（山内恵介）

☆夕張の繁栄と衰退

夕張市は空知《そらち》総合振興局管内の最南部に位置し、かつては石狩炭田の中心都市として栄え、高度成長期の一九六〇年には約一一万七〇〇〇人もの人口を擁していた。しかし、その後、相次ぐ事故、海外炭との競争、石油へのエネルギー政策転換などに直面し、一九九〇年までにすべての炭鉱が閉山した。やがて市は深刻な財政難に陥って、事実上、財政破綻し、二〇〇七年三月に財政再建団体となった。

若者は都市へ流出し、人口が激減し、急速に少子高齢化が進んだ。二〇二三年二月現在の市の人口は、同じ旧炭鉱都市の歌志内《うたしない》に次いで全国で二番目に少ない約六七〇〇人となっている。ちなみに、人口密度は全国の市で最低である。

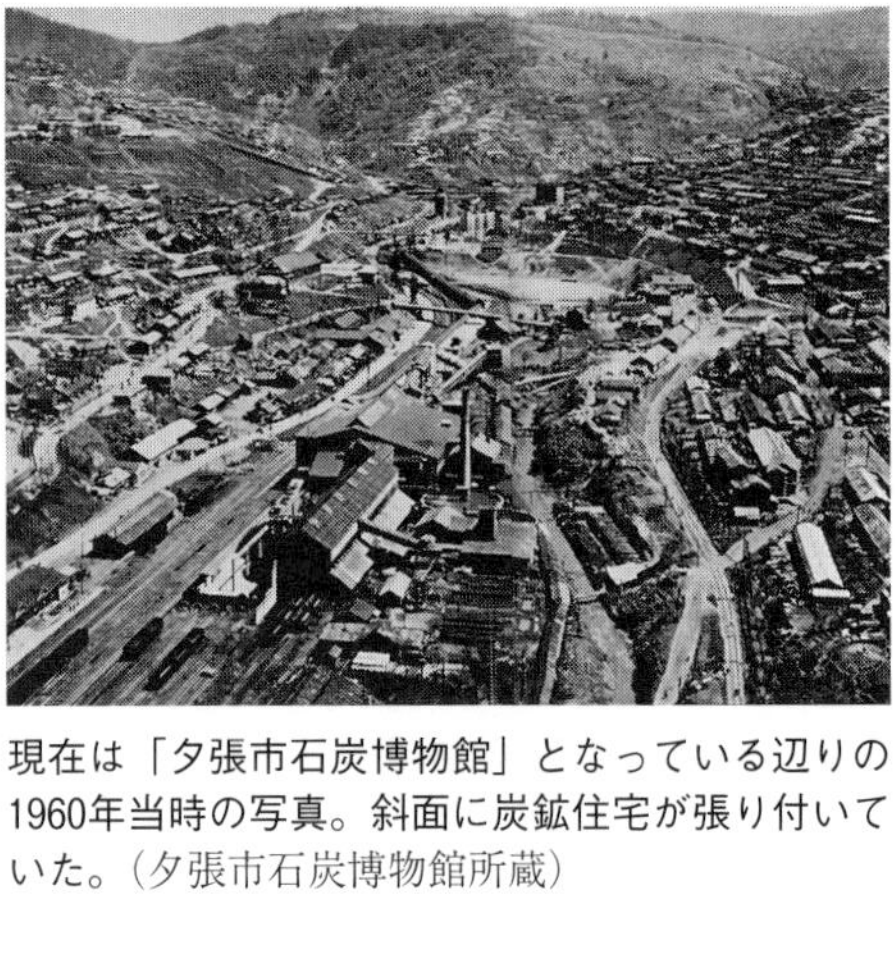

現在は「夕張市石炭博物館」となっている辺りの1960年当時の写真。斜面に炭鉱住宅が張り付いていた。（夕張市石炭博物館所蔵）

市を流れる夕張川は、石狩川支流の一級河川である。市北東の南富良野町との境界に位置する鉢盛山《はちもりやま》（二四四七メートル）に源を発して南西へ流れ、平野部で北西に転じ、夕張市から先は栗山町・由仁町《ゆにちょう》・長沼町・岩見沢市・南幌町《なんぽろちょう》と流れ、江別市東部で石狩川に合流する。夕張市がまだ繁栄していた一九六二年、この川の上流部に、農地灌漑を主目的とした大《おお》夕張ダムが北海道開発局によって建設され、シューパロ湖が出現した。

炭鉱消失の翌年（一九九一年）以降、このダムの直下流に、洪水調節・流水機能維持・灌漑用水確保・水道水確保・発電などといった多目的の夕張シューパロダムの建設が道開発局・国交省・農水省などにより計画され、二〇余年を経て二〇一五年三月に完成している。その結果、かつての大夕張ダムは新しいダム湖に水没してしまい、世界的に珍しい工法による「三弦橋」という名の橋は姿を消した。反面、市には莫大な固定資産税収入などがもたらされ、新たな観光拠点育成の期待も膨らんできた。

ちなみに「シューパロ」とは、アイヌ語で「本当の」を意味する「シ」と、「鉱泉の湧き出る所」を意味し、夕張の語源となった「ユーパロ」との合成語であり、「夕張川本流」を意味する。

シューパロ湖に架かる三弦橋（1999年撮影）
©オオタ張9201

☆学習塾会長の作詞で演歌界ホープの歌唱

もともと山間の炭鉱都市であった夕張は、平坦地が少なく農業には向かないが、現在、再生の一環として、寒暖差を生かした夕張メロンが精力的に栽培されている。また、新ダムのほか、「ゆうばり国際映画祭」や、タレントの田中義剛が社長を務める「花畑牧場」の子会社などを通じて、観光面でも強くアピールされている。そんな夕張再生の応援歌として二〇一五年に発売されたのが、ここで取り上げる『夕張川から』である。

歌ったのは、往時の勢いが衰えてきた演歌界にあって、「演歌再生の星」として期待されている若手実力派の山内惠介である。彼のデビュー一五周年記念のシングルCDは『スポットライト』であるが、これには、カップリング曲の違いによって東盤・西盤・南盤・北盤の四種類があり、そのいずれにも地域色を反映した曲が収められている。北盤のカップリング曲が『夕張川から』である。

一九八三年に生まれた山内は福岡県の出身である。高校生のときにカラオケ大会で作曲家の水森英夫にスカウトされて二〇〇一年にCDデビューを果たしている。代表曲には、『冬枯れのヴィオラ』、『恋の手本』、『スポットライト』のほか、北海道のご当地ソングとなる『風蓮湖』（26参照）や『釧路空港』などがある。

これらをはじめとして、山内の持ち歌のほとんどを作曲したのが水森であり、『夕張川から』

も彼の作曲である。一九四九年に生まれ、栃木県出身の水森は、「敏いとうとハッピー&ブルー」の初期メンバーを務めるなど歌手として活動したのち、一九七七年から作曲に専念するようになった。ほかの代表作には、美川憲一（74参照）が歌った『納沙布《のさっぷ》みれん』のほか、『鳴門海峡』（伍代夏子）などがある。また、門下生として、山内のほかに、氷川きよし（33参照）や森山愛子らがいる。

『夕張川から』の作詞は奥山英明である。一九五二年に道内で生まれ、帯広畜産大学を卒業した奥山は、何と、道内最王手の学習塾チェーンの会長である。彼の事業原点は、国が進めてきた学習内容の「削除」、「削減」、「先送り」、いわゆる「ゆとり教育」に異を唱え、子どもたちの「努力」、「挑戦」、「意欲」を鼓舞し、教育の「再生」を図ることにあった（奥山英明『いつまでさまようのか！日本の教育』ポプラ社、二〇〇二年参照）。

水森と山内は師弟関係、山内と奥山は以前から懇意にしているという。そして、奥山の学習塾チェーンは、夕張市で毎年「夏期合宿」を実施してきた。そんな縁が理由でこの楽曲は誕生している。

奥山は、夕張市の逆境から再生へ向けた取り組みや努力を応援・激励することを目的に『夕張川から』を作詞した（ウェブサイト「月刊私塾界」二〇一五年八月参照）というが、その想いは彼自身の教育再生への想いと表裏一体である。

☆再生を応援する歌詞

『夕張川から』の歌詞は、夕張の歴史と現状と将来展望をふまえ、一番が「繁栄」、二番が「衰退」、三番が「再生」という三部構成になっている。その内容を整理してみよう。

一番――かっての繁栄期には、「黒いダイヤ」つまり石炭に「大地が踊」っていた。「汗と泪《なみだ》」が「男の勲章」であった。

二番――近過去の衰退期に、繁栄期の象徴であった「三弦橋」は新しいダム湖の「湖水に消え」、今は「静かに眠」っている。雨の日の「ズリ山」、つまり炭鉱の捨て石の山が「男の哀愁」を誘う。

三番――今、将来に向けての再生期がはじまった。切り札は、「永久《とわ》に輝」いてほしい「メロン魂」である。再生に向けての「夢と勇気」が「男の甲斐性」である。

このように、一番から三番までがきれいにストーリー展開されている。しかも、各時期を象徴する単語が綿密に選ばれている。「流れ」るものは、順に「川」であり、「時」であり、「風」である。「うつろい」ゆくものは「人」であり、「炭鉱《ヤマ》」であり、「街」である。そして「シューパロ」は、「我が故郷《ふるさと》」、「我が思い出」、「我が出発《たびだち》」とつながり、「夕張川」の「面影」は「愛しい」、「悲しい」、「優しい」と続く。

さすが、児童・生徒に対して教え慣れている塾の先生だけあって、歌詞の構成は緻密である。タイトルを、『夕張川』ではなく『夕張川から』と「から」を付けたのは、夕張川の新しいダムに夕張再生への原点・出発点を見いだし、そのことを強調したかったからであろう。ナイーブな印象の強い山内惠介にしては、異色の、力強い男を感じさせる歌であり、まさに再生への応援歌としてふさわしい。夕張を筆頭とする地域の再生も、教育の再生も、そして演歌の再生も、今や待ったなしの状況である。

57 『幾春別《いくしゅんべつ》の詩《うた》』（倉橋ルイ子）

☆三笠市出身の倉橋ルイ子

三笠市は空知《そらち》総合振興局管内のやや南部に位置している。民謡『北海盆唄』発祥の地であり、中生代白亜紀の地層からアンモナイトの化石が数多く発掘されたことでも知られている。美唄《びばい》・芦別《あしべつ》・岩見沢・夕張市に隣接し、これら各市と同じくかつては炭鉱町として栄え、人口が四万を超えていた時期もあったが、相次ぐ閉山ののちに過疎化が進み、現在では八〇〇〇人にも満たない（二〇二三年二月現在）。

かつては幌内線が走り、岩見沢市の岩見沢駅で函館本線から分岐して三笠市の幾春別駅に至る本線と、同市の三笠駅から分岐し、幌内駅に至る貨物支線からなっていたが、いずれも一九八七年七月に廃線となっている。旧幾春別《いくしゅんべつ》村にあった幾春別駅のあたりは、村内の幾春別・奔別《ぽんべつ》・弥生の各地区が炭鉱で栄えていた。ここを舞台とするブルース系の『幾春別の詩』を本節で取り上げたい。

歌ったのは、一九八一年にデビューした当地出身の倉橋ルイ子（一九五九年生まれ）。レパートリーは主にバラードで、代表曲として『ラストシーンに愛をこめて』（東京音楽祭国内大会審査員特別賞）、『哀しみのバラード』（同世界大会外国審査員団賞）、『そして刹那より哀しく』（フジテレビ系「山村美紗サスペンス」テーマソング）などがある。

『幾春別の詩』は一九八五年九月に自主制作したアルバムに収録されており、別バージョンが一九八六年一二月に発売されたアルバム『SAILING』に収められている。後者のアルバムだけは「倉橋ルイ華」の名を使っている。

かつて東洋一の立坑と謳われた住友奔別炭鉱跡（1971年の閉山）©松岡明芳

二〇一四年四月六日付の「北海道新聞」日曜版に掲載された「歌の風景」という大型コラムに、倉橋へのインタビューに基づく記事が載っている。かつて幾春別に住み、父親は住友奔別炭鉱で発破《はっぱ》管理者として働いていたと書かれている。閉山のときに彼女は小学六年生で、のちに一家で千葉県に引っ越したこと、宇崎竜童（一九四六年生まれ）に作曲を依頼し、できあがったブルース系の曲を聴いて倉橋は、「私の幾春別そのもの」と驚いたこと、レコーディング時には父親への想いが去来して涙があふれたこと、などが語られている。作詞を担ったのは、宇崎の妻である阿木燿子（一九四五年生まれ）であった。

☆宇崎竜童の作曲で阿木燿子の作詞

京都市が出身という宇崎は、作曲家・ロック歌手に加えて、俳優・映画監督としても活躍している。一方、阿木は横浜市の出身で、作詞家に加え、女優・小説家・エッセイストでもある。明治大学で知り合ったこの二人は、一九七一年に結婚した。

阿木が作詞し、宇崎が作曲し、宇崎率いる「ダウン・タウン・ブギウギ・バンド」が歌った『港のヨーコ・ヨコハマ・ヨコスカ』が一九七五年に大ヒットしたことはご存じであろう。その後も、このコンビは次々にヒット曲を送り出している。山口百恵のヒット曲の多くはこのコンビによるものである。『横須賀ストーリー』、『イミテイション・ゴールド』、『プレイバックPart2』、『しなやかに歌って』、『ロックンロール・ウィドウ』などである。そのほかにも、『想い出ぼろぼろ』（内藤やす子）や『愚図』（研ナオコ）などといった作品もある。

幾春別《いくしゅんべつ》の名は、「向こうにある川」を意味するアイヌ語の「イクスンペッ」に由来する。現在の岩見沢市の幌向《ほろむい》方面に住んでいたアイヌたちが、幾春別川を指して使った呼称とされる。古くは「郁春別」の字を当てていたが、明治中期に村が発足した際に「幾春別」と改められた。

作曲の宇崎が倉橋の話から着想を得たのは、この当て字からであった。

「幾つもの春と別れるって書くんだ。分かった。じゃあね」

歌が完成したのは、彼女と会ったほんの数日後であった（前掲新聞記事による）。

『幾春別の詩《うた》』でヒロインは、晩春に久しぶりに訪れた幾春別駅とその周辺から、少女時代の原風景を想起する。このヒロインは、むろん倉橋の投影である。倉橋はこの曲を、ほとんどギター伴奏のみで、ささやくように、つぶやくように、時に消え入りそうな声で歌っている。

一〇分間にわたって歌の世界が展開されるが、その歌唱は終始、他人に分け入る隙を与えない。「今さら想い出を紐といてみても何になる」という自虐的な表現で歌詞ははじまるが、徐々に幾春別の想い出にどっぷりと沈潜《ちんせん》していく。

☆『幾春別の詩』鑑賞

歌詞は六連にわたっているが、順序を無視し、情報量をほぼ維持したうえで、その内容を私なりに散文化すれば以下のようになる。歌詞の情緒感が消失してしまっているが、お許し願いたい。

——久しぶりに訪れた故郷の幾春別に人影は見えない。昔の華やぐ町のざわめきは嘘のように面やつれし、今は廃墟同然となっている。しかし、こんな土地にも季節はめぐり、行く春を惜しみつつ別れ唄を歌っているかのようである。今はもう使われていないトロッコ線路の先には、無邪気に花を摘む少女期の自分の姿が見えてこよう。家並の一角に置き去りにされた自転車の車輪は、風が吹くままに廻り続けている。目を閉じて幼いころの幾春別の原風景を想い起こしつつ、行く春を見送りたい。この風景、セピア色である。

ところで、同じ幾春別を舞台とする演歌に、木下龍太郎（17参照）が作詞し、船村徹（35参照）の作曲で、長山洋子が歌った『幾春別川』がある。二〇〇一年五月に発売された『遠野物語』のカップリング曲である。『幾春別の詩』とは異なり、ヒロインは幾春別の地にずっととどまっている。迎えに来ると約束した男は一向に現れない。彼女は「幾春別川の流れに消えた春幾つ」と嘆く。これ以上は彼を待たない方向で身の振り方を考えてはいるが、未練は捨てきれないようだ。

ともあれ、その歌詞からは、幾春別という土地自体がどのような状況にあるのか、繁栄を続けているのか、寂れてきているのかなど、一切うかがえない。世に数多《あまた》ある演歌のご多分にもれず、この歌でも、不幸なのはあくまでも、個人的な事情を背負ったヒロインただ一人である。

これに対して『幾春別の詩』では、ヒロインは、とうの昔に去った幾春別に久しぶりに帰ってきた。すでにそこは寂れていることを確信しつつ帰ってきた、と見てよい。「幾つもの春と別れ」たのはヒロイン一人だけでなく、幾春別《いくしゅんべつ》という土地全体が「春と別れ」たのだ。より端的には、閉山から久しい地域全体が、華やかな「春」には見捨てられてしまったと言える。不幸なのは特定の誰かれではなく、地域全体なのだ。何度聴いても切なすぎる曲であるが、どういうわけか私は、折に触れて幾春別に行きたくなる。

『幾春別の詩《うた》』が世に出て数年後、三笠市は市立博物館の前にその歌碑を建立した。その除幕式は一九九〇年七月であった。

三笠市立博物館　©DDdeco（日本語版ウィキペディア）

58 『美唄《びばい》の風』（真木柚布子《ゆうこ》）

☆「唄」の付く地名は希少

英語の「ソング」にほぼ対応し「うた」と読ませる漢字にはいくつかあるが、その代表的なものといえば「歌」と「唄」である。

「歌」の付く地名はというと、「和歌山県」、「和歌山市」をはじめとして、香川県の「綾歌郡《あやうた》」、東京都新宿区の「歌舞伎町」、群馬県高崎市の「歌川町《うたがわちょう》」など、全国にそこそこある。北海道にかぎっても、「歌志内《うたしない》市」、天塩郡遠別町「歌越《うたこし》」、寿都《すっつ》郡黒松内《くろまつない》町「歌才《うたさい》」などがある。目にも耳にもよい印象を与える地名ばかりである。

一方、「唄」となると、これが付く地名は極めて少ない。北海道に「美唄市」、同市内に「上美唄町」、「南美唄町」などがあるが、私がほかに確認できたものとしては、青森県上北郡横浜町の「鶏ケ唄《とりがうた》」という地区だけであった。つまり、美唄はそんな希少価値をもつ地名であるうえに、「美しい唄」と書くのだから、これを「うた」にしない手はない。美しい唄がつくれれば、それが即、まち興しにもつながろう。

ここでは、そんな美しい唄である演歌調バラードの『美唄の風』を取り上げたい。

美唄市は、石狩平野東半部をなす空地平野の真っただ中にある、空知《そらち》総合振興局管内の自治体である。かつては炭鉱町として栄え、一九六〇年代には九万人近い人口を擁していたが、過疎化が進んだ現在では二万人弱（二〇二三年四月現在）となっている。

美唄の名はカラス貝を指すアイヌ語に由来するとされ、「ピパイ」（カラス貝・川）あるいは「ピパオイ」（カラス貝・多い・所）から転訛したらしい。漢字の「美唄」は当て字であるが、「唄」

には見事に「貝」が入っている。

『美唄《びばい》の風』を作詞したのは下地亜記子である。彼女については、46『オロロン岬』で触れている。一方、作曲したのは弦《げん》哲也で、彼についても17『釧路湿原』のところで触れている。

歌詞の内容を見ておこう。

主人公は一人称の「私」である。人生にはいろいろ逆境があるが、自分は決して「くじけない」。「心には愛がある」し「歌がある」からであり、「緑の大地に渡る風が涙を優しくぬぐってくれる」からである。そんな大地である「美しい美唄」は「私のふるさと」である。

以上が一番で、二番は一番で歌われた情報を別の表現でなぞっている。

自分の「心には夢がある」し「歌がある」。一番で「緑の大地」と表現された舞台は、二番では「空知《そらち》の平野」と具体化される。「空知の平野に渡る風が明るい未来を運んでくれる」。そして、そんな「美しい美唄」こそ「私のふるさと」であると繰り返されている。

☆女優安武まゆみ

この『美唄の風』の歌唱を担ったのは真木柚布子である。一九五九年生まれという彼女の出身地は、ほかならぬ美唄市。最初は歌手ではなく女優を志していたようで、劇団四季研究所で女優修業をしたこともあるという本格派である。

一九七五年に「安武まゆみ」の芸名でデビューしているが、そのデビュー映画は、一九七六年に公開された、山口百恵主演の東宝『エデンの海』であった。西河克己（一九一八～二〇一〇）が監督したこの映画は、『伊豆の踊子』、『潮騒』、『絶唱』に次ぐ山口百恵の主演の四作目である。先の三作とは異なり、のちに百恵の配偶者となる三浦友和は出演していないが、北林谷栄《たにえ》（一九一一～二〇一〇）・伊藤雄之助（一九一九～一九八〇）・岸田森《しん》（一九三九～一九八二）・樹木希林（一九四三～二〇一八）・和田浩治（一九四四～一九八六）・井上昭文（一九二七～二〇一三）など芸達者が多数顔を揃えている。

安武まゆみの役は、百恵が演ずる奔放な高校生清水巴《ともえ》のクラスメート「橋本エミ」であった。巴は、南條豊が演ずる担任教師の南条先生を慕い、彼も巴を憎からず思う。それに嫉妬したエミたちが巴をいじめにかかるが、そのいじめ仲間を演じたのが、岩井昌子役の浅野温子や宮田和枝役の山本由香利（現・山本ゆか里）であった。

浅野はその後、一九八〇年代後半に『抱きしめたい！』などのトレンディドラマで大ブレイクしたほか、山本も、『暴れん坊将軍』や『水戸黄門』などといったテレビの時代劇を中心に幅広く活躍した。

安武が演ずるエミは、終始、ふてくされたような態度をとり、気だるそうな雰囲気を漂わせていた。若い割には貫禄があるが、この映画では山口百恵の完全な引き立て役になっていた。のみならず、浅野温子や山本由香利の可愛らしさまでをも際立たせてしまうといった損な役どころであった。スーパースターの百恵はもちろんのこと、浅野や山本もこの映画のあとに女優としてますます開花していったわけだが、失礼ながら安武は、結果的に取り残される形となった。

☆歌手真木柚布子

そんな安武まゆみは、三〇歳を迎えた一九八九年、演歌『いのち花』で真木由布子の名で本格的に歌手デビューを果たし、やがて「柚布子」と改名している。現在では、演歌を中心に持ち歌を多数抱えている。ここで紹介する『美唄《びばい》の風』は、二〇一三年九月に発売されたシングルCD『北の浜唄』のカップリング曲である。

人生は「つまずいて転んだり迷子になったり」しながら、「誰もみな傷あとを隠して生きてゆく」が、自分は「泣かないくじけない」。

これらの歌詞は、明らかに作詞者が真木の経歴を踏まえて構築したものである。歌詞の内容は彼女の半生記そのものである。女優として浅野や山本の後塵を拝してしまった真木柚布子自身が投影されている。

女優としては不本意な結果であったが、彼女の心には「愛がある歌がある」。そして、「夢がある歌がある」。歌への愛と、歌によって大成するという夢。これらは、「山」、「川」、「花」、「鳥」、

「空」、「月」、「星」のどれをとっても美しい、美唄の地によって育まれた愛であり、夢なのだ。

一九七〇年代に布施明（22参照）が歌った日本語版『マイ・ウェイ』の歌詞（中島潤訳詞）には、「私には愛する歌があるから／信じたこの道を私は行くだけ／すべては心の決めたままに」とある。これと同じ気持ちを奥ゆかしく表現したのが『美唄の風』と言える。『美唄の風』は、二〇一八年四月に『北の浜唄』から切り離され、こちらをメインにして再発売されている。並々ならぬ熱意が感じられる。

同じく二〇一八年、四か月遅れで、同じ美唄市出身のベテラン演歌歌手、牧村三枝子が『歌一輪』をリリースした。「美唄」という語こそないが「北の大地で産声あげた」とあるほか、「決めたこの道ひとすじに／命をかけた歌一輪」とあって、コンセプトは『美唄の風』とほぼ同じである。狙いは定かでないが、意図的にぶつけた企画であることは明らかだ。

59 『終着…雪の根室線』（秋山涼子）

☆舞台は根室本線最西部

第2章では松原健之が歌った23『花咲線』を取り上げた。花咲線は、根室本線の最東部にあたる釧路―根室駅間のローカル線の愛称である。ここで取り上げるのは、同じ根室本線でも花咲線とは反対方面の、最西部にあたる滝川―新得駅間を走るローカル線を舞台とする『終着…雪の根室線』である。この曲は、二〇二〇年一一月に発売されている。

この曲の作詞は円香乃《まどかきょうの》、作曲は松井義久、歌唱は秋山涼子である。この曲のCDに出逢って、初めて彼らの存在を知った。このトリオの作品には『海峡なみだ雪』などがあること、松井・秋山コンビの作品にご当地ソング『おんな洞爺湖ひとり旅』（たきのえいじ作詞）があること、円は作・編曲家伊戸のりおの配偶者であり、ボイストレーナーとしても活躍していること、これだけが私のもっている情報のほぼすべてである。

まずは、滝川から新得までの「根室線」（あるいは根室本線）の停車駅を自治体名とともに示しておこう。

滝川・東滝川（以上滝川市）・赤平《あかびら》・茂尻《もしり》・平岸《ひらぎし》（以上赤平市）・芦別・上芦別・野花南《のかなん》（以上芦別市）・富良野・布部《ぬのべ》・山部（以上富良野市）・下金山《しもかなやま》・金山・東鹿越《ひがししかごえ》・幾寅《いくとら》・落合（以上空知郡南富良野町）・新得（上川郡新得町）。ただし、東鹿越―新得駅間は、二〇一六年八月の台風被害を受けてからバスによる代行輸送が続き、資金難から復旧工事は行われていない。

歌詞の内容を見てみよう。

ある雪の日にヒロインは、別れた恋人あるいは配偶者への「未練」を強く断ち切って「滝川」発の「最終」列車に乗った。しかし、「愛の名残」はまだ消えていない（以上一番）。

目的地は、男が酔うと話してくれた「古い映画の北の駅」で、彼女はその駅の周辺で「一人でこの先生きる」つもりでいる。そんないわくのある土地で生きると決めた以上、やはり男に対する未練があるようだ。今、列車は芦別市の「野花南《のかなん》」駅に差し掛かった（以上二番）。

「古い映画の北の駅」とは、南富良野町にある「幾寅」駅である。ヒロインは「別れを悔やみはしない」と言い聞かせ、「二度とあなたに戻らない」と決意しているが、その一方で、涙ながらに「夢の破片《かけら》に火を灯」している（以上三番）。

要するに、彼女には未練を捨てる意志がありながらも一縷《いちる》の望みにすがる気持ちがあり、心は絶えず揺れ動いているということだ。アンビヴァレントな女心を素直に描いている歌詞である。

途中駅として野花南駅が選ばれたのは、響きや字面がきれいであったからだろう。なお、幾寅駅は終着駅ではないが、三番に「終着幾寅」と出てくる。その理由は後述することにする。

☆「古い映画」は『鉄道員』

男が話した「古い映画」とは、具体的に何を指しているのか。「北の駅」が幾寅を指す以上、正答は一つしかない。一九九九年六月に公

野花南駅のホーム　©ミスター0124

開された、高倉健（34参照）主演・降旗《ふるはた》康男（一九三四〜二〇一九）監督の『鉄道員（ぽっぽや）』（東映）である。直木賞を受賞した浅田次郎の同名短編小説を大きく膨らませた映画で、主な舞台は、廃線が迫る架空の「幌舞線《ほろまい》」の終着「幌舞駅」。

高倉が扮する主人公は、同駅の駅長を間もなく定年退職するという佐藤乙松。幌舞線が本線から分岐するターミナル駅は、やはり架空の「美寄駅《びよろ》」。幌舞は、かつての炭鉱町という設定である。撮影は、幾寅駅《いくとら》を「幌舞駅」、滝川駅を「美寄駅」に見立てて行われた。原作にも映画にも幌舞線の場所は示されていないが、赤平市と芦別市がいずれもかつて炭鉱町であったという事実と、南富良野町民の並々ならぬ愛情とが相まって、映画公開後、美寄駅は滝川駅、幌舞駅は幾寅駅と、ごく自然に同一視されるようになった。三番の歌詞に「終着幾寅」とあるのも自然な成り行きと言える。

撮影のために木造の幾寅駅舎はレトロ調に改修され、周辺には昭和の風情を醸しだすオープンセットも建てられた。駅前の「だるま食堂」をはじめとしてセットが今も残されており、幾寅駅とその周辺は南富良野町の重要な観光資源となっている。

『終着…雪の根室線』に話を戻そう。男はどうして、酔うとヒロインに話すほど映画『鉄道員』が好きだったのだろうか。ヒロインはどうして、『鉄道員』の舞台の幌舞、すなわち幾寅で残りの人生を送ろうと決めたのだろうか。円香乃《まどかきょうの》がどんな想定で作詞したのかは当然分からない。以下に記すのは、私の勝手な想像である。

男のほうは、当然ながら、主人公乙松の生きざまに惚れこんだのであろう。映画のキャッチコピーにあったように、「一人娘を亡くした日も、愛する妻を亡くした日も」、「男は」つまり乙松は「駅に立ち続けた」。それほどまで仕事ひと筋に生きた乙松に、彼は共感したのであろう。

では、ヒロインのほうはどうだろうか。映画に登場する主な女性は、乙松の妻静枝（大竹しのぶ）、乙松の同僚杉浦（小林稔侍）の妻明子（田中好子・一九五六～二〇一一）、それにもう一人、「だるま食堂」の店主加藤ムネ（奈良岡朋子・一九二九～二〇二三）である。

静枝は早逝《そうせい》してしまったし、明子は仕事一途の乙松とは心情的に距離を置いていた。

幾寅駅前に保存されている「だるま食堂」のセット

決して、歌詞のヒロインが感情を共有できる女性たちではない。残るはムネである。彼女は、乙松や幌舞《ほろまい》駅を陰で静かに支え続けていた。幌舞炭鉱で働く吉岡（志村けん・一九五〇～二〇二〇）が死んだあと、遺児を引き取って育てもした。ヒロインはそこに惹かれ、この女店主に自分を重ね合わせて、そのような生き方を望んだのではないだろうか。

☆路線の絶望的な未来

二〇一六年一一月、ＪＲ北海道は、根室本線の滝川―富良野駅間については経費節減や運賃値上げを、富良野―新得駅間については鉄路廃止やバス路線への転換を、それぞれ沿線自治体と協議したいという意向を表明した。そして、沿線自治体などとの数年に及ぶ協議の結果、富良野―新得駅間の鉄路は二〇二四年三月末をもって完全に廃止されることとなった。

当然、『鉄道員（ぽっぽや）』が撮影された幾寅《いくとら》駅は廃駅となる。そればかりか、倉本聰脚本の名作ドラマ『北の国から』の初回（一九八一年一〇月放送）で主人公親子（田中邦衛・吉岡秀隆・中嶋朋子）が降り立った布部駅も廃駅となる。同じ倉本脚本のドラマ『昨日、悲別で』（一九八四年）でモデルとなった函館本線上砂川支線の上砂川駅は、すでに廃駅となって久しい（60参照）。時代の流れとはいえ、名作の「ふるさと」ともいうべき駅が次々と廃止されていく現状は何とも寂しい。

60 『悲別　～かなしべつ～』（川野夏美）

☆悲別のモデルは上砂川《かみすながわ》

空知《そらち》郡に上砂川町という町がある。砂川市の南に隣接する、四〇平方キロメートル足らずの北海道内最小の自治体である。かつてそこに存在した上砂川駅は、ＪＲ（旧国鉄）函館本線の砂川駅から出る上砂川支線の終着駅であったが、同支線の廃線に伴って、一九九四年五月に廃駅となった。

廃線の一〇年前、この上砂川駅および上砂川町は、三か月にわたって、倉本聰脚本・演出の日本テレビ系ドラマ『昨日、悲別で』において「悲別駅」、「悲別町」として登場している。「悲別」とは、倉本の創作となる地名である。地名は架空であっても、ドラマ冒頭のナレーションに「砂川って町から南に入った炭鉱町」とあったように、実在の上砂川町はドラマの単なる撮影場所ではなくモデルの町であった。実際、続くナレーションには、「炭鉱はつぶれる寸前だし、国鉄だってひどい赤字でもうじきなくなるっていう噂がある」とあり、舞台となった風景は、まさに当時の上砂川町そのものであった。

主人公は、「悲別高校」を卒業し、ダンサーになる夢を抱いて上京してきた若者（配役は天宮良）

で、彼と、地元に残ってそれぞれ「悲別駅」と「悲別炭鉱」で働く友人たち（配役は布施博と梨本謙次郎）との心の交流を軸にしてドラマは展開されていった。

撮影終了後、上砂川《かみすながわ》駅舎には「悲別駅」の看板も掲げられたほか、乗車券には「悲別駅」の印も押されたこともあって観光客が増加した。つまり、ドラマ終了後に「悲別」はひとり歩きをしはじめ、その延長線上で演歌『悲別』が二〇一三年一一月に発売された。すでに廃線から二〇年近く、ドラマ放映からは三〇年近くの歳月が流れていた。

旧上砂川駅　©水滸亭

☆「別」地名考

北海道には「別」で終わる地名が多い。アイヌの人々は川の特徴を地名にすることが多く、川を意味するアイヌ語「ペッ」には、明治以降、漢字「別」が頻繁に当てられたからである。現在、「別」で終わる市名として、芦別・江別・士別・登別・紋別の五つがある。なお、紋別は郡名でもある。

『北海道の地名』（永井秀夫監修、平凡社、二〇〇三年）によれば、芦別は「アシペッ」（灌木の中を流れる川）、士別は「シペッ」（大いなる川）、登別は「ヌプルペッ」（色の濃い川、つまり温泉が流れこんでいる川）、紋別は「モペッ」（大いなる川）に由来するらしい。江別の由来には諸説あるようだ。

「別」で終わる町となると、愛別・遠別《えんべつ》・喜茂別《きもべつ》・秩父別《ちっぷべつ》・津別・当別《とうべつ》・中頓別《なかとんべつ》・浜頓別・本別・幕別・湧別《ゆうべつ》・陸別の一二町、そして村は、更別《さらべつ》・初山別《しょさんべつ》の二村である。また、北方領土の国《くな》後島《しりとう》には留夜別《るやべつ》村、択捉島《えとろふとう》には留別《るべつ》村がかつてあった。さらに、市町村のなかにある細かな地名を探したら枚挙にいとまがないだろう。ちなみに、三笠市にある幾春別《いくしゅんべつ》のことは、57『幾春別の詩』（倉橋ルイ子）のところで触れたが、「幾つもの春と別れる」と書くとは、いかにも歌の舞台に打ってつけである。

ほかにも、「愛別」や「遠別」なども、作詞家が別れの歌の舞台として表しそうである。一方、地名ではなく二字熟語として存在している「永別」、「怨《えん》別」、「訣別（決別）」、「告別」、「辞別」、「惜別」、「袂《べい》別」、「離別」、「留別」などは、北海道の架空の地名として歌や映画やドラマに盛りこめそうである。

そんな「別」の大群のなかに「悲別」が入れられると、いかにも実在しそうな地名だと思えてくる。倉本聰は、根室振興局管内の中標津《なかしべつ》に似た響きとドラマの構想から、「悲別」の語を着想したのであろう。

☆演歌『悲別』考

『悲別』の作詞は仁井谷俊也だが、彼のことは44『サロベツ原野』で触れている。作曲したのは弦《げん》哲也で、17『釧路湿原』のところで紹介している。

歌ったのは、一九八〇年に大分県で生まれた川野夏美。レコード会社の創立三五周年記念アーティストに選ばれ、一九九八年一一月にデビューしている。それ以来、大ヒットこそないが、演歌の実力派として活躍を続けている。北海道にちなんだ持ち歌としては、『悲別』をはじめとして『北海子守唄』、『江差恋歌』、『利尻水道』、『オホーツク海岸』などがあり、そのほか『雲母坂〜きららざか〜』や『九官鳥』などがある。

『悲別』のテーマは失恋による「悲しい別れ」で、歌詞の内容は単純である。

ヒロインは「深く愛されていた」男性、自分の「生き甲斐だつた」男性と「別れ」、「もう誰も愛せな」くなった状態、つまり愛が終着した状態で、「終着駅」である「悲別」に来ている。「あなたに帰る汽車は来ない」が、自分の「胸の線路」、すなわち「想い出を走る線路」は、今でも「あなた」なり、「あの日」なりに続いている。

歌詞は、もはや「汽車は来ない」廃線の「終着駅」である「悲別」こと上砂川駅の現況を生かして巧みに構築されている。しかし、失恋した女性が未練を捨て切れないという内容で、コンセプトは平板である。この歌は、倉本の造語を拝借してはいるが、前掲ドラマの内容とは直接の関係はなく、これはこれで演歌としての王道を歩んでいるとも言える。しかし、ここに昨今の演歌界の限界も見えている。

「悲しい別れ」にもいろいろとあろう。ドラマに描かれていた「悲しい別れ」は、ローカル「悲別線」の廃線危機、「悲別炭鉱」の大量人員解雇、町で唯一の映画館「悲別ロマン座」のスーパーマーケットへの衣替え、そして「泣きべそ通り」にある飲み屋の女将《おかみ》の、妻子ある男との不倫の清算などである。

これらの背景には、国のエネルギー政策転換に伴う石炭産業の斜陽化と運炭路線の衰退、テレビの普及と娯楽多様化による映画産業の衰退、流通革命がもたらした小売業界の集約化・合理化、そして、一人息子に都会に出ていかれてしまった過疎地に住む未亡人の寂しさがある。

演歌『悲別』も、このなかから一つの断片なりを拾い上げていたなら、もっと生き生きとしたものになったであろう。弦《げん》哲也のメロディーは文字どおりドラマチックであり、川野夏美の歌唱力も高いのに、歌詞が今一つ物足りない。

もともと「演歌」は、政治批判や社会風刺を目的として、川上音二郎（3参照）らが明治時代にはじめた壮士劇《そうしげき》に端を発するものであった（添田知道『演歌の明治大正史』岩波新書、一九六三年参照）。しかし、その後、いつの間にか「演歌」の悲しみは社会全体ではなく個人の感情へと矮小化され、悲しみのヒロイズムにさえ陥って久しく経過した。

今こそ起死回生を図るべきとき、ではないだろうか。とりわけ若い世代の、演歌そのものとの「永別」や「訣別（決別）」は、何としても食い止めたい。演歌歌手がよく発揮するテクニック「こぶし」は、日本民謡から派生した独特な歌い方であるし、シンプルな「ヨナ抜き音階」は、日本人が古くから慣れ親しんできたメロディーであって、ともに日本の誇るべき伝統文化であるといっても過言ではない。若い世代にも、改めて注目してほしいものだ。

61 『石狩川』（若山 彰）

☆北海道最長の石狩川

石狩川は上川郡上川町の大雪山系石狩岳の西斜面に源を発してほぼ西北西に流れ、同郡比布《ぴっぷ》町で南西に転じ、滝川市から江別市まではほぼ真南に進み、さらにほぼ西北西に進んで石狩市で石狩湾に注いでいる。二二の市町村を通過する一級河川で、流域面積は利根川に次いで全国第二位。長さは二六八キロに及び、信濃川、利根川に次いで第三位である。

言うまでもなく、石狩川は北海道を代表する川であり、北海道遺産にも指定されている。この川が登場する歌謡曲では、三橋美智也（6参照）が歌った『石狩川悲歌《エレジー》』（一九六一年）と、こまどり姉妹（78参照）が歌った『石狩川』（一九六九年）がとりわけ有名であるが、いずれの歌詞も、ほかの川と入れ替えてもほぼ通用してしまうので、ご当地ソングらしくない。

また、北島三郎（1参照）の『石狩川よ』（一九六九年）ともなると、「馬鈴薯畑」や「どさん子」などの語が登場して北海道らしさは感じさせるものの、これだけではやはり川の特定がしづらく、タイトルと「石狩平野」の語によってようやく石狩川と断定できるものとなっている。

これらに引き替え、一九六一年に発売された、どことなくカンツォーネの雰囲気も漂う若山彰（一九二八～一九九八）が歌った『石狩川』は、歌詞を丁寧に読めば、「石狩川」という語がなくても舞台がこの川であることが推知できる。若山は、木下恵介（16参照）が監督し、佐田啓二（16参照）・高峰秀子（一九二四～二〇一〇）が灯台守夫妻を演じた松竹映画『喜びも悲しみも幾歳月』（一九五七年）の同名主題歌の歌唱者として知られている。広島県出身で、武蔵野音楽大学を卒業後に作曲家の米山正夫（38参照）に師事し、一九五一年に歌手デビューを果たしている。この主題歌が映画とともに大ヒットして、メジャー歌手となった。一九七五年、シャンソン・カンツォーネ国際コンクールで銀賞を受賞したという経歴もある。ほかの持ち歌に、『愛情物語』、『南極観測隊の歌』、『惜春鳥』などがある。

☆作詞は学者肌の西沢爽《そう》

主人公が別れた女性は、「いまは札幌に」、「愛なき人と住」んでいる。意に添わない男と仕方なく暮らしているわけである。その事実を、彼は彼女からの手紙で知った。彼は今、その手紙を携えて石狩河畔にたたずんで、夕陽が沈むのを眺めている（以上一番）。

かつて二人は、「落葉がうたう原始林」から石狩川方向へ、歩いて、あるいは当時の国鉄（現ＪＲ）で移動してから別れ、夕陽が沈む西方へと彼女は去っていった。「いくどもふりむ」き、「ハンカチ」で「涙」を拭いながら（以上二番）。

今の自分は、さながら「岸辺」に朽ちている「白い流木」である。いくら彼女を偲んでも、石狩川は西方へと「夕陽の果《はて》」まで流れゆき、そちらへ去った彼女は二度と戻らない（以上三番）。

「白い流木」とは、もちろん白樺である。石狩川近郊にある「原始林」といえば「野幌《のっぽろ》原始林」である。この原始林はその大半が江別市の南部に位置し、『石狩川』が発売されてから七年を経た一九六八年には、「北海道一〇〇年」を記念して、原始林の大半を含む二〇〇〇ヘクタール以上の広大な地域が道立自然公園に指定された。それが「野幌森林公園」である。石狩川は、この森林公園からさほど遠くないＪＲ函館本線江別駅の付近から西北西に転じて流れ、やがて石狩湾に注いでいる。

野幌森林公園に建つ北海道百年記念塔

作詞したのは、出身が東京という西沢爽《そう》（一九一九〜二〇〇〇）である。一九五四年に作詞家としてデビューし、島倉千代子（13参照）の『からたち日記』や『哀愁のからまつ林』、美空ひばり（38参照）の『ひばりの佐渡情話』や『波止場だよ、お父つぁん』、小林旭の『さすらい』、舟木一夫の『学園広場』など、有名ヒット曲を多数手がけている。

西沢は歌謡史の研究家としても知られて、一九八九年には國學院大學から文学博士号が授与されている。学位論文をもとにした著書『日本近代歌謡史』（全三巻、桜風社、一九九〇年）は四九〇〇ページにも及ぶ大作で、歌謡史研究の金字塔である。

前掲した『哀愁のからまつ林』（一九五九年）の歌詞と『石狩川』の歌詞との間には、ある反転現象が見てとれる。前者では、男女が「からまつ林」の「落葉の道」で別れ、男が「燃えるような夕やけ小焼け」の方向、つまり西に去り、「背のびをしても」見えなくなるまで彼を見送った女は、やがてその反対の、自分の「影を踏」む方向、つまり東に去っていく。そして男は、「あとも見ないで別れていった」。他方『石狩川』では、からまつ林ならぬ「落葉がうたう原始林」を経て川沿いを西方に去るのは女で、そのとき彼女は「涙にぬれ」て「いくどもふりむいた」。

西沢は、夕陽のなかでの男女の別れという状況設定は同じにしながら、前者では西方に去る男の心情、後者では西方に去る女の心情を取り上げ、まるで正反対に描いている。さすが歌謡史学者の西沢。自らの旧作へのオマージュを新作に込めるとは、何とも粋な計らいである。

☆B面曲とは表裏一体

『石狩川』のレコードには、B面に、同じく西沢作詞の『札幌にリラは薫れど』が収録されている。歌ったのは能沢佳子《のざわけいこ》。かつてのシングルレコードには、A面・B面で歌手が異なるというケースが少なくなかった。しかも、そんな場合、まったく関連のない二曲が組み合わされることも多かった。

しかし、このレコードの場合は、ひと組のカップルの別れとその後日譚が、A面では男性の立場から、B面では女性の立場から描かれており、男女双方の心の機微を聞き比べるという仕掛けになっている。文字どおり、A面とB面とが表裏一体の関係になっているわけである。

『札幌にリラは薫れど』では、別れた女性は札幌という「砂漠の街」、つまり愛が不毛な街に住み、「煉瓦道《れんがみち》」を泣きながら歩いたり、「リラ」の花を髪に飾って涙したり、「時計台」の鐘に合わせて思い出を数えたりして、むなしく暮らしている。男女双方が未練を感じているのなら、いっそ縒《より》を戻せないものかと、リスナーはやきもきしてしまう。

このヒロインの、さらにその後の身の振り方は、この歌からは分からない。しかし、歌唱を担った能沢佳子は、のちに作曲家・船村徹の妻となった。この船村こそ、本節で取り上げた『石狩川』と『札幌にリラは薫れど』、そして『哀愁のからまつ林』の作曲者にほかならない。彼については、35『呼人駅《よびとえき》』（坂本冬美）のところで詳しく触れた。

62 『恋の町札幌』（石原裕次郎）

☆札幌人気に拍車

神戸生まれという石原裕次郎（一九三四～一九八七）は、言うまでもなく戦後昭和期を代表する国民的俳優・歌手である。『嵐を呼ぶ男』、『銀座の恋の物語』、『赤いハンカチ』、『二人の世界』、『夜霧よ今夜も有難う』などは、ヒット映画であると同時にヒット主題歌でもある。これら以外にも、『わが人生に悔いなし』、『北の旅人』など、ヒット曲は枚挙にいとまがない。

一九七二年五月に発表して、大ヒットしたのが『恋の町札幌』である。その年の二月に冬季オリンピックが開かれて、札幌は脚光を浴びていた。そして、この曲が札幌人気にさらに拍車をかけた。

作詞・作曲は、同じく神戸生まれの「ハマクラ」こと浜口庫之助（一九一七～一九九〇）で、こちらも昭和を代表する大御所である。幼少期から音楽に親しみ、五歳で楽譜が読めたという天才だ。戦後、ハワイアンバンド活動などを経て、一九五七年に作詞・作曲家へ転向し、詞・曲を手がけた代表作として、『僕は泣いちっち』（守屋浩）、『涙くんさよなら』（坂本九）、『星のフラメンコ』（西郷輝彦）、『バラが咲いた』（マイク真木）、『花と小父《おじ》さん』（伊東きよ子）、『空に太陽がある限り』（にしきのあきら）などがある。現在六〇歳以上の方であれば、一度は口ずさんだことのある曲ばかりであろう。

『恋の町札幌』のヒロインは、ある男性と「時計台の下で逢って」から恋がはじまった。「夢のような恋」であった（以上一番）。「はじめて恋を知っ」た嬉しさのあまり彼女は「泣いた」。しかし、「恋」は「愛」には発展しなかった。そして「アカシヤも散った」。彼女は、いつか「だれかの愛が見知らぬ夜の扉を開」いてくれることを期待する（以上二番）。その後、人生経験を重ねた彼女は、「淋しい」につけ「むなしい」につけ札幌に来る。今では、この街自体を「恋人」とも「ふるさと」とも感じ、強い愛着を抱いている（以上三番）。——これが、私の歌詞解釈である。

高層ビルに囲まれた札幌市時計台　©二ノ山

☆「どこがちがうの」か「どこかちがうの」か

三番で裕次郎は、「どこがちがうのこの町だけは」と歌っている。しかし、「どこが」では疑問文となってしまうから「どこか」でなければならず、「『が』はおかしい」と指摘する人がいる。事実、「が」ではなく「か」と表記している歌詞検索サイトがいくつもある。

しかし、本当に「か」が正しいのだろうか。吹きこみに際して、裕次郎が歌詞をまちがえたのか。誰もそのまちがいに気付かなかったのか。そんなことがあるのか……。確かに、歌謡曲史上、歌詞に絡むまちがいはままあった。例を挙げてみよう。

美空ひばり（38参照）が少女期に歌った『越後獅子の唄』を中年期に再録音したとき、三番の「**暮れて恋しい宿屋の灯り**」を「暮れて悲しい」云々と歌っている。レコーディングの際、歌詞カードに誤記があったのか、彼女が誤読したかであろう。漢字「恋」と「悲」は似ているのでまちがいも起きやすい。

また、歌舞伎『切られ与三』に想を得た『木更津くづし』のなかでひばりは、「しがねえ恋の情けが仇《あだ》」というセリフを、「しがねえ恋が情けの仇」とまちがえている。これらは、スタッフのチェック体制に問題があったと言える。

歌詞自体が、文法的に奇妙なケースもある。吉幾三の『酒よ』には、「**涙には幾つもの想い出がある／心にも幾つかの傷もある**」とあるが、私なら「心には」「傷が」とする。石川さゆりの『天城越え』にも、「誰かに盗られるくらいなら／あなたを殺していいですか」とあるが、私なら「殺してしまいたい」としたい。

次は、文法よりも語呂を作詞者が優先させたというケース。村田英雄の『人生劇場』には、「やると思えばどこまでやるさ」とあるが、「どこまでも」でなければ日本語としてはおかしい。また、金田たつえ（14参照）が歌った『花街の母』の「たとえひと間の部屋でよい」も同様に「も」が抜けている。とはいえ、語呂の優先に目くじらを立てるというのも野暮であろう。

次は、まちがいではないが歌詞が冗長なケース。森進一の『北の螢』に「胸の乳房をつき破り」とあるが、乳房は胸以外にはない。都はるみ（45参照）の『道頓堀川』には「小雨がそぼ降る」とあるが、そぼ降るのは小雨に決まっており、大雨だとそぼ降るとはならない。

次は、文法的に問題はないが、解釈しだいで評価が分かれるというケース。島倉千代子（13参照）の『恋しているんだもん』に「あなたと見ていた星の夜」とあるが、見ていたのは「星」だから、「星の夜」ではなく「夜の星」とすべきだといった意見がある。無粋な意見だ、と私は思っている。

☆「どこがちがうの」でどこかちがうの？

一見すると奇妙だが、実は正しいという歌詞が春日八郎（31参照）の『別れの一本杉』にある。

「必ず東京へ着いたなら／便りおくれといった娘《ひと》」の部分である。「必ず」は「着いた」ではなく「おくれ」に掛かる。「送れ」か「お呉れ」かが曖昧だが、それはともかく、語呂を語順よりも優先させたために少々幻惑されるだけである。

かつて私は、『恋の町札幌』もこれと類似のケースではないかと思い、次のような解釈をした。「どこがちがうのこの町だけは」で切って理解しようとするのがまちがいなのだ。「どこがちがうの／この町だけはなぜか私にやさしくするの／恋人なのねふるさとなのね」とまとめて考える。札幌が「私にやさしく」してくれるのはどうしてなのか、ほかの町と「どこがちがうの」か、とヒロインは自問する。そして、ああ分かった、札幌自体が「恋人」だからなのね、「ふるさと」だからなのね、と気付く。要するに、「この町だけは」は「ちがうの」に掛かるのではなく、「やさしくするの」に掛かっているのである。

このように考えれば、裕次郎の歌唱は断じてまちがいではない。現に、札幌の羊ケ丘展望台（66参照）にこの歌の碑があるが、それにも「どこが」と刻まれている。

しかし、しかしである。日本音楽著作権協会（JASRAC）が許諾した『恋の町札幌』の楽譜を確認すると、「どこが」ではなく

さっぽろ羊ケ丘展望台にある『恋の町札幌』の歌碑　©痛射

確かに「どこか」となっているではないか。

とはいえ、ハマクラの原詞を裕次郎が読みまちがえて歌ったわけではなく、裕次郎も私と同様に解釈したうえで、あえて「どこが」と歌ったのではないだろうか。そして、レコーディングスタッフも、それで意味が通じると認識し、そのままゴーサインを出したのではないだろうか……。これが真相だと、私は推理している。

「たかが歌謡曲、されど歌謡曲」である。いやはや奥が深い。

63 『札幌シャンソン』（竹山逸郎・服部富子）

☆札幌が舞台の服部メロディー

終戦から間もない一九四九年当時、現在の札幌市にあたる地域の総人口は約三七万人にすぎなかった。現在では、ほぼ二〇〇万人に達している。七〇余年で五倍以上に膨れ上がったわけである。

ここでは、その一九四九年の八月に発表された『札幌シャンソン』を取り上げたい。スペインの闘牛とフラメンコをイメージした「パソドブレ」というリズムの、男女デュエット曲である。青春時代に実らなかった純愛を回想した曲で、歌詞にこそ出ていないが、男女を引き裂いたのは明らかに戦争であった。タイトルの「シャンソン」に深い意味はなく、「歌」を小粋《こいき》にフランス語で表現しただけであろう。数年前までは敵国であったフランスへの文化的憧憬が、当時の日本人の間に強くあったことの反映と思われる。

作詞したのは、札幌生まれで帯広育ちという吉川静夫である。彼については、18『釧路の駅でさようなら』のところで触れたので、そちらを参照していただきたい。

作曲者は、和製ポップス史に燦然と輝く服部良一（一九〇七～一九九三）である。大阪市で生まれ育ち、小学生時代から音楽の才能を発揮し、何と一九二六年には大阪のオーケストラに入団し、ウクライナ人の指揮者から音楽理論・作曲・指揮を学んだという。そして、一九三六年以降、淡谷のり子（40参照）が歌った『別れのブルース』をはじめとして、ジャズを生かした和製のブルースやタンゴなどを発表し、ヒット曲は枚挙にいとまがない。

戦前・戦中の代表作としては、淡谷の『雨のブルース』、李香蘭（山口淑子、一九二〇～二〇一四）ほかが歌った『蘇州夜曲』、霧島昇（13参照）の『一杯のコーヒーから』、高峰三枝子の『湖畔の宿』（12参照）などがあり、戦後には、笠置《かさぎ》シヅ子（一九一四～一九八五）の『東京ブギウギ』、藤山一郎・奈良光枝の『青い山脈』（49参照）、二葉あき子（一九一五～二〇一一）の『夜のプラットホーム』、霧島の『胸の振り子』、灰田勝彦（5参照）の『東京の屋根の下』などと、昭和ナツメロのオンパレードである。

歌謡曲だけでなく、管弦楽曲・交響組曲などの分野でも活躍した服部は、死後、作曲家としては古賀政男（5参照）に次ぐ二人目の国民栄誉賞を受賞している。ちなみに、作曲家の服部克久（一九三六～二〇二〇）は息子で、隆之は孫である。

☆戦争前の純愛を戦後に回想

『札幌シャンソン』は、青春時代の純愛を男女双方の立場から回想したデュエット曲である。一番から三番まで、戦後間もない現在（つまり一九四九年当時）と、過去（戦争前）の青春時代とが重ね合わされている。キーワードを拾いながら内容をたどってみよう。

一番は女性側の回想である。彼女は今、「鈴蘭」の押し花つきの「栞《しおり》」が挟まった「初恋」時代の「日記」を読み返し、「夢の絵巻かノスタルジアか」と当時を懐かしんでいる。折しも街では、悲恋さながらに「アカシアの花が散る」光景が展開されている。

二番は男性側の回想である。「札幌」の「エルムの木陰」を「金のボタン」の詰襟学生服で闊歩した「青春時代」。折しも街では、今、新緑のエルム（楡）を背景に、往時と変わらぬ「時計台」の「鐘」が鳴っている。

金ボタンの学生服の普及は、一八八六年に帝国大学（現・東京大学）で初代総長の渡辺洪基《ひろもと》（一八四八～一九〇一）が制服として採用したことにはじまる。高等教育への進学率が現在よりも格段に低かった戦争前、金ボタンの青春を謳歌できたのは、札幌の場合、北海道帝国大学（現・北海道大学）の学生などごく少数にかぎられていた。この歌詞でも、強くイメージされているのは北大生であろう。

ちなみに、一九四九年当時はモータリゼーションの進行前で、しかも札幌には高層建築物もさほどなかったことから、時計台の鐘は現在よりは遥か遠くまで響きわたっていたであろう。

三番は楽しかった純愛時代の男女共通の回想で、二人の歌手の掛け合いと重唱とからなる。かつて、「ペチカ燃やして」彼女が彼の到着を待っていると、彼の乗る「馬橇《ばそり》」の「鈴の音」が聞えてきた。想い起せば、初めて逢ったのは「中島パーク」、すなわち中島公園であった。「踊り明かしたカーニバル」の楽しさが今もよみがえる。

中島公園の菖蒲池　©633高地

歓楽街すすきの（薄野）に隣接する中島公園は、明治時代から存在していた。「カーニバル」とは氷上カーニバルのことで、黒澤明（33参照）監督、原節子（49参照）・森雅之（18参照）主演の松竹映画『白痴』（一九五一年）を観ると、戦後間もないころの様子を偲ぶことができる。公園内の堀を整備して明治中期にスケートリンクが造られ、ここを舞台に、大正末期から毎年カーニバルが開催されていた。このスケートリンクは戦後十数年を経て取り壊され、カーニバルも廃止されている。

☆戦時体験世代がデュエット

時代の波に翻弄されて二人の純愛は実らなかった。その戦後における回顧譚が、この歌の中身である。歌唱を担ったのは竹山逸郎と服部富子である。

竹山逸郎（一九一八〜一九八四）は静岡県出身で、慶應義塾大学法学部を卒業している。サラリーマン生活を経て、一九四三年に歌手デビューを果たし、代表作として、シベリアからの復員兵である中村耕造（生没年不詳）と共唱し、作曲家吉田正（18参照）の出世作となった『異国の丘』（一九四八年）のほかに、『泪の乾杯』、藤原亮子（66参照）とのデュエット曲『誰か夢なき』や『月よりの使者』などがある。

一方、服部富子（一九一七〜一九八一）は良一の妹で、宝塚歌劇団の二一期生である。のちにソロ歌手に転向し、一九三八年にデビューし、同年『満州娘』が大ヒットした。このほかに、『父さん星』、『興亜行進曲』、『僕は特急の機関士で』などの持ち歌がある。また、『鴛鴦《おしどり》歌合戦』（日活・一九三九年）や『支那の夜』（東宝・一九四〇年）などの映画で女優としても活躍した。

『札幌シャンソン』が発売された一九四九年当時、竹山は三一歳、服部は三二歳であった。まさに、戦争に引き裂かれた青春時代の純愛を切々と回顧するのに打ってつけとも言える年齢であった。しかも竹山は、当時はまだ珍しかった大卒歌手であり、金ボタンのイメージまでも背負っていた。一方の服部は、娯楽の乏しかった戦争前に宝塚スターとして活躍した華やかさを、戦後も堅持していた。

「王《ワン》さん待ってて頂戴ネ」のフレーズで乙女心の機微を巧みに表現した服部の『満州娘』は、中国東北部における日本の植民地支配を傍証する貴重な流行歌である。また、シベリア抑留日本兵を「倒れちゃならない祖国の土に／辿りつくまでその日まで」と鼓舞した竹山らの『異国の丘』は、旧ソ連による国家的な犯罪を後世に語り伝える貴重な資料となっている。

『満州娘』や『異国の丘』の歌詞や旋律と重ね合わせて『札幌シャンソン』を聴いた人も少なくなかったであろう。戦争にかき消された青春に寄せる当時の人々の無念さは、現代を生きる我々の想像が遠く及ばないものである。

64 『好きですサッポロ』（森雄二とサザンクロス）

☆雪まつりのテーマソング

札幌の冬の風物詩といえば「雪まつり」であり、大通公園などで二月上旬に開催されている。雪像・氷像の展示がメインで、市や商工会議所、市内の企業・団体などからなる実行委員会が企画・運営している。コロナ禍で開催されなかった年もあったが、例年二〇〇万人以上の観光客が訪れ、道内最大規模の恒例イベントとなっている。

初めて開かれたのは一九五〇年。雪像を造ったのは中学・高校生で、像の数はひと桁にすぎず、高さも七メートル以下であった。その後、徐々に巨大化し、第五回からは市民制作の像が加わり、第六回からは陸上自衛隊や市の出張所なども参加するなど、さまざまな作者による像が多数並ぶようになった。

第一〇回のころから道外からの観光客が増え

第58回さっぽろ雪まつり 大通会場（2007年）©エックハルト・ペッヒャー

はじめた。そして、札幌で冬季オリンピックが開催された一九七二年からは外国人の観光客も目立つようになった。ちなみに、一九七四年には、外国都市からの派遣による「国際雪像コンクール」がはじまっている。近年では、温暖化による雪の確保の困難化や景気の低迷で規模縮小を余儀なくされているが、それでも札幌の「冬の風物詩」であることに変わりはない。

一九八一年、第三二回雪まつりのテーマソングとして使用されて大ヒットしたのが『好きですサッポロ』である。当時のレコードジャケットの左下隅には、「後援・社団法人札幌観光協会」とある。雪まつりにかぎらず、広く札幌観光をＰＲすることを目的につくられた曲で、軽快なタッチの、いわゆるムード歌謡である。

☆「すき」の言葉が二一回も

歌唱は男性四人組、「森雄二とサザンクロス」である。熊本県生まれのリーダーの森（一九四二〜二〇一八）は、大学時代にハワイアンバンドを結成し、卒業後、敏いとうのグループでボーカルを担当していた。一九七五年にサザンクロスを結成し、『好きですサッポロ』のほか『意気地なし』や『足手まとい』などといったヒット曲がある。グループは一九八五年に解散したが、一九九二年には別メンバーによる三人組で再結成をし、旭川を拠点にして活躍した。

作詞は、当時すでに大御所であった星野哲郎である。彼については41『氷雪の門』のところで詳しく触れている。

作曲したのは中川博之（一九三七～二〇一四）。朝鮮の京城（現ソウル）に生まれ、岡山県などで少年期を過ごしたのち、一九五五年に上京した。多くのCMソングを作曲したのち、一九六六年、「黒沢明とロス・プリモス」が歌った『ラブユー東京』で歌謡作曲家としてデビューを果たしている。

中川の代表作には、美川憲一（74参照）が歌った『新潟ブルース』や『さそり座の女』のほか、『夜の銀狐』（斉条史朗）、『わたし祈ってます』（敏いとうとハッピー＆ブルー）などがあり、前掲した『足手まとい』も彼の作曲である。耳に心地よい、いわゆる「ムード歌謡」の作曲にかけては第一人者と言える。

歌ったのは男性グループであるが、歌詞の主人公は女性である。タイトルと同じフレーズ、「すきですサッポロ」が一一回も繰り返されている。さらに、「すきですあなた」と「すきです誰よりも」が五回ずつ登場するが、これらについては、札幌を擬人化して「あなた」と表現しているとも解釈できるし、ヒロインが札幌でめぐり逢ったある男性を暗示しているとも読める。いずれにせよ、これほど露骨に「すき」と出てくる曲も珍しい。しかし、それが決して嫌味になってないのは、札幌が「すき」なわけを的確に指摘しているところに説得力があるからだ。

☆ヒットしないわけがない

一番では、札幌を「すき」なわけとして、降雪に耐えた「ライラック」の小枝に花が開くころ、新緑に映える「赤レンガ」のあたりに恋の気配を感じさせる心地よい風が吹きわたることが挙げられている。雪の白、ライラックの花の紫、新緑、そしてレンガの赤と、色彩感覚に富んだ歌詞である。

英語のライラック、フランス語でいうリラは、南東ヨーロッパ原産のモクセイ科の落葉低木で、主に薄紫の小つぶの花が春に咲く。明治期に日本に渡来し、「札幌市の木」に指定されている。

「赤レンガ」は中央区北三条西六丁目にある北海道庁旧本庁舎の愛称である。現在の庁舎に移るまで約八〇年にわたり、ここが道政の中枢であった。アメリカ風ネオ・バロック様式の建物で、ガラス窓や二重扉などに明治期の風格を残している。

二番では、ヒロインが札幌を「すき」と思うわけとして、蝶の羽化と「スズラン」の開花が同時期に当たることが、自分とある男性との運命的なめぐり逢いと重なっていることを挙げている。森進一が歌った『花と蝶』（一九六八年）は「花が女か男が蝶か」

ライラック　©ジロン

とはじまるが、花と蝶の組み合せはまさに、慕いあう男女を象徴する定番キーワードである。

めぐり逢いの場は「時計台」の「ニレ」の木陰であった。その後、ここが待合せの場となり、彼女はここで彼の「靴音」を待つ。靴音といい、時計台の鐘の音といい、一番の視覚とは打って変わって二番は聴覚が刺激される歌詞である。

スズランは、晩春に白い壺状の小つぶの花を総状につける。キミカゲソウ（君影草）の別名をもち、「札幌市の花」に指定されている。ニレといえばニレ科の広葉落葉樹の総称であり、巨木に成長する。英語名はエルム。狭義にはハルニレを指し、春さきに紫色を帯びた薄緑系の小花を密生させる。街路樹への利用が多く、秋の紅葉も鮮やかである。北海道大学はよく「エルムの学園」と称されるが、構内には長いニレ並木がある。時計台は中央区北一条西二丁目の観光名所であり、もとは札幌農学校（北大農学部の淵源）の演武場であった。

二番の直後に短い歌詞が続くが、ここには札幌の代表的な歓楽街、「狸小路《たぬきこうじ》」と「薄野《すすきの》」が「夢のラブロード」として登場する。「しあわせをさがしましょう」とあり、ここで二人の将来設計

北海道庁旧本庁舎　©663高地

を語り合おうというのであろう。

こうして歌詞は、ヒロインが札幌を「すき」なわけを、札幌を代表する植物ライラックとスズランとニレ、歴史的建造物の旧道庁舎と時計台、有名な歓楽街の狸小路と薄野に集約させている。要するに、花も建物も、めぐり逢った彼氏も、そして彼とのデートコースも好きなのである。これだけ仕掛けが整っていて、しかもメロディーが軽快で歌声がムードたっぷりとくれば、ヒットしないわけがない。

ちなみにこの曲は、二〇〇〇年からJリーグ・コンサドーレ札幌の応援歌となっている。

北海道大学エルムの森　©663高地

65 『ラ・サッポロ』（アローナイツ）

☆「ラ」はラテン系の定冠詞

ここではムード歌謡『ラ・サッポロ』を取り上げたい。作詞は星野哲郎であり、彼の業績などは41『氷雪の門』のところで詳しく触れている。作曲したのは、一九四八年に京都市に生まれた美樹克彦である。子役として多数の映画に出演したほか、中学生時代に歌手デビューをしている。『回転禁止の青春さ』、『赤いヘルメット』、『花はおそかった』などがヒットしている。六〇代以上の人たちにとっては、何とも懐かしいアイドルである。

実は、彼は日本大学藝術学部の中退という経歴をもち、歌手から作曲家に転身している。その代表作として小林幸子が歌った『もしかして』などがあると知ると、ちょっと驚いてしまう。

それにしても、『ラ・サッポロ』とは奇抜なタイトルである。「ラ」は英語の「ザ」にほぼ対応し、フランス語・イタリア語・スペイン語に共通する定冠詞である。これらのラテン系言語では名詞に男女の区別があり、「ラ」は女性名詞の単数形に冠される。なお、都市名は原則として女性扱いとなっており、日本の都市名にあえて「ラ」を冠したのは、ヨーロッパ風のしゃれた味わいを醸しだそうという意図があったからだろう。

実は、美空ひばり（38参照）の持ち歌にも『ら・あさくさ』（一九五八年発売）という曲があり、元祖はこちらとなる。これを作詞した西條八十《さいじょうやそ》（54参照）は早大文学部教授を歴任した仏文学者で、東京都台東区浅草をパリに見立て、歌詞に「モンマルトル」、「巴里」、「セーヌ」といった語をちりばめた。タイトルだけでなく、歌詞にも「ら」が登場する軽快で小粋な曲である。

一方、『ラ・サッポロ』のほうでは歌詞に「ラ」は一切登場せず、内容も、北西地中海の気候のようにカラッとはしておらず、ジトッとしている。

歌ったのはアローナイツ。もともと「秋庭《あきば》豊とアローナイツ」として出発したグループある。

リーダーの秋庭、ボーカルの木下あきらをはじめとして、六人全員が北海道出身で、歌志内《うたしない》の炭坑で働きながらバンド活動をしていた。のちに札幌でクラブ歌手となり、一九七五年、「内山田洋とクール・ファイブ」との競作となった『中の島ブルース』でメジャーデビューを果たしている。

一九八八年に『港町挽歌』がヒットしたが、一九九〇年に秋庭が四四歳の若さで死去したあと、「アローナイツ」の名で再出発となった。ここに取り上げた『ラ・サッポロ』は一九九四年一一月の発売である。

☆歌謡曲のなかの「人妻」史

『ラ・サッポロ』の主人公はかつてある女性と交際をしていたが、その彼女は今では「人の妻」である。しかし、彼は彼女を忘れることができず、「夢はまださめない」でいる。これが基本設定である。

「ハマナスの咲く頃」、つまり夏に「石狩浜」へ行こうと冬に約束したが、果たせなかった。「時計台」の針は虚しく回る。「エルムの都」札幌で一緒に暮らしたかったが、それもできなかった（以上一番）。

かつて「羊ケ丘」の「ポプラ並木」で愛を告白しようとしたが、やはり言えなかった。同じ場所で今、涙目で星を見ている。札幌は悲しみを湛《たた》える「挽歌の都」と化してしまった。今なら愛を告白できるのに……（以上二番）。

今、札幌の奥座敷と言われる「定山渓《じょうざんけい》」温泉に来ているが、「アカシアの花詞《はなことば》」を信じても彼女はもう現れない。彼女の名を、「もう人の妻なのに呼んでみた」。札幌は、一緒に暮らしたかった「慕情の都」である（以上三番）。

なお、作詞家自身による表記は「アカシヤ」となっているが、本書では一般的な表記「アカシア」を採用している。

ここで、「人妻」、「人の妻」の歌謡史をひもといてみよう。「人妻」と付く最初の歌は、戦前の一九三八年に発売されている。高橋掬太郎（39参照）が作詞して、松平晃（一九一一～一九六二）が歌った同名映画主題歌『人妻椿』で、映画のヒロインは決して誘惑に屈しない貞淑な人妻であった。戦後まもない一九四八年には、野村俊夫（一九〇四～一九六六）が作詞、古賀政男（5参照）が作曲し、近江俊郎（一九一八～一九九二）が歌った『湯の町エレジー』があるが、主人公はギターを携えて伊豆を流して歩く演歌師で、「風の便りに聞く君は／いで湯の町の人の妻」と未練を引きずるが、それ以上の進展はない。

それから二〇余年を経て、なかにし礼（69参照）が作詞し、「鶴岡雅義と東京ロマンチカ」（70参照）が歌った『君は人妻』（一九七一年）が世に出た。主人公は「道ならぬ恋」と自覚し、「人の掟に身は離れ」と、きちんと自己を抑制している。ここまでは、いわば健全路線であったと言える。

大きく変化したのは一九八二年に発売された、吉岡治（23参照）の作詞、市川昭介（41参照）の作曲で大川栄策（77参照）が歌唱した『さざんかの宿』からであろう。「愛してもあゝ他人《ひと》の妻」と、女性の側から不倫を描いている。罪の意識はあり、悩みながらも、不倫そのものは否定していない。さらに画期的だったのは、戦前のものとは同名異曲の鳥井実（一九三五〜二〇一八）作詞・秋吉恵美歌唱の『人妻椿』（一九八八年）で、何と男性の立場から人妻との不倫が正当化されている。それでも彼は、女性の側の怯えや罪悪感には同情している。

二一世紀に入って、さらに過激な同名異曲が出現した。仁井谷俊也《にいたにとしや》（44参照）が作詞し、岡田ひさしが歌った『君は人妻』（二〇〇三年）である。かなり露骨に、男が不倫を謳歌している。この歌詞では、男女双方に罪の意識はほとんどない。

『ラ・サッポロ』は一九九四年の発売であるが、雰囲気は『湯の町エレジー』を彷彿とさせる。抑制が利き、一九九〇年代にしては明らかに古臭いものとなっている。歌詞に登場する「挽歌」は「エレジー」に、「定山渓」は「湯の町」にそっくりスライドできる。歌詞全体を『湯の町エレジー』へのオマージュと解釈することもできよう。

☆アカシアならぬニセアカシア

三番の歌詞に「アカシアの花詞」とある。アカシアは札幌を象徴する植物としてよく言及されているが、実は、これは本来のアカシアではない。本来のアカシア（学名：Acacia）はマメ科ネムノキ亜科アカシア属で、多くが常緑樹なのに対して、「札幌のアカシア並木」などと語られているものはニセアカシア（学名：Robinia pseudoacacia）で、マメ科ハリエンジュ属の落葉樹である。明治期に日本に輸入されたニセアカシアをアカシアと称したために、現在でも混乱が残っている。

大ヒットとなった西田佐知子の『アカシアの雨がやむとき』や石原裕次郎（62参照）の『赤いハンカチ』に登場する「アカシア」は、実はいずれもニセアカシアのこととされる。『ラ・サッポロ』を作詞した星野もこの事実を知っていた、と私は信じたい。「アカシアの花詞」をニセアカシアのそれのことと解釈すると、いくつかあるなかで『ラ・サッポロ』の歌詞にもっともフィットするのは、この植物がフランスでもつ花詞「プラトニックな愛」、すなわち肉体関係のない精神的な愛である。抑制の利いた愛を描き、しかも定冠詞「ラ」が付いた歌なのだから、フランスの花詞で解釈するほうが自然であろう。もっとも、アカシアならぬ「ニセ」アカシアという日本語にこだわれば、愛そのものも疑わしくなってくるが……。

66 『月寒乙女《つきさっぷおとめ》』（藤原亮子《りょうこ》）

☆NHK「ラジオ歌謡」発

終戦直後の一九四六年から高度経済成長真っただ中の一九六二年までNHKラジオで放送されていた番組に、「ラジオ歌謡」というものがあった。健全な歌による音楽文化の啓発を目的として、戦前の「国民歌謡」の精神を受け継いではじめられた番組であった。

放送された歌は数百に及び、当該の歌そのものも番組名と同じく「ラジオ歌謡」として親しまれた。とくにヒットした歌には、伊藤久男（37参照）が歌った『あざみの歌』、高英男（19参照）が歌った『雪の降るまちを』のほか、『山小舎の灯』（近江俊郎）、『さくら貝の歌』（小川静江）、『森の水車』（荒井恵子）などがある。

「ラジオ歌謡」ではご当地ソングはあまり放送されなかったが、そのなかの貴重な一曲として、札幌郊外の羊飼いの少女を主人公とした『月寒乙女』（一九五三年発表）がある。歌ったのは、山口県出身の藤原亮子（一九一七～一九七四）。東洋音楽学校（現・東京音楽大学）を卒業後、戦中から戦後にかけて活躍し、小畑実（3参照）と共唱した『勘太郎月夜唄』や『婦系図の歌（湯島の白梅）』、竹山逸郎（63参照）と共唱した『誰か夢なき』、『月よりの使者』などがヒットした。

作詞は新潟県生まれの江間章子《えましょうこ》（一九一三～二〇〇五）で、彼女の代表作には同じく「ラジオ歌謡」の『夏の思い出』のほか『花の街』などがあり、私の世代はこれらを中学校の音楽の時間に教わっている。ちなみに、前者を作曲したのは中田喜直（一九二三～二〇〇〇）、後者は團伊玖磨（一九二四～二〇〇一）である。

作曲は、群馬県の出身で、早稲田大学政経学部中退という経歴をもつ利根一郎（一九一八～一九九二）。代表作に、菊池章子（52参照）の『星の流れに』、小畑実の『星影の小径』、暁テル子（一九二一～一九六二）の『ミネソタの卵売り』、宮城まり子（一九二七～二〇二〇）の『ガード下の靴みがき』。曽根史郎（のち史朗）の『若いお巡りさん』、そして、橋幸夫が歌い、一九六六年に日本レコード大賞に輝いた『霧氷』などがある。

月寒《つきさむ》は、札幌市豊平区の南東部、月寒丘陵に位置する地域であるが、一九六一年に旧豊平町が札幌市に編入されるまでは同町の中心地であった。戦前・戦中は陸軍が駐屯する基地の町であったが、現在では、市営地下鉄東豊線の通る利便性のよい住宅地として発展してきている。

戦時中の一九四三年までは「つきさっぷ」が正式呼称であったため、楽曲『月寒乙女』も「つきさっぷ」と読ませている。語源は定かではなく、アイヌ語の「トゥ・ケシ・サプ」（丘・の外れの・下り坂）が転訛したという説などがある。

☆公営牧羊の発祥地、月寒

月寒の南東に隣接する羊ヶ丘には，日本ハム球団の本拠地であった札幌ドームがあるほか、国立の北海道農業研究センターや羊ヶ丘展望台もある。同センターの畜産部では羊・牛・馬・豚・狐などが飼育されているほか、有畜農業の試験研究が行われ、観光地として開放されている同展望台からは羊の放牧風景が眺望できる。

一八一八年頃、江戸幕府は長崎経由で手に入れた羊を江戸の巣鴨薬園で育てはじめ、ほどなく三〇〇頭にまで増えた（ちなみに、当該地は現在、東京都中央卸売市場豊島市場となっている）。これが日本における羊毛産業の淵源とされるが、北海道では、それから四〇年ほどが経って、箱館（のちの函館）の奉行所で羊の飼育がはじまり、明治になって軍隊ができると、強靱で保温性と撥水性に富む毛織物の需要が急速に高まった。そして、寒さで苦戦した日露戦争を経て、第一次世界大戦が終わったあとの一九一九（大正八）年、政府は月寒種羊場を設置した。これが日本におけ

羊ヶ丘展望台から見た羊の放牧風景
右に見えるのが札幌ドームの屋根

巣鴨薬園跡（中央卸売市場豊島市場）

る公営の牧羊のはじまりとされる。これが発展して、今日の北海道農業研究センターや羊ヶ丘展望台となったわけである。

『月寒乙女《つきさっぷ》』は、当地の牧場で働く少女を主人公とするメルヘンタッチの歌で、歌詞は乙女の恋心を主題としている。

ヒロインの「あたし」は「羊飼い」で、「羊を追」うのが仕事である。「日が暮れるころ／から松の葉が」、「あの人の声で」、つまり彼女が恋い慕う男の声で「やさしくささやく」（以上一番）。「夕張山《やま》に咲いてる花」が、明日は「あたしの胸に咲くでしょう」。「春を待って」、彼とのロマンスを「あたしは夢みる」（以上二番）。

「月寒」の語は歌詞には登場せず、タイトルにあるのみである。ヒロインが「羊飼い」で、遠景に「夕張山」も登場しているので、当時の北海道人にとっては月寒を舞台として想起するのは容易であっただろうが、ラジオの全国放送では戸惑うリスナーが多かったように思われる。

☆『月寒乙女』と『アラビヤの唄』

ところで、歌謡評論においては、作詞者と作曲者が異なる場合、歌詞とメロディーのどちらが先にできたか、つまり「詞先」か「曲先」かがよく詮索されるわけだが、この『月寒乙女』の歌詞は五七調・七五調などの定型詩ではなく完全な自由詩なので、歌詞がほぼ完成していなければ作曲は不可能だと思われる。歌詞の内容に触発されて、作曲者がイメージを膨らませたのだろう。

以下は私の想像であるが、作曲の利根一郎は、江間章子の歌詞の、とくに「日が暮れるころ」と「あの人の声」、そして「やさしくささやく」のフレーズに触発され、少年時代に聴いた有名ジャズのメロディーを想起したものと思われる。というのも、『月寒乙女』の冒頭「あたしは羊飼いよ」の部分のメロディーは、昭和初期に大ヒットした訳詞ジャズの一曲『アラビヤの唄』の冒頭を彷彿とさせるからである。これは単なる「他人の空似」ではなく、前者は後者へのオマージュ（敬意）であると私は見ている。

「砂漠に日が落ちて」ではじまる有名な『アラビヤの唄』は、アメリカのF・フィッシャー（Fred Fisher, 1875～1942）が作詞・作曲した映画主題歌（一九二七年に公開された『受難者』の主題歌）に堀内敬三（一八九七～一九八三）が訳詞をつけ、「浅草オペラ」で活躍した二村定一《ふたむらていいち》（45参照）によって一九二七（昭和二）年に初めて歌われた曲で、翌年、やはり訳詞ジャズの『私の青空』とカップリングされてレコードが発売された。

「浅草オペラ」については、学者肌の作詞家・西沢爽《そう》が大著『日本近代歌謡史』（61参照）で詳述しているが、以下、別のアングルから垣間見ておこう。

二〇一七年、「浅草オペラ一〇〇年記念」として、東京室内歌劇場が一か月というロングラン公演を浅草「東洋館」などで行った。連日「満員御礼」となったわけだが、その際、より浅草オペラを知ってもらおうと「浅草オペラ――一〇〇年の回想」という小冊子をつくって販売していた。この冊子には、浅草オペラについて次のように説明されている。

「浅草オペラ」とは、大正中期に浅草興行界で民衆娯楽としてさえたオペラやオペレッタ、ミュージカルなど、音楽劇的要素をもった芸能の総称です。一九一六（大正五）年、帝国劇場の洋劇部が解散し、その部員たちがそれぞれ一座を結成して浅草に進出したのがはじまりとされています。（中略）西の宝塚少女歌劇団、対向する東の東京少女歌劇団、そして松竹歌劇団（ＳＫＤ）――オペラ、レビュー、ダンス、演劇、映画、シャンソン、ジャズ、流行歌など、西洋文化のすべては「浅草が草分け」となり、「浅草から発展した」と言っても過言ではないでしょう。（浅草オペラ一〇〇年実行委員会編・発行「浅草オペラ――一〇〇年の回想」三ページ）

これ以後、東京室内歌劇場は、コロナ禍を除いて、毎年のように公演活動を秋に行っている。

さて、『アラビヤの唄』では、主人公の男が「砂漠に日が落ちて夜となる頃」に「なつかしい唄をうたおう」と恋人にささやき、その「アラビヤの唄」の「淋しい調べ」に「涙流そう」と彼女をいざなう。

アリス・テリー（Ellen Alice Terry, 1847～1928）が主演した映画『受難者』はサイレントで、舞台となっているのは北アフリカの砂漠である。北アフリカの砂漠と北海道の月寒・羊ヶ丘。規模や気候こそ違え、夕暮れの広い大地が舞台であることは共通している。とはいえ、映画『受難者』では主人公の男女には破局が訪れるし、『アラビヤの唄』の歌詞からも決してハッピーエンドは予感できない。他方、『月寒乙女《つきさっぷおとめ》』を聴くと、ヒロインがハッピーになれるように応援したい気持ちになる。まさに、健全な歌による音楽文化の啓発を目指した番組「ラジオ歌謡」の精神を体現した曲である。

67 『最終便まで』（香田《こうだ》 晋《しん》）

☆ちょっと翼をやすめて

船舶や海路・港湾、列車や鉄路・駅、乗用車や道路が登場する北海道の歌は少なくない。実際、本書でもいろいろと取り上げてきた。海路関係なら 43 『最北航路』や 76 『奥尻の風に乗って』

など、鉄路関係なら2『いさりび鉄道』や23『花咲線』など、道路関係なら48『石北峠』や68『小樽の赤い灯が見える』などである。

しかし、航空機や空路・空港が登場する歌となると意外に少ない。北海道には一四もの公共用飛行場（新千歳・函館・釧路・稚内・旭川・帯広・奥尻・中標津《なかしべつ》・女満別《めまんべつ》・紋別・利尻・礼文の各空港と千歳飛行場・札幌［丘珠］飛行場）があるにもかかわらず、である。「鶴岡雅義と東京ロマンチカ」（70参照）が歌った『千歳空港』、山内惠介（56参照）の『釧路空港』、大石まどかの『函館空港』、走裕介（21参照）の『女満別から』がその主なものである。残念なことに、これらはいずれもご当地色が稀薄で、当該の空港が舞台である必然性に乏しい。要するに、空港ならどこでもよく、固有名詞の差し替えが利いてしまうのだ。

桂銀淑《ケイウンスク》・浜圭介（69参照）が歌って大ヒットしたデュエットソング『北空港』は、新千歳空港が舞台となっており、札幌で知り合った男女が「涙を捨てて過去さえ捨てて」新天地に向け一緒に飛び立つという話である。コンセプトは明確であるが、登場する男女の札幌との関係性がはっきりしない。これとは異なり、登場人物と札幌との関係性が明瞭に分かるという異色の一曲が、香田晋《こうだしん》が歌った『最終便まで』である。

新千歳から羽田への最終便が出発するまでの数時間に、二人の中年ビジネスマン、すなわち札幌で働き続けてきた男と、札幌を離れて今は東京で活躍している男とが、「ちょっと翼をやすめて」、札幌の歓楽街「すすきの」で旧交を温め合うという話である。

一九六七年生まれ、北九州市が出身という香田は、作曲家船村徹（35・61参照）の内弟子を経て、一九八九年に『男同志』でデビューし、その年の日本レコード大賞新人賞に輝いている。代表曲に『夢いちど』や『手酌酒』などがあるほか、CMやバラエティー番組などでも活躍したが、二〇一二年に芸能界を引退している。『最終便まで』は、二〇〇一年一月に発売されたシングルCD『何処へ』のカップリング曲であった。

作詞は、うえだもみじ（別表記に上田紅葉）。私には彼女に関する情報がほとんどないが、天童よしみ・伍代夏子・秋元順子など多くの歌手に幅広いジャンルの詞を提供してきたベテラン作詞家であるようだ。作曲したのは田尾将実《たおまさみ》（一九五一生まれ）。山口県出身で、関西外国語大学を卒業後に、歌謡コーラスバンドのリードボーカルなどを経て作曲家に転身した。作品として、尾崎将司《まさし》の『On The Green』（テレビ東京「ゴルフ尾崎兄弟に挑戦」テーマソング）、石川さゆり（25参照）が歌った『キリキリしゃん』（日本作曲家協会第三回ソングコンテストグランプリ）、そして、五木ひろしが歌った『京都恋歌』（同第四回グランプリ）など多数ある。

☆いつか飛べなくなるまで

『最終便まで』の主人公は、ずっと札幌で活躍しているビジネスマンである。この歌の発売当時の香田晋《こうだしん》は三四歳であったが、それよりは少し年上という設定であろうか。ストーリーは、この主人公が「雪の札幌／公園通り」で「懐かしい奴」に「肩をたた」かれたことにはじまる。

現在、札幌には「公園通り」という名の正式な道はないが、札幌市電の山鼻線には、同市中央区南一一条西六丁目に「中島公園通」という停留場がある。ここは、大正時代の一時期、「公園通」と称されていた。この停留場のあたりで、旧友にばったり出逢ったということのようである。

歓楽街の「すすきの」はここから目と鼻の先にある。旧友は会社のかつての同僚あるいは学生時代からの友人で、たまたま出張で札幌に来ていたのであろう。

主人公は、旧友の「笑う目尻」に「シワ」が増えたことに気付き、「おまえらしいいい顔」とほめる。「最終便までつきあう」ことになり、二人は連れだって「すすきの」の「馴染みの店」に行く。そこで飲食するものは「ほろ苦い

2013年５月から運行を開始した新型低床車両「A1200形」

札幌市電の路線図

味」がする。仕事で経験した挫折の味ではなさそうである。どうやら、この店にかつてよく連れてきた「好きなあの娘《こ》」、二人が共通して好きだった女性との、実らなかった恋の味らしい。

こうして二人は、新千歳空港から羽田行き「最終便」が離陸するまでの数時間、旧交を温め合う。「ちょっと翼をやすめて」の旧交である。以上が、一番から二番前半までの歌詞内容である。

ところが、二番後半では、「最終便」の語が別の意味合いで使われている。二人は互いに「最終便まで休まずに飛び続ける」身であることを確認し合う。停年退職の日までを視野に入れた会話と取れる。その日まで頑張って働き続けようと、励まし合っているのである。しかし、二番の末尾には、「いつか飛べなくなるまで」という含蓄の深い歌詞もあるので、人生の最期までをも視野に入れた会話であるようにも受け取れる。

☆寒い街のぬくいもの

三番で主人公は、旧友に向かって、「北の匂いを忘れてないか」と語り掛ける。「東京」で活躍するのもいいが、道産子《どさんこ》らしさは喪失してほしくない、とでも言いたげである。案じた主人公は旧友に、「寒い街のぬくいもの」を「一箱送ってやる」と約束する。この「ぬくい」ものは何であろうか。札幌の地酒であろうか。それとも、実際の温度とは関係なく「心温まる」ことを意味しているのであろうか。ともあれ、箱の中身が何であるかを聴き手が考えたとすれば、作詞家の術策に見事にはめられたことになる。

「最終便までもう少し」である。二人は「胸の翼をたたんで」、飲み干そうと意気投合する。飲み干すのは酒だけではない。「想い出」もその対象である。

香田晋《こうだしん》自身は、人生の「最終便」まで芸能界にとどまることをしなかった。人気も実力もありながら四〇代半ばで歌手を引退し、飲食店経営などを経て、福井県美浜町にある「陽光山　徳賞寺」（曹洞宗）で二〇一八年一一月に得度《とくど》を受け、同寺の僧侶となった。しかし彼は、「北の匂い」ならぬ「芸能界の匂い」を決して忘れてはいない。たまに地域イベントなどで、僧衣姿で演歌を披露するという。それもまた、北海道ならぬ北陸地方の「寒い街のぬくいもの」であるにちがいない。こういう僧侶にこそ、檀家の方々の、人生の「最終便」まで末永く付き合っていただきたいものである。

68 『小樽の赤い灯が見える』（三船　浩）

☆国道5号と札樽国道

日本の一九五〇年代半ばから一九七〇年代半ばまで、すなわち昭和三〇年代と四〇年代は、高度経済成長下の「モータリゼーション普及の時代」と特徴づけられる。砂利道に代わって舗装道路が全国に整備されていき、道路が歌謡曲のモチーフとしきりになった。その典型が、フランク永井（45参照）が歌った『夜霧の第二国道』や『国道18号線』である。

後者の18号線は群馬県高崎市から新潟県上越市に至る国道であり、前者に歌われている「第二国道」とは、東京・大阪を結ぶ国道1号線のうち、東京都品川区西五反田から横浜市神奈川区までの通称「第二京浜道路」のことである。

さて、北海道の国道といえば、整備がもっとも早かったのは、函館市から札幌市中央区に至る国道5号である。ここで取り上げる『小樽の赤い灯が見える』は、この国道5号の一部をなす、札幌―小樽間の「札樽国道」を舞台とする歌で、発売されたのは、北海道にもモータリゼーションの波が押し寄せはじめた一九六一年九月であった。作詞・作曲は内村直也・飯田三郎の著名芸術家コンビで、この両名については26『風連湖の歌』のところで詳しく触れている。

歌ったのは三船浩（一九二九〜二〇〇五）である。新潟県出身の三船は、一九五一年に「NHKのど自慢全国大会」で入賞し、一九五六年一二月に『男のブルース』で歌手デビューを果たしている。前掲したフランク永井や石原裕次郎（62参照）、神戸《かんべ》一郎（一九三八〜二〇一四）とともに、「低音ブーム」で一世を風靡した。ヒット曲には、『夜霧の滑走路』、『サワーグラスの哀愁』、『男の酒場』などがある。

私も含む熟年世代には、大瀬康一が主演した子ども向け連続テレビ映画『月光仮面』（一九五八年〜一九五九年放送、現ＴＢＳテレビ）の挿入歌、「月の光を背にうけて」ではじまる『月光仮面の歌』の歌唱者として広く知られている。

☆札樽国道と札樽自動車道

『小樽の赤い灯が見える』のヒットから一〇年、札幌オリンピックを翌年に控えた一九七一年に、札樽国道の有料バイパスとして開通したのが「札幌小樽道路（通称・札樽バイパス）」である。これはさらに高規格幹線道路へ改修され、一九七三年には高速自動車国道へ格上げされて「札樽自動車道」となった。

札幌―小樽間は、現在では札樽自動車道によって短時間で往来できるが、昭和初期までは難所に阻まれていた。とりわけ、張碓峠《はりうす》のあたりは、石倉山を頂きに渓谷と滝が形成され、断崖絶壁が日本海に没していた。すでに幕末、恵比須屋半兵衛（岡田半兵衛）という人が私費を投じて開削に尽力していたが、明治に入り、北海道開拓のための中央官庁である開拓使が、札幌

張碓町を走る国道５号線／上部に見えるのが日本海　©カシオペアスイート

恵比須屋（岡田）半兵衛の番屋と漁場が島の眼前にあったことに由来する恵比寿島

本庁と小樽を結ぶため、張碓峠東側の銭函《ぜにばこ》から海岸沿いに、小樽市街に通じる道路を本格的に整備しはじめた。その後、苦節数十年、札幌と小樽を結ぶ国道が全線開通したのは一九三三（昭和八）年のことであった。

「札樽国道開通記念碑」が小樽市朝里《あさり》四丁目にある。この碑は、開通の翌年、張碓トンネル小樽側坑口に建立されたが、二〇〇〇年に北海道開発局小樽開発建設部によって現在地に移設された。移設にあたり、記念碑に添えられた「趣意」の文章は、「〝姿うるわし手稲の山の／影せまり来る張碓峠／君の手の熱き言葉に／ああ赤い小樽の灯が見える〟と唄われたこの地は」、云々ではじまっている。ここに引用されている歌詞こそ、『小樽の赤い灯が見える』の一部にほかならない。

☆意表を突く意味深な歌詞

歌詞の内容を見てみよう。主人公が夜間に恋人を助手席に乗せ、札樽国道を小樽に向かってドライブしている。「夜の闇ゆくヘッド・ライトに／はねありの散る札樽国道」と、いきなり意表を突く歌詞が出てくる。「はねあり」とは「翅蟻」、文字どおり翅《はね》の付いたアリのことで、これが発生するのは生殖時期であり、女王アリは雄アリともども普段の生活圏とは別の場所に、いわゆる「結婚飛行」をし、その後、新たな巣をつくる。ハネアリには、夜間に飛行して街灯やヘッド・ライトなどに集まるものが多いのだが、この歌に登場しているのもそんなアリである。

ともあれ、車中で彼は、振動で「君と肩／かすかにふれ」る。やがて彼は、「君の手の熱き言葉」を受ける。彼女は実際の言葉こそ発しないが、車の変速装置（ギヤ）を握る彼の左手に右手を添え、言葉に代わる意味深な振る舞いをしているわけである。

さらに二人は「頬をよす」る。とはいえ、車は「飛ばすこの道八〇キロの／夢のスピード」が出ている。運転中の行為としてはかなり危険である。当時の札樽国道はおろか、現在の札樽自動車道でさえ、急カーブが多いことが理由で、高速道路でありながら最高時速は全線にわたって八〇キロに制限されている。

彼は「君なくてなんでこの世が」という気分になる。これは、江戸時代の滑稽本に登場する川柳「酒なくてなんの己《おのれ》が桜かな」をもじった歌詞である。酒を飲まない花見は面白くないのと同じく、「君」のいない人生はつまらないと感じているわけである。「夜の闇ゆく」二人であってみれば、こんな気分になるのも無理からぬことである。

彼と彼女は、「夜の闇」と「夢のスピード」との二重の意味で、今やスリリングな関係にある。

札樽国道開通記念碑

「赤い小樽の灯」、これは赤信号、つまり停止信号を暗示しているのであろうか。

それにしても、これほどまでリアルな情景描写に出会ってしまうと、作詞者の内村直也の実体験が反映しているのではないかと考えたくもなる。しかし、それは事実ではないと、内村自身が詩集『雪の降る街を』（水星社、一九六七年）のなかで白状している。知人の男性放送局員が運転する車に乗り、たまたま「手近かにいた若い女性と」三人で札樽国道を走っただけで、「すべて空想の所産である」という。

ともあれ、「はねあり」が登場する歌謡曲は珍しい。というより、この歌が唯一であろう。灯りに集まる女王アリと雄アリは、飛行中に「結婚」する。「結婚」を終えた女王アリは、地面に降り立つと自ら翅を切り落としてしまう。そして、五匹程度が集団となり、地面を掘って新たな巣を営む。

他方、雄アリのほうは、力尽きてしまい、生き残ることは決してない。架空のドライブとはいえ、私には、主人公の男は大丈夫なのかと気になって仕方がない。いやはや、何とも意味深長な歌詞である。

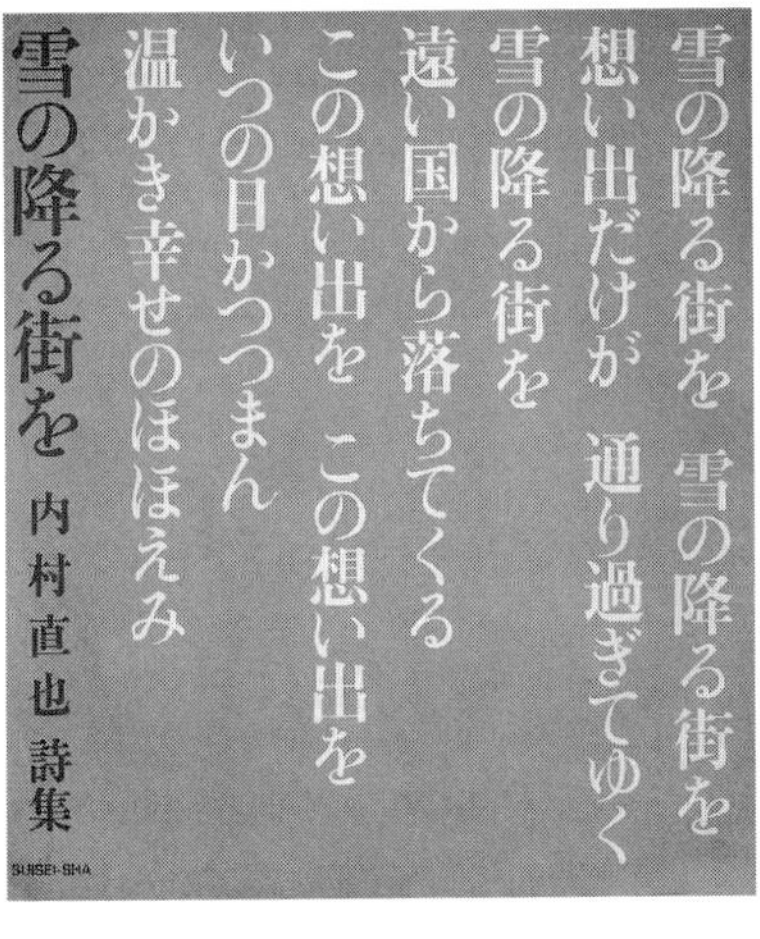
雪の降る街を　雪の降る街を
想い出だけが　通り過ぎてゆく
雪の降る街を
遠い国から落ちてくる
この想い出を　この想い出を
いつの日かつつまん
温かき幸せのほほえみ
雪の降る街を
内村直也詩集
SUISEI-SHA

69 『石狩挽歌』（北原ミレイ）

☆なかにし礼の実体験に由来する歌

歌手の北原ミレイは、一九四八年に愛知県で生まれた。高校を卒業してから上京し、作曲家の浜口庫之助（62参照）らに師事し、作詞家の阿久悠（4参照）に見いだされて、一九七〇年、『ざんげの値打ちもない』でデビューを果たし、大ヒットした。その後も、阿久の作詞による『棄てるものがあるうちはいい』や『何も死ぬことはないだろうに』などといった斬新なタイトルの歌で存在感を発揮し、現在も安定した歌唱力で活躍している。ここで取り上げるのは、一九七五年六月に発売された『石狩挽歌』である。

「挽歌」とは、本来、死者を哀悼する歌であるが、『石狩挽歌』は、石狩湾のニシン漁の衰退を嘆いた歌である。豊漁時代の「娘ざかり」に番屋で飯炊きをしていた老女が、往時を偲んで現状を嘆く。手宮《てみや》洞窟の「古代文字」はずっと変らぬまま原形をとどめているが、それに引き替え、

手宮洞窟の入り口　©禁樹なずな

「あれからニシンはどこへ行ったやら」。なお、この「古代文字」については次節の『小樽のひとよ』のところで改めて触れることにする。

古くは本州日本海沿岸であったニシンの漁場は、年々北上し、明治中期以降には、石狩湾から増毛《ましけ》・留萌《るもい》を経て稚内に至る北海道沿岸で急激に漁獲量が増えた。大正の最盛期には毎年一〇〇万トン近くが獲れ、財を成した漁師の「ニシン御殿」が建ち並んだ。しかし、一九五三年から漁獲量がめっきり減少し、一九五五年には五万トンにまで激減した。激減の原因としては、海流の変化、海水温の上昇、乱獲などといった説がある。

作詞したのはなかにし礼（一九三八〜二〇二〇）。旧満州の牡丹江《ぼたんこう》市（現在の中国黒竜江省）で生まれ、戦後、家族とともに引き揚げ、両親の故郷である小樽を経て東京や青森で育ち、一九六五年に立教大学仏文科を卒業している。シャンソンの訳詞をしていて石原裕次郎（62参照）に出会い、すすめられて作詞家に転身したという経緯がある。

北海道札幌市厚別区の「探検の村」に移築された鰊御殿「旧青山家」　©タクナワン

ご存じのように、作詞だけでなく作曲、舞台演出、小説・随筆の執筆など、活躍範囲は広い。二〇〇〇年には『長崎ぶらぶら節』（新潮文庫、二〇〇三年）で直木賞を受賞している。

以下に挙げるように、ヒット作も多い。石川さゆり（25参照）の『風の盆恋歌』のほか、『恋のフーガ』（ザ・ピーナッツ）、『天使の誘惑』（黛ジュン）、『恋の奴隷』（奥村チヨ）、『今日でお別れ』（菅原洋一、日本レコード大賞受賞）、『北酒場』（細川たかし、同）などとなるが、彼自身が著書『歌謡曲から「昭和」を読む』（NHK出版、二〇一一年）で「自作のベスト1」として挙げているのが『石狩挽歌』である。ちなみに、次点に挙げたのは黒沢年男が歌った『時には娼婦のように』であり、これには本人の歌唱版も発売されている。

『石狩挽歌』の歌詞は、少年時代の実体験から生まれた。彼が九歳、兄が二三歳であった一九四八年、一獲千金を夢見た兄は小樽の家を担保に二五万円を借金し、増毛の網元から三日間だけという網の使用権を買った。大漁なら、元手は一〇倍にもなる。実際、大漁になったが、兄はさらに儲けようと、現地でニシンを売らずに、船をチャーターして本州へと運び出した。しかし、日本海で時化《しけ》にあい、ニシンは海に捨てざるを得なくなった。そして、小樽の家は失われた（エッセイ集『翔べ！わが想いよ』東京新聞出版局、一九八九年参照）。

彼は、その後も幾度となく兄の負債に苦しめられた。その経緯は、自伝的小説『兄弟』（文藝春秋、一九九八年）に詳しい。九歳のとき、間近に見たニシン漁のさまは、同書の「小樽」の章に描かれている。

☆歌詞はあくまでもファンタジー

『石狩挽歌』の歌詞はそんな体験に着想を得たものだが、あくまでもファンタジーである。詞の舞台は「朝里の浜」となっているが、なかにしの実体験は増毛の浜である。音の響きの問題で石狩湾内の朝里《あさり》に変えられた（前掲『歌謡曲から「昭和」を読む』参照）。

老女は「オタモイ岬のニシン御殿」が寂れたと嘆くが、オタモイ海岸ならあるが「オタモイ岬」は実在しない。また、嘆きの時点で「笠戸丸」が沖を通っているが、実在した笠戸丸はブラジル移民船などとして長く活躍し、紆余曲折を経て、終戦直前に旧ソ連軍によって爆沈された。すると、老女の嘆きは戦前か戦中ということになるが、この時期、ニシン漁はさほど衰退していない。ここからも物語の虚構性が見てとれる。

作曲したのは、一九四六年生まれの浜圭介である。旧満

笠戸丸

州で生まれ、青森や北海道で幼少期を過ごすなど、経歴になかにしと似たところがある。歌手を目指して上京し、のちに作曲家に転身した。一九七一年に、奥村チヨが歌った『終着駅』が大ヒットし、一九七四年、その奥村と結婚している。

一九八〇年、『雨の慕情』（八代亜紀）が日本レコード大賞を受賞するなど、やはりヒット曲が多い。これら以外の代表曲として、本書で扱った森昌子の4『立待岬』のほか、『そして、神戸』（内山田洋とクール・ファイブ）、『雨』（三善英史）、『舟唄』（八代亜紀）、『望郷じょんから』（細川たかし）、『すずめの涙』（桂銀淑）などがある。

曲を渡されたときの北原ミレイの感想は、「難しすぎて歌えません」であったが、数日後、「あまりの感動で鳥肌が立った」、「北海道の光景が目の前に見えた」となった（読売新聞社文化部編『この歌この歌手』社会思想社、一九九七年参照）。

☆なぜヒットしたか

なかにしは、聴き手におもねらず、説明なしで地方の言葉を使って風土色を出した。「海猫《ごめ》」、「赤い筒袖《つっぽ》」、「ヤン衆」、「問い刺し網」、「にしん曇り」などである。それがかえってヒットにつながった、と自分自身で分析している（前掲『歌謡曲から「昭和」を読む』参照）。

さらにヒットの要因として彼が挙げるのが、ワンポイント・ルーズである。これは、歌詞のなかにゆるい囃《はや》し言葉を差し挟むという技法であり、本作では「オンボロロオンボロボロロ」の部分がこれに当たる（前掲書参照）。

この技法は、松井須磨子の『カチューシャの唄』（42参照）のなかの「神に願いを／ララ／かけましょか」、野口雨情（一八八二～一九四五）作詞・佐藤千夜子（一八九八～一九六八）歌唱の『波浮の港』のなかの「明日の日和は／ヤレホンニサ／なぎるやら」などのように、古くからある。

極めつけは、青江三奈が歌った『伊勢佐木町ブルース』（2参照）であろう。——「恋と情けの／ドゥドゥビドゥビドゥビドゥビドゥバー／灯がともる」。熟年世代の方々なら、川内康範《こうはん》（一九二〇～二〇〇八）が作詞した、この意味不明の歌詞を幼少期に聴いて、思わず吹き出してしまったという経験もおありだろう。

70 『小樽のひとよ』（鶴岡雅義と東京ロマンチカ）

☆ソフトな歌声と絶妙なハーモニー

ここで取り上げるのは、一九六七年に発売され、一五〇〇万枚以上の大ヒットとなった「鶴岡雅義と東京ロマンチカ」が歌った『小樽のひとよ』である。

鶴岡が奏でるレキントギターの甘い調べに乗せて、リードボーカルの三條正人がソフトな歌声を響かせた。当時のメンバーは六人で、ハーモニーは絶妙のひと言であった。その後、メンバーの入れ替えや増減が幾度かあったが、グループ自体は今も健在である。グループの持ち歌は、『小樽のひとよ』を含めて、多くが鶴岡の作曲による。

一九三三年、秋田県に生まれた鶴岡は、古賀政男（5参照）から作曲を、阿部保夫（一九二五～一九九九）からギターを学んだ。一九六〇年にラテングループの「トリオ・ロス・カバジェロス」を結成したほか、一九六五年に石原裕次郎（62参照）が歌った『二人の世界』で作曲家としてデビューした。

東京ロマンチカを結成したのは一九六六年、その翌年から同グループを基盤に『小樽のひとよ』をはじめとして『君は心の妻だから』などの多くのヒット曲を世に送り出している。

三條正人（一九四三～二〇一七）は滋賀県の生まれ。大学在学中の一九六三年にプロ歌手として活動を開始し、一九六六年、東京ロマンチカに加入した。そして一九六八年、『旅路のひとよ』で日本レコード大賞歌唱賞を受賞している。ちなみに、後年にはソロ歌手としても活躍した。

東京にいる男性が、「粉雪まいちる」小樽駅に残してきた恋人の女性に対して「逢いたい気持ち」を募らせ、「かならずいくよ待っておくれ」と結ぶ。――これが『小樽のひとよ』のあらすじである。

☆『小樽のひとよ』誕生秘話

鶴岡によれば、この歌の誕生にはドラマチックな秘話があるという（読売新聞文化部編『この歌この歌手』社会思想社、一九九七年参照）。

グループが公演で釧路を訪れたとき、その一人が地元の女性と恋に落ちた。発車直前の釧路駅のホームで、二人が別れを惜しんでいる。何やら、まるで18『釧路の駅でさようなら』の歌詞内容を再現しているかのような話である。当分、二人は会えまい。彼らの気持ちを歌にしようと考えた鶴岡は早速メロディーをつくり、『二人の世界』（石原裕次郎）でコンビを組んだ池田充男に作詞を依頼した。池田については35『呼人駅《よびとえき》』のところでも触れたが、ストーリー性の高い歌詞にかけては「名手」と言える。

池田は高校時代から詩に興味をもち、雑誌にしばしば投稿していた。雑誌を通じて彼の詩のファンになった女性が小樽にいた。池田とその彼女は一九五二年にめぐり逢い、一九五九年に結婚している。彼は、鶴岡に依頼された歌の舞台を釧路から小樽に移して、『粉雪のラブレター』という歌詞を書いた。こうしてでき上がったのが、現在の『小樽のひとよ』と類似する、いわばその原曲であった。

しかし、原曲に登場する固有名詞は「小樽」のみで、しかも一番に一か所あるだけだった。「ご当地ソング色をもっと強めたい」という関係者の意見を踏まえ、池田は三番にも「小樽」を入れた。さらに二番に、カップルのデート先という設定で、小樽の景勝地「塩谷の浜辺」と観光資源である「古代の文字」を入れた。そして、曲名を『小樽のひとよ』に改めて、名実ともにご当地ソングにしたわけである。

しかし、『粉雪のラブレター』も捨てがたく、これを一九六七年六月に発売し、三か月遅れの九月に『小樽のひとよ』を発売したところ、後者が圧倒的によく売れた。文字どおり、東京ロマンチカのメンバーのロマンチックなエピソードから大ヒットが誕生したわけである。

ところで、前述のように二番の歌詞には「偲べば懐かし古代の文字よ」とあるが、これはいったい何か。北原ミレイが歌った『石狩挽歌』（一九七五年発売）を前節で取り上げたが、その曲にも「古代文字」とある。石狩湾のニシン漁は寂れてしまったが、それとは対照的に、今も変わらずに残っているのは「古代文字」云々という脈絡で登場する。両曲の「文字」は同じものを指しており、小樽市手《て》宮《みや》公園内にある手宮洞窟（前節の写真参照）に残っている。

この小さな洞窟は、幕末の一八六六年に発見された。内部には、絵とも文字とも見える彫刻が施されており、洞窟は一九二一年に国の史跡として指定された。かつて研究者の間では、この彫刻については、六世紀に中央ユーラシアに存在した遊牧国家の文字であるとする説、古代中国の

いわゆる「古代文字」

漢字であるとする説などがあったほか、宮沢賢治（一八九六～一九三三）の詩「雲とはんのき」（一九二三年作、詩集『春と修羅』所収）にも、これが「手宮文字」として登場していた。

現在では、これらは文字ではなく、人物や舟や動物を描いた古代彫刻と判明している（溝尾良隆『ご当地ソング、風景百年史』原書房、二〇一一年参照）が、長らく、訪れる人に時空を超越した壮大なロマンを感じさせる彫刻であった。

☆後日談『旅路のひとよ』と『星空のひとよ』

ところで、『小樽のひとよ』の主人公、つまり小樽に残してきた恋人に対して「待っておくれ」と念じた東京在住の男性は、その後、彼女を小樽まで迎えに行ったのだろうか。その答えは、同じ池田・鶴岡コンビによってつくられた『旅路のひとよ』にある。この曲は一九六八年七月に発売されているが、間奏に『小樽のひとよ』のメロディーの一部が転用されているように、まさに「後日談」とも言える曲である。

実は、『小樽のひとよ』で「逢いたい気持ち」を募らせたこの男性は、女性を迎えに行くどころか、「愛する言葉の手紙さえ一年も途絶えて」いた。彼女を「つめたい風に泣かせ」ていたのである。それでも彼女は、耐えて彼を待った。しかし、とうとう「待ちきれないで」、東京を目指して「船」に乗った。おそらく、小樽発のフェリーであろう。

連絡を受けた男性は、東京の、どこかの駅で彼女を待つことにする。「日昏《ひぐ》れのホームで逢えたなら」、「抱きしめて」、「口づけしよう」と彼は考えている。ここで、この曲は終わっている。完全にハッピーエンドかと思いきや、『旅路のひとよ』にはさらに後日談がある。同じコンビがつくり、翌一九六九年六月に発売された『星空のひとよ』である。リードボーカルは三條正人ではなく、新たにメンバーに加わった浜名ヒロシ（一九五〇〜二〇〇九）が務めた。

女性は死んでしまったのである。「呼べども遠い星空のひとよ」、「やさしく眠れ星空のひとよ」とある。彼女は「くるしい愛のさすらいに傷つきながら露と」消えたのである。どうやら投身自殺らしい。「オタモイの岬」という歌詞がそのことを暗示している。「しあわせは雪虫よりも儚《はか》な」かった。この男性、何と罪つくりな人であるか。

『星空のひとよ』はあまりヒットしなかったので、ここまで知っている人はさほど多くはない。

71 『小樽恋唄』（美桜かな子）

☆ご当地ソングの宝庫、小樽

小樽は全国的に有名な観光都市である。ご当地ソングも多数つくられてきた。タイトルに「小樽」と付く有名歌手の持ち歌を挙げると、70『小樽のひとよ』、68『小樽の赤い灯が見える』をはじめとして、『小樽の灯』（青江三奈）、『たずねて小樽』（森進一）など、枚挙にいとまがない。タイトルに「小樽」がなくても、『哀愁運河』（山本譲二）のように歌詞に「小樽」が含まれるもの、また歌詞にさえなくても、69『石狩挽歌』（北原ミレイ）のように脈絡から舞台に小樽地域を含むことが明白なものもある。小樽のご当地ソングは、きら星の如く存在すると言ってよい。

しかし、これらの遺産に安住することなく、小樽のさらなる町おこしのために地元ＦＭラジオ局や観光協会が尽力して完成した曲が、ここで紹介する『小樽恋唄』である。小樽を恋する唄ではない。小樽を舞台にした恋の唄である。またぞろ小樽が舞台でも、決してマンネリ歌謡ではない。

☆地元俳人の作詞で大御所の作曲

関係者の熱意にこたえてドラマチックな旋律に仕上げた作曲家は、今や大御所の弦哲也《げん》である。彼については17『釧路湿原』のところで触れているので、そちらを参照していただきたい。

歌ったのは、千葉県佐倉市が出身という美桜《みざくら》かな子である。この芸名は、歌手の美川憲一（74参照）によって付けられた。美川から「美」を取り、佐倉にあやかって「桜」、そして望みが叶《かな》うように「かな子」、というわけである（本人のウェブサイトより）。

彼女は、高校を卒業後、カラオケ番組への出場がきっかけで音楽事務所にスカウトされ、一九九二年に歌手としてデビューした。それ以来、地道な活動を続けている。二〇〇三年三月に発売された『小樽恋唄』のほか、持ち歌として『滝桜…千年の恋』や『浮草の街』などがある。艶があって、どこかあどけなさが残る声の持ち主である。

メロディー・歌唱もさることながら、この歌の生命線は、何といっても煌《きら》びやかな歌詞にある。作詞したのは新倉百恵。彼女はプロ作詞家ではなく、小樽における老舗の菓子製造・販売会社の経営陣の一人であり、俳人でもある。一九四五年に余市郡仁木町《にきちょう》に生まれ、長く小樽で生活し、二〇〇三年に俳句会「天為」の同人となった。

この「天為」を主宰しているのが有馬朗人《あきと》（一九三〇〜二〇二〇）であった。原子核物理学を専攻し、東大総長、理化学研究所理事長、旧文部大臣、旧科学技術庁長官などを歴任し、二〇一〇年に文化勲章を受章したという、文理双方に秀でたエリート中のエリートである。

有馬は新倉の初めての句集『林檎の木』（ふらんす堂、二〇一三年）に「序」を寄せ、彼女の俳句について次のように評している。

抒情性が豊かであるが決してそれに溺れた甘さがないところが佳い。それぞれの句は対象をしっかり写生し、主観のみを強調せず客観的に表現しているからである。

三一五句が収載されている句集から、有馬が「小樽の風物が良く描かれている」と評した三句を引用しよう。

玫瑰や沖に生れる朝の波
風鈴や運河の町の路地深く
吹抜けの硝子工房初明り

ちなみに「玫瑰」とは、「はまなす」の漢字表記である。風鈴も運河も硝子工房も、いずれも小樽を端的に象徴する語である。

☆見事な情緒・季節感

『小樽恋唄』の歌詞も、長らく小樽に住んで小樽を知悉《ちしつ》するとともに、俳人という言葉選びに通暁した人ならではの作品となっている。プロ作詞家の二宮康による補作詞を経て完成した歌詞は、単なる名所・旧跡の寄せ集めの観光ガイドではなく、ストーリー性を兼ね備えているほか、情緒や季節感も見事に醸しだされている。

ヒロインは、夏から冬にかけ恋をし、やがて失恋し、翌年の夏から冬にそれを回想しているらしい。一番から三番まで、「いつまた会える／あああなた」が共通している。以下、歌詞に即して見てみよう。

一番は、「夏が立つ」時期の「浜が沸く」情景である。「夏が立つ」という表現はいかにも俳人らしい。ヒロインは「あなた」と「潮《うしお》まつり」で出会い、恋に燃えた。潮まつりとは、毎年七月下旬に三日間開催される海の恵みに感謝する祭典で、運河にほど近い小樽港第三号埠頭を主会場とし、コロナ禍で中止を余儀なくされた年もあったが、例年、のべ一〇〇万人の観光客で賑わってきた。

この埠頭と、小樽水族館や鰊御殿にほど近い祝津《しゅくつ》港とは、海上観光船で結ばれている。かつて二人はこの船でデートしたらしい。しかし、今、ヒロインは一人「祝津岬」に佇んでいる。「帰っておいでよ」と啼くかのように「鴎」が飛んでいる。

二番は、「秋がゆく」時期の「風の中」の情景である。「天狗おろし」が吹きすさび、海は「硝子の光蒔いた」ようにきらめく。ヒロインには、「あなた」との抱擁シーンが今もよみがえる。

天狗おろしとは、市街の南西に位置する標高五三三メートルの天狗山から吹きおろす季節風のこ

天狗山から見る小樽市

とである。

三番は、「冬が来る」時期の「雪あかり」の情景である。「赤い倉庫」が立ち並ぶ「運河」沿いの道。ここも、二人のデートスポットだったらしい。澄みわたった運河は「星の川」、つまり天の川を映し出している。「地獄坂」もデートの場であり、今も彼の「面影」が揺れる。この坂は、小樽市役所から西方、小樽商科大学へ向けて歩む途中に現れ、急な勾配ゆえ、前身の小樽高等商業学校の開学当初から学生たちによってこのように呼ばれてきたという。ただし、歌詞では、「じごくざか」ではなく「わかれざか」と読ませている。

彼とは「いつまた会える」とも知れないが、最後の「雪あかり」の語がヒロインに、そして歌の聴き手にもほのかな希望をもたらす。決しておざなりにつくられた歌詞ではなく、言葉を練りに練り、選びに選んで完成した歌詞である。

近年、小樽のご当地ソングは、瀬口侑希《ゆうき》が歌った『面影の小樽』、北川大介が歌った[72]『小樽夢見坂』など、

「地獄坂」小樽商科大学に至る坂道（『七日食べたら鏡をごらん』新評論、2013年、145ページより）

続々と発表されている。かつての大ヒット曲70『小樽のひとよ』などに安住せず、常に新曲を模索する作詞者・作曲者・歌手たち。そして、地元の人々。そのパワーに、ほかの観光地は大いに見習うべきかもしれない。

ちなみに、弦《げん》哲也の作曲で「小樽」と付くものには、この『小樽恋唄』以外に、石原裕次郎（62参照）が歌った『おれの小樽』、都はるみ（45参照）の『小樽運河』、さらには『小樽』（小金沢昇司）、『おもいでの小樽』（松井昌雄）、『小樽絶唱』（清水博正、48参照）がある。弦は、よくよく小樽に縁があるようだ。

裕次郎で思い出したが、小樽に関連して一つ残念なことがある。三歳から九歳までを小樽で過ごした、この昭和の大スターに関する品々が展示されていた「石原裕次郎記念館」が、施設老朽化のために二〇一七年八月三一日に閉館してしまったことだ。小樽市築港にあったこの記念館には、映画『黒部の太陽』のセットや、テレビドラマ『西部警察』で使用された車両なども展示されていたが、今ではもう見ることができない。かつて、

小樽駅にある「裕次郎ホーム」／元は１番ホームだったが、現在は４番ホーム（前掲書、148ページより）

「明治は遠くなりにけり」云々と詠じた俳人がいたが、いまや「昭和も遠くなりにけり」である。

72 『小樽夢見坂』（北川大介）

☆「坂のまち」小樽

日本には「坂のまち」と形容される自治体が少なくない。長崎県長崎市、兵庫県神戸市、広島県尾道市、静岡県熱海市などがそうである。多くは港湾都市で、もともと海岸のすぐ近くまで山が迫っていたことに加え、発展の過程で山地にまで都市区域が広がったため、結果的に坂が多く見られるようになった。北海道では、小樽市や函館市が典型的な「坂のまち」である。

観光地図によく載っている小樽市の坂を、所在地区を括弧内に示しながら列挙してみよう。

――船見坂（稲穂・富岡）、励ましの坂（手宮《てみや》）、うまやの坂（同）、神田坂（同）、団子坂（花園）、職人坂（山田町）、十間坂（錦町）、三本木急坂（住吉町）、外人坂（相生町）、五百羅漢の坂（潮見台）、社《やしろ》ケ丘の坂（奥沢）、長昌寺の坂（桜）、稲荷坂（高島）、浄応寺の坂（石山町）、いなりの坂（朝里《あさり》）、千秋通りの坂（最上）、薬師神社の坂（清水町）、赤坂（住吉町）、山の上の坂（同）、十一坂（入船）、なべこわしの坂（朝里川温泉）、紅葉《もみじ》橋の坂（花園）、野藤《のと》坂（梅ケ枝町）、馬追坂（銭函《ぜにばこ》）、となる。

こうして列挙してみると、風情のある名の坂や由緒を知りたくなる坂が少なくない。

小樽から離れるが、風情・由緒といえば、京都市東山区にある「夢見坂」もその一つである。同区東大路通りの交差点から「八坂の塔」という五重塔までを結ぶ、東へ向かって約九〇メートル上るなだらかな坂である。坂の途中にある八坂庚申堂《こうしんどう》の前には、「夢見坂」と彫られた大きな石の標識がある。

夢見坂・京都

八坂の塔は法観寺の境内にあるが、この寺の開基とされるのが聖徳太子（8参照）である。夢見坂という名は、都がいつか京都に遷《うつ》るという夢を太子がこの寺で見た、という言い伝えに由来するらしい。

さて、「坂のまち」小樽には、「夢見坂」という名の坂はない。ところが、『小樽夢見坂』という歌謡曲が実在している。いったい、どうしたことか。むろん、架空の坂を織りこんだご当地ソングをつくってはいけないという法はないが、少なくとも地元の人々は困惑したことであろう。

歌にしたのは、作詞家の星野哲郎と作曲家の中川博之である。星野については41『氷雪の門』、中川については64『好きですサッポロ』のところで触れた。彼ら、とりわけ作詞の星野が、京都に実在する坂の名を借りて小樽に当てはめたのは、どのような意図があってのことだったのだろうか。

☆小樽すなわち夢見坂

その秘密を探るヒントは、歌詞のなかに一度だけ出てくる「夢見坂」が、「小樽夢見坂」という語順ではなく「夢見坂小樽」となって登場していることにあると私は思っている。「坂のまち」小樽にある坂全体、ひいては小樽という町全体を、そこに暮らす人々が夢に向かってステップアップするためのスロープであってほしいという意味合いを含んで、星野は「夢見坂」と呼んだのではないだろうか。

タイトル『小樽夢見坂』を、「小樽にある夢見坂」ではなく、「夢見坂である小樽」ないしは「小樽すなわち夢見坂」と換言したら分かりやすいかもしれない。

「坂のまち」といえば、住民には苦労がつきものである。71『小樽恋唄』のところで触れたように、小樽には通称「地獄坂」という名の険しい坂まである。そんな苦労の場を、夢を見る場に変えて欲しいという願いが、この歌には込められているように思えてならない。

もっとも、そんな理屈はどうでもよく、要は歌詞やメロディーが素晴らしく、それを実力のある歌手が歌って、聴き手に何か感動を生み出せれば歌謡曲としては成功である。歌唱を託されたのは北川大介である。一九七〇年生まれ、神奈川県出身の北川は、カラオケ大会で前掲した作曲家の中川にスカウトされ、一九九八年に歌手デビューを果たしている。ルックスのキャッチコピーは「えくぼと八重歯とリーゼント」。持ち歌として、『雨の酒場町』、『波止場酒』、『横濱の踊り子』などがある。

☆星野哲郎の絶品歌詞

二〇〇五年一月に発売された『小樽夢見坂』は、いわゆるムード歌謡である。歌詞内容を私なりに整理すると次のようになる。

「坂の町」小樽で、めぐり逢って久しい「あなた」と「私」が、「背のび」をし合い、「何が見える」、「未来《あした》が見える」と前向きな会話を交わす。小樽は「愛を彩る二人の町」である（以上一番）。ちなみに、二人が「背のび」した場所は運河沿いの「雪あかりの路」であるが、そのことは三番になって初めて分かる。むろん、ここの「背のび」は、努力を重ねて現在の力量を超えた境地を目指すことの比喩でもある。

「港町」小樽で、互いに羽ばたき抱擁を交わしているかのような「鴎」と「ヨット」が、「何が見える」、「希望が見える」とメルヘンチックな会話を交わす。小樽は「愛が旅立つロマンの町」

である（以上二番）。「旅立つ」の語は、鴎やヨットのような機敏に動くものにふさわしい。むろん、鴎やヨットは、小樽で暮らす人々の姿の象徴でもある。

「夢見坂」小樽で、彩り豊かな「ガラス」に覆われた「ガス灯」と、「浮世絵」模様の「キャンドル」が、運河沿いに灯りをともしながら、「何が見える」、「昔が見える」とノスタルジックな会話を交わす。小樽は、さながら炎のように「愛が揺れてる運河の町」である（以上三番）。「昔が見える」のは町自体に長い歴史があるからこそであり、「見える」のは、文字どおり昔から文化遺産として小樽に存在する「ガス灯」や「キャンドル」（蝋燭）を介すればこそである。

このように、『小樽夢見坂』の歌詞は、小樽をことさら美化することなく、かといって貶《おとし》めることもなく、その等身大のイメージを忠実に伝えている。固有名詞は「小樽」だけで、残りの名詞はすべて普通名詞である。それでいて、これだけ小樽のイメージが鮮明に浮かび上がってくるのは「奇跡」と言っても過言ではないだろう。さすが作詞界大御所の星野哲郎、と思わず唸ってしまう。

ただし、三番の歌詞に出てくる前述の「雪あかり

小樽運河

の路」というフレーズは、見方によっては普通名詞ではなく固有名詞と見なせることを付記しておかなければならない。小樽運河沿いの通路などに無数のキャンドルを灯す二月の恒例イベントに、「小樽　雪あかりの路」というのがあるからだ。

一九九九年から開催され、実行委員会が主催し、地元商店街や町内会などが支えている。このイベントは、小樽高等商業学校（小樽商科大学の前身）出身の小説家・伊藤整（一九〇五～一九六九）の、若き日の詩集『雪明りの路』（一九二六年）にちなんで命名された。

美桜かな子の71『小樽恋唄』は、固有名詞のオンパレードであった。むろん、それはそれで一興であるが、『小樽夢見坂』はその真逆を行っている。固有名詞が乏しくても優れたご当地ソングは成立し得ることを、この歌がはっきりと証拠立てている。

73 『余市の女』（水田竜子《りゅうこ》）

☆「水トリオ」の作品

歌謡界では、かつて作詞の永六輔（一九三三～二〇一六）、作曲の中村八大（一九三一～一九九二）、歌唱の坂本九（一九四一～一九八五）の三人が「六八九トリオ」と呼ばれ、『上を向いて歩こう』などをヒットさせた。ここで取り上げるのは、水木れいじ作詞、水森英夫作曲、水田竜子歌唱、つまり「水」ではじまる三人の手になる『余市の女』である。このトリオを、勝手に「水トリオ」と呼んでおく。

水木は一九五〇年生まれ、岡山市出身で、一九七四年に作詞家としてデビューした。代表作に五木ひろしが歌った『高瀬舟』や『おしろい花』、天童よしみが歌った『人生みちづれ』（日本作詞大賞）などがある。なお、水森については、56『夕張川から』のところで詳しく触れている。

水木・水森コンビの代表曲として、美川憲一の74『神威岬』や、氷川きよし（33参照）が歌った『ときめきのルンバ』、『虹色のバイヨン』などがある。

歌唱を担当した水田は一九七七年生まれ、旭川市の出身である。一九九三年に「ＮＨＫのど自慢」のグランドチャンピオンとなり、一九九四年に『土佐のおんな節』でデビューし、同年、日本レコード大賞新人賞などを獲得している。

『余市の女』と同じ「水トリオ」の楽曲には、『角館《かくのだて》哀歌』、『国東《くにさき》みれん』、『霧の土讃線』、『野付水道』、『平戸雨情』などのご当地ソングを中心として多数があるが、残念ながら、いずれもさほどヒットはしていない。

さて、余市町は後志《しりべし》総合振興局管内の余市郡にあり、積丹《しゃこたん》半島の付け根に位置し、北は日本海、東は小樽市に接している。民謡『ソーラン節』発祥の地とされ、かつてはニシン漁の主要港の一つであった。明治期にはじまったリンゴ栽培が現在も盛んであるほか、ニッカウヰスキーの創業地としても知られている。

二〇一二年一〇月に発売された『余市の女』は、そんな余市を舞台に、「いのち預けた」愛する男の帰りを「あなたひとすじ」と「一途《いちず》」に「ひと冬」待ちわびているヒロインの心の機微を描いた作品である。

☆ほどよい明瞭さと曖昧さ

流行歌・歌謡曲の歌詞にかぎらず一般に詩歌には、状況が明瞭すぎて鑑賞者に解釈の余地がほとんど残されていないものもあるし、逆に、曖昧すぎてどうとでも解釈できるものがある。もっとも楽しめるのは、その中間ぐらいの、解釈の余地がほどほどに残されている詩歌である。その典型が、この『余市の女』の歌詞である。鑑賞者による自由な解釈の余地までをも緻密に計算してつくられているように見えるのだ。以下で、私なりに解釈してみたい。

一番の冒頭に「お酒を相手にひと冬越えて」とある。余市はニッカの工場で知られるが、ヒロインは単なる酒好きの女性ではなく、いわゆる水商売の女性らしい。こぢんまりとしたバーかスナックの経営者、あるいは従業員ではないだろうか。

ニッカウヰスキー余市蒸留所
©663高地

彼女は男の帰りを待っている。「雪」の積もる「波止場みち」を歩き、「シリパ岬」の「荒波しぶき」を見に来ては男を思い出し、沖行く船の「霧笛」に涙する。男はおそらく、その店で知り合った客であろう。漁師、それも北洋漁業の漁師で、だからこそ「ひと冬」、留守なのである。余市はかつてニシン漁で栄えた歴史をもつが、現在ではカレイ、イカ、エビなどの漁が盛んである。「ひと冬」の漁なら、おそらくタラバガニかスケトウダラであろう。

結局、この二人は、北洋漁業で一旗あげて帰って来ようとする男と、それを待っている水商売の女と解釈できよう。

ちなみに、シリパ岬は標高三〇〇メートル弱のシリパ山からの断崖が特徴的で、妻を亡くした若い漁師にまつわるアイヌ伝説が残っているが、この歌とは関係がないので触れないでおく。

二番に「紅い夕日に積丹カモメ」とある。ヒロインは夕刻に海を見つめながら、カモメと漁師の男とを重ね合わせている。ヒロインの思いは「他人《ひと》」の「噂」にさらされつつも「一途」である。それもそのはず、二人はかつて愛を誓い合っていた。

「誓った愛の乗念寺」とある。乗念寺は余市町内の梅川町にある浄土真宗本願寺派の寺で、一八九〇（明治二三）年に寺号を公称した。ほかにも歴史の古い寺はある。法華寺（沢町、日蓮宗）、宝隆寺（町沢町、浄土宗）、即信寺（梅川町、真宗大谷派）、永全寺（富沢町、曹洞宗）などである。そんななかから歌詞に乗念寺が選ばれたのは、響きが「情念」に通じているというのが最大の理由であろう。

男とはかつて乗念寺で愛を誓い合ったが、彼が心変わりしていないか、一抹の不安も抱きつつ、男の「忘れられないぬくもり」に「賭けて」、ヒロインは男の「入船」つまり帰還を待っている。詞は「入船」と書いて「ふね」と読ませている。

三番に「春のあけぼの」とある。季節はもはや早春である。男が帰る日もそう遠くない。やさしさで「胸の根雪を溶かしてほしい」と願い、待ち焦がれるヒロイン。彼女には、「ローソク岩に黒ユリ投げてただ祈る」ことしか、なすすべがない。

乗念寺　〒046-0023　余市郡余市町梅川町840

黒ユリは北海道に広く分布しているため、よくアイヌの伝説と称して、好きな人の近くに黒ユリをそっと置いて、相手がそれを手にすれば二人は必ず結ばれる、というような話が語られているが、実際にはそんな伝説はないようである。菊田一夫（一九〇八～一九七三）原作のラジオドラマ・映画『君の名は（第二部）』（22参照）に挿入された、織井茂子（16参照）が歌った『黒百合の歌』（一九五三年）によって全国に拡散した擬似伝説なのではないだろうかと私は思っている。『余市の女』の当該歌詞も、ルーツはここに求められる。

ローソク岩は余市町潮見町の沖に位置するごく小さな無人島で、高さ約四五メートルの細長い奇岩の上は、なんと、神社となっている。名の由来には、ニシンの大群の鱗《うろこ》がこの岩に張り付いて光ったという説と、ニシンを追うカモメの大群がこの岩に落した糞のリン成分が夜間に光ったという説があるらしい。また、魔物退治に出たきり戻らなかった若い漁師の兜と剣が岩になって海面に姿を現したという伝説も残っているが、これも歌詞とは関係ない。むしろ、『余市の女』のヒロインにとっては不吉な伝説となる。

☆まさに本格演歌

冒頭で述べたように『余市の女』は「水トリオ」の所産である。しかも、歌のヒロインはニッカの町の水商売の女だから「水カルテット」、さらに、ヒロインが慕う男は海に面した町の漁師だから「水クインテット」である。よくよく水に縁がある。しかし、楽曲そのものは決して水っぽい代物ではない。コンセプトが明瞭なうえに、歌詞もメロディーも歌唱力も本格派である。水田竜子の歌唱力に折り紙を付けたのは、決して彼女が旭川市出身で、私が旭川市民だからではない。

ローソク岩　©我路・幌内画像倉庫

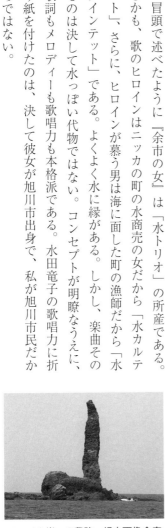

74 『神威岬《かむいみさき》』（美川憲一）

☆ワンダーランド積丹町

後志《しりべし》総合振興局管内の、日本海に大きく突き出た半島が積丹《しゃこたん》半島である。名の由来は、アイヌ語で「夏の村」を表す「シャク・コタン」である。海岸線が複雑なため風光は明媚で、海沿いの地域はニセコ積丹小樽海岸国定公園に指定されている。江戸時代からニシン漁で栄えていたが、昭和後期以降は不漁で過疎化が著しい。札幌圏から近いが、交通が不便なため、温泉資源が豊富な割にはさほど観光開発は進まず、いまだ秘境的要素も少なくない。

積丹半島神威岬　©663高地

半島の突端部に位置するのが積丹町で、北海道遺産に指定されている神威岬があり、その沖には神威岩という岩礁がある。カムイはアイヌ語で「神」を意味する。この岬と岩礁は、源義経（一一五九〜一一八九）にまつわる奇抜な擬似アイヌ伝説の舞台でもある。

奥州を逃れ、北海道に上陸した義経はアイヌ娘と恋仲になったが、大望ある彼は彼女を捨て、神威岬から大陸へ渡る。彼女は、和人の女を乗せた舟が沖を通ったなら必ずこれを転覆させるという呪いと嫉妬の言葉を遺して岬から身を投げ、神威岩と化す。やがて松前藩は、彼女の呪いと嫉妬に事寄せて岬一帯を女人禁制の地とし、その禁制は幕末まで続いた（志賀重昂《しげたか》『日本風景論』一八九四年、講談社学術文庫に復刻版あり）。

民謡『江差追分』の歌詞にも、「音に名高いお神威さまは／なぜに女の足止めた」などとある。実は、この禁制が行われたのは、この岬より奥へ和人が定着すれば、藩のニシン権益などが損われると松前藩が危惧したためであった。

積丹町の東部は、かつては美国《びくに》郡美国町であった。アイヌのカムイではなく和人の神を祀るここの美国神社は、江戸享保期の一七二五年に京都伏見稲荷の分霊を奉って「稲荷神社」と称したことにはじまるという。七月上旬の三日間、海の安全と豊漁を願う例大祭が、大正時代から毎年行われている。燃え盛る炎のなかで夜間に展開さ

美国みやげの温度計／香西かおりのサイン入り

美国神社

れる「天狗の火くぐり」がメインイベントで、穢れを清める幻想的な神事である。

そのほか積丹町《しゃこたん》は、半島付け根にあたる余市町と競うかのように『ソーラン節』発祥の碑が美国にあったり、トド、アザラシなどのウォッチングクルーズが幌武意《ほろむい》漁港を拠点に楽しめたり、日露戦争時にロシア艦隊を監視した電磁台の跡が神威岬《かむいみさき》にあったり、義経伝説ならぬ真正アイヌ伝説のクロゼットであったりする。要するにこの町は、過疎化が進んで、今では人口が二〇〇〇人にも満たないにもかかわらず、さまざまなルーツの文化的事象が渾然一体化し、何でもありの「ワンダーランド」となっている。

☆ワンダーソング『神威岬』

こんなワンダーランドなので、ここを舞台にして歌謡曲の類をつくるとなると、いくらでもワンダーソングが可能となる。作詞家が根拠に基づかずに創作を加えればなおさらである。そんな成果が、二〇〇五年八月に発売された演歌『神威岬』である。作詞は水木れいじ、作曲は水森英夫。両名は73『余市の女』の創作コンビでもあり、業績などについてそこで触れた。

『神威岬』の歌詞は三番まであるが、失恋を悲しむ女性を主人公に、伝説ふうのつくりとなっていて、義経とアイヌ娘に関する擬似アイヌ伝説を踏まえているように読める。

「神にもそむいて愛した」相手、つまり異邦人（非アイヌ）の男はもう現れない。悲観したヒロインは、いっそ「黒ユリ抱いて」身投げしようかと考える。いわゆる黒百合伝説は、作詞の水木が『余市の女』にも登場させているが、そこでも強調したように、実はアイヌとは関係がない。

ともあれヒロインは、自分は失恋したのに「神威の夕陽」は「なぜ燃える」のかと怨み事を言って一番が終わる。

二番では、身投げを思いとどまったヒロインが、彼に再会できるように何度も「流れ星」に祈る。流れ星に祈ると願いが叶うとよく言われるが、これがアイヌの信仰にもあるのかは定かでない。さらに、「かもめになれるなら」、「あなたを探して飛ぶものを」と鳥への変身願望も抱く。これも、アイヌの一般的なものの考え方を反映しているのかどうか疑わしい。

三番によると、ヒロインはかつて男から、「お前が死ぬとき俺も死ぬ」と「積丹伝説《ロマン》の火祭り」の場で言われたことがある。しかもそのことを、「カムイの月は知っている」と月を目撃者に立てている。しかし本来、アイヌ民族の祭りは昼間に行われ、火とも月とも関係は薄い。伊藤久男（37参照）が歌った『イヨマンテの夜』では、アイヌの「熊祭り」の道具立てが「燃えろ篝火《かがりび》／ああ満月よ」と表現されているが、これも作詞の菊田一夫（73参照）の創作である。

積丹町なら「火祭り」の舞台は美国《びくに》神社以外には想定しづらいが、ここには前述のように和人の神が祀られているし、しかも火祭りの起源は大正時代と意外に新しいものである。

要するに『神威岬』は、さまざまな夾雑物《きょうざつぶつ》が溶けこんだ、ごった煮のようなワンダーソングである。とはいえ、それが悪いと言うつもりはない。これはこれで一興である。

☆ワンダーシンガー美川憲一

こんなワンダーソングを担えるのは、歌謡界広しといえども美川憲一をおいては考えがたい。一九四六年に生まれ、長野県出身の美川は、『柳ケ瀬ブルース』、『おんなの朝』、『お金をちょうだい』、『さそり座の女』などのヒット曲で知られている。男性性と女性性の双方を具有し、演歌系もポップス系も、ブルース系もジャズ系もシャンソン系も歌いこなし、喜怒哀楽のすべてを巧みに表現する。また、今でこそゴージャスな雰囲気を漂わせているが、法を犯して芸能界を干され、無聊《ぶりょう》を託《かこ》った時期もあった。

このように、さまざまな要素を内包している彼に、『神威岬《かむいみさき》』はうってつけの作品であると言える。詞も曲も、最初から彼を意識してつくられたのであろう。

ちなみに、北海道を舞台にした美川の代表曲として『釧路の夜』と『納沙布みれん』があるが、これらは、美川らしさという点では『神威岬』に劣ると私は思っている。

ほぼ同じ地域を扱った歌に、天童よしみの『積丹半島《しゃこたん》』がある。こちらは積丹町の南隣の神恵内《かもえない》村が舞台となっており、漁業労働だけに特化した正統派の演歌となっている。かえって、それが残念である。天童だって十分にワンダーシンガーなのだから。

75 『岬まで』（さだまさし）

☆舞台は倶知安《くっちゃん》

倶知安町は虻田郡《あぶたぐん》に属し、後志《しりべし》総合振興局の所在地である。面積は約二六一平方キロメートルで、近年、一万四〇〇〇～一万五〇〇〇人台の人口を推移している。虻田郡京極町、同ニセコ町、余市郡仁木《にき》町、同赤井川村、岩内郡共和町、磯谷《いそや》郡蘭越《らんこし》町が隣接自治体となっている。

町は盆地で、南に蝦夷富士こと羊蹄山（一八九八メートル）、西にニセコ連峰を擁している。農業とりわけジャガイモ生産で知られるほか、自然を生かした観光業も盛んである。近年、外国人観光客が急増し、町の一部では、外国企業による宿泊施設建設ラッシュなどが理由で地価が急上昇しているという。

サケやサクラマスが上る清流として知られる尻別川が、羊蹄山麓の北側を回りこむように流れている。町名は、この川の支流にあたる倶登山《くとさん》川のアイヌ語

羊蹄山

旧名「クッシャニ」に由来し、これは「円筒状の地形を流れ出る所」を意味するらしい（倶知安《くっちゃん》町ホームページなどによる）。

ここでは、この倶知安町を舞台とする『岬まで』を取り上げたい。作詞・作曲・歌唱のすべてを担っているのが個性的シンガーソングライターのさだまさし（一九五二生まれ）であり、歌詞、メロディー、そして歌唱法にも「ゆったり」と「のんびり」という二つの副詞がぴったりと当てはまる。ギターとシンセサイザーだけの伴奏で軽やかに進行する癒し系の三拍子曲である。

ご存じのとおり、さだは長崎市の生まれで、三歳からヴァイオリンに親しみ、中学時代に単身上京して演奏修業を深めた。しかし、高校時代には、加山雄三などの影響でギターや作詞・作曲にシフトしている。大学を中退後、吉田正美（現・政美）とバンド「グレープ」を結成し、一九七三年に全国デビューをした。翌年に『精霊流し』が大ヒットし、日本レコード大賞作詩賞を受賞している。翌年に発表した『無縁坂』も大ヒットとなったが、一九七六年にバンドを解散し、それ以後はソロで活動している。

わざわざ述べるまでもないだろうが、『雨やどり』、『関白宣言』、『親父の一番長い日』などヒット曲が多数あるほか、小説家としても活躍しており、『解夏《げげ》』（幻冬舎、二〇〇二年）、『眉山《びざん》』（幻冬舎、二〇〇七年）などを発表し、これらの作品は映画にもなっている。

☆旅人を引き留める地元の男

『岬まで』は、二〇〇二年二月に発売されたアルバム『夢百合草（あるすとろめりあ）』に収録されている一曲で、主人公は倶知安で暮らす男である。

彼は「短い夏」のある日、ある旅人と出逢う。倶知安の風は「心地良いでしょう」、雲は「温か色でしょう」と自慢げに話し掛ける。旅人は、積丹《しゃこたん》半島西端の神威岬《かむいみさき》（74参照）を目指している。この岬が経由地なのか最終目的地なのか、歌詞からは分からないが、そんな旅人を主人公は、「慌てる事もない」、「急ぐものじゃない」と引き留める。

倶知安町内のどのあたりで二人が出逢ったのか定かではないが、「蝦夷《えぞ》富士を見上げ」るような場所であることから、町のかなり東寄りのほうであろう。とすると、神威岬までは、直線距離にして少なくとも六〇キロはある。徒歩による旅か自転車旅であろうが、詳細は不明である。

ともあれ主人公は、このたまたま出逢った旅人に「のんびりひと眠り」せよとすすめ、「蝦夷富士」つまり羊蹄山「を見上げながら一杯やりましょう」と酒もすすめる。そして、人生は一度きりで「景色でも眺めながらほろほろ歩く」のがよいという価値観を披歴する。さらに、「急ぐものじゃない」のは「旅」ばかりでなく「恋」も同様だと、神威岬のあたりに住むある女性への伝言を託す。

――自分は「どうやらこうやら暮らしている」。「神威岬のカモメにもよろしく」伝えてくれ。

「来年の今頃」つまり「神威岬《かむいみさき》にハマナスが咲く頃」に「会いに行く」。「神威岬の霧が晴れた頃」には「約束通りに迎えに行く」。

「旅や恋なんて急ぐものじゃない」というフィロソフィーに貫かれた歌である。手紙や電話でなく、ましてSNSなどでは決してなく、たまたま出逢った旅人に伝言を託すというのにも度肝を抜かれる。恋人と思しき相手の女性も同じフィロソフィーと見える。

余談にわたるが、アイヌ語系と英語系を組み合せて「倶知安《くっちゃん》ネイチャー」（倶知安の自然）という語をつくってみると、「食っちゃ寝ちゃ」に通じるおおらかな響きがあって愉快である。

☆余韻を楽しむ歌

状況や場所の設定が巧みな作品である。羊蹄山麓から積丹《しゃこたん》半島最西端の神威岬までは、夏の北海道では旅の醍醐味がもっとも味わえるコースの一つである。羊蹄山麓から神威岬まで行く場合、積丹半島は未開地が多いのでコースはかぎられている。考えられるのは、次の二つである。

❶JR函館本線沿いに羊蹄国道を進んで共和町の国富《くにとみ》に出たあと南西に進み、やがて泊村の南西に出て、北電泊原子力発電所の近くにあるほりかっぷトンネルを抜け、兜トンネルを経て、興《おき》志内《しない》トンネルから神恵内《かもえない》村に入り、大森トンネル、川白トンネルなどを経て積丹トンネルから積丹町に入り、やがて神威岬に至るという南西ルート。

❷羊蹄国道をさらに北上して仁木町に入り、余市町東北端のニッカウヰスキー蒸留所のあたりから海岸沿いを西北西へ進んで豊浜トンネルを経て古平《ふるびら》町に入り、海岸沿いをさらに進んで積丹町に入り、美国《びくに》神社のあたりからやや内陸に入って原野に沿って進み、武威《むい》岬を経て最終的に神威岬に入る北西ルート。

むろん、これら以外のもっと険しいルートもあり得るが、現実的ではない。❶と❷のいずれにしても、海沿いを通る道が主体で、潮風爽やかな短い夏の北海道を満喫することができる。

前節でも触れたように、そもそも積丹の地名の由来は、アイヌ語で「夏の村」を表す「シャク・コタン」である。半島は海岸線が複雑なため風光は明媚で、海沿いの地域はニセコ積丹小樽海岸国定公園に指定されている。

歌詞に直接出ていなくても、旅人の今後のルートは上記のようなものとほぼ想像できる。むしろ、リスナーをこうした想像に誘《いざな》うためにこそ、倶知安町からストーリーを起こしたのではないだろうか。歌を聴き終わったあとで、それぞれの人が「岬まで」の想像の旅を余韻として楽しむのだ。

さだまさしの歌詞は総じて設定が巧みで、リスナーが想像の世界に深く遊ぶことができる。『解夏《げげ》』や『眉山《びざん》』などを通して、彼が小説家として高く評価されていることもうなずける。

76 『奥尻の風に乗って』（野村吉文）

☆奥尻・昭和末期・伊藤蘭

奥尻島は渡島半島せたな町西方約一八キロの日本海上に位置し、島全体が檜山道立自然公園の一角を占めている。南北に細長く、面積は約一四三平方キロメートル。東部の奥尻港と南部の青苗港を拠点に、かつてはニシン漁で栄えた島である。現在でも主要産業は漁業となっているが、観光にも力を入れており、奥尻港へは江差町からフェリー、青苗地区に近い奥尻空港へは函館から旅客便が運航されている。

奥尻港の近くには、鉄鍋の弓型の弦《つる》に形状が似ていることから命名された「鍋釣岩《なべつるいわ》」がある。その高さ一九メートル余りとなっている。

鍋釣岩

島の最北の稲穂地区の稲穂岬一帯には、道南五霊場の一つである「賽《さい》の河原」が約六ヘクタールにわたって広がっている。大小無数の石塔で埋め尽くされている「賽の河原」は、海難犠牲者や幼少死亡者、身内の故人の冥福を祈る慰霊の地で、一八八七（明治二〇）年から「賽の河原祭」が続けられている。当日には、法要や供養のための行事はもちろん、子ども相撲大会や島芸人ナンバーワン決定戦などの催しも開催されているほか、夜には海を渡る灯篭流しも行われる（例年六月二二日に開催）。

西部にある「北追岬公園」は標高二〇～四五メートルの岬の上に位置しており、人のいる土地では北海道の最西端と言える。ここには、「讃岐うどん」の命名者ともされている彫刻家の流政之《ながれまさゆき》（一九二三～二〇一八）が一九八〇年代の初頭に制作した作品が点在している。

観光地としてテレビ・雑誌などでよく紹介される奥尻島だが、島の最大のＰＲにつながった映画を挙げるなら、渥美清主演・山田洋次監督の「男はつらいよ」シリーズ第二六作となる『寅次郎かもめ歌』（一九八〇年公開）となろう。

渥美（11参照）が演じる車寅次郎は、旅先の江差町でテキ屋仲間から、同業の常《つね》が病死したと知らされる。虚無感に苛まれた寅は、墓参のために常の故郷である奥尻島へ渡り、イカの加工場で働く常の一人娘すみれと出会う。彼女に連れられて常を偲んだのが「賽の河原」であった。

その後、すみれは東京で寅次郎と再会し、働きながら定時制高校で学びはじめるのだが、その健気《けなげ》な生き様が観客の感動を誘う。すみれを好演したのは元キャンディーズの伊藤蘭、ご存じのとおり、現在は水谷豊の奥様である。

☆奥尻・平成前期・島津亜矢

この映画の公開から一二年半を経た一九九三年七月一二日の夜、奥尻島は北海道南西沖地震に襲われた。震度6の烈震とされ、青苗地区を中心として、津波による死者が二〇〇人余りとなった。各所で建物倒壊・地割れ・陥没・崖地崩壊などが発生し、津波は青苗地区や稲穂地区を壊滅的な状態にした。青苗では大規模な火災も発生し、翌日まで延焼し続けた。

言うまでもなく、被災者たちは学校や集会所での避難生活を余儀なくされ、仮設住宅の設置が急がれた。やがて青苗・稲穂などでは、漁業集落環境整備事業などにより新しいまちづくりが進められたほか、津波対策として、防潮堤・津波水門・人工地盤・避難路などが多数整備されていった。

徐々に島は復興していったわけだが、復興に向かって、全国から多大な支援が寄せられた。この支援に対する感謝の気持ちを歌にしたのが、星野哲郎（41参照）作詞・弦《げん》哲也（17参照）作曲・島津亜矢（7参照）歌唱のバラード調演歌『奥尻はいま』である。この曲は、地震から丸四年を経た一九九七（平成九）年七月に発売された。

歌詞には、島の地名をはじめとして固有名詞は一切登場しない。「辛い季節をくぐり抜け」、「人

青苗の南から見た津波被害の様子

の情に励まされ」て「よみがえるふるさと」。この「奥尻の輝きをぜひみなさんに見て欲しい」、そしてまた「奥尻のはばたきをぜひみなさんに聴いて欲しい」。「島中みんなでお待ちしています」と、支援に対する島民の感謝の念が代弁されており、ぜひ来てほしい、といった願いで貫かれている。感謝の念をもっているのは島全体であり、だからこそ、個別の固有名詞は不要であった。

☆奥尻・平成後期・野村吉文

『奥尻はいま』が発売された八か月後、震災発生から数えると四年八か月後の一九九八年三月、島は「完全復興宣言」をした。そして、この宣言からさらに一四年半を経た二〇一二（平成二四）年八月に発売されたのが、同じくバラード調演歌の『奥尻の風に乗って』である。

歌ったのは野村吉文。日高振興局管内の浦河町の出身で、苫小牧市を中心に活動し、函館市の戸井漁港を舞台にした『戸井の鮪船《まぐろぶね》』で遅咲きのメジャーデビューを果たしている。そのカップリング曲が『奥尻の風に乗って』である。

CDジャケットに「奥尻町・奥尻商工会・奥尻島観光協会推薦」とあるように、典型的な観光PRソングである。作詞・作曲は星川成一と山中博。このコンビについては10『ゆのみの花』のところで触れている。

『奥尻の風に乗って』に登場する人物は「あなた」と「私」であるが、これは明らかに、特定の誰かれを指しているのではなく、奥尻島外からの観光客を指して「あなた」、島民を指して「私」と呼んでいる。歌詞は、少し長めの一番と二番のみで、その核心は以下のとおりである。

かつて「私」は、「あなた」を「北追岬」で見送った。それからずっと「鍋釣岩《なべつるいわ》」で「あなた」を待ってきた。「あなたは来る私のもとへ／奥尻の光る風に乗って」（以上一番）。

「あなた」が好きなのは「青苗」の古い町並みであり、ニシン船で活況を呈していた「奥尻港」である。「私」は「さいの河原」のある稲穂岬で「あなた」を待ってきた。「あなたは来る私のもとへ／奥尻の光る風に乗って」（以上二番）。

前述のとおり、鍋釣岩と奥尻港は島の東、北追岬は西、青苗は南、賽《さい》の河原は北に位置している。この東西と南北の座標軸がつくる平面上に島の観光地が点在しており、小宇宙を形成している。島民が「見送」り、「待」ち、やがて観光客が再び「来る」。歌詞では東西南北が交錯しているが、気にする必要はないだろう。いかにも観光ＰＲソングである。

かつて島津亜矢は、復興がほぼ叶った奥尻島にぜひ来て欲しいとひたすら願って、「島中みんなでお待ちしています」と歌った。しかし、野村吉文は、「あなたは来る」と、そう断言している。「風に乗って」観光客は否応なく奥尻島に引き寄せられると、島民は自信に満ちあふれるまでになった。しかも、島津亜矢の歌にはなかった固有名詞も入っており、島の座標軸をきめ細かくＰＲするだけの余裕も生まれたようだ。

ちなみに、繰り返される歌詞「あなたは来る」の部分のメロディーは、有名なスコットランド民謡『アニー・ローリー』のクライマックスのそれと一致する。意識的なオマージュなのか、単なる「他人の空似」なのか、私には分からないが、美しい島国スコットランドと風光明媚な奥尻島との組み合せであってみれば、やはり意識的なオマージュなのだと信じたい。

77 『江差・追分・風の街』（大川栄策）

☆底流に『江差追分』

追分とは、本来は地理上の概念であり、道が左右に分かれるところ、つまり分岐点を意味し、全国各地に地名として残っている。有名なのは、中山道と北国街道が分岐する長野の「信濃追分」や、甲州街道と青梅《おうめ》街道が分岐する東京の「新宿追分」である。しかし、この言葉は別の使われ方もしていた。民謡の一種である「追分節」の略称である。

バス停として残る「新宿追分」
新宿三丁目の伊勢丹前

追分節は、信濃追分の宿駅とその周辺で、馬による荷物や人の運搬を業とする馬子《まご》が、馬を引きながら歌った馬子唄のことであり、それが変容しつつ、各地に伝わったものも「追分」ないし「追分節」と呼ばれるようになった。その歌詞は、当然ながら、静止ではなく移動、ひいては流浪や漂泊の思いを重要なモチーフとしている場合が多い。

各地に伝わって定着したものとしては、『越後追分』、『松前追分』、『江差追分』などが有名で、いずれも哀愁を帯び、こぶしを利かせ、声を朗々と長く延ばした歌い方が特徴である。

ここで取り上げるのは、追分節のなかでもとくに有名な『江差追分』を曲想の底流にもつ、一九八七年二月に発売された演歌『江差・追分・風の街』である。中黒《なかぐろ》記号「・」は、名詞を並列させるときに使われるものだが、このタイトルでは「江差」、「追分」、「風」が並列されており、いずれも「の街」につながっている。つまり、「江差の街」、「追分の街」「風の街」が並列されており、これら三者がイコールで結ばれていると考えてよい。

歌ったのは、一九四八年生まれ、福岡県大川市出身の大川栄策である。佐賀商業高校を卒業したあと上京し、同郷の作曲家古賀政男（5参照）に師事している。かつて霧島昇（13参照）が歌った古賀メロディー『目ン無い千鳥』で一九六九年にデビューしたところ、これがリバイバルヒットとなった。そして、一九八二年には、不倫歌謡の『さざんかの宿』（65参照）が大ヒットした。

作詞と作曲は同一人物で、作曲が本業の遠藤実である。彼については13『襟裳岬』のところで触れたので詳細は割愛するが、生涯に作曲した数千曲のうち、作詞まで手掛けたものはそう多くはない。しかも、ヒットしたのは、こまどり姉妹（78参照）が歌った『三味線姉妹』のほか、『こまっちゃうナ』（山本リンダ）、『他人船』（三船和子）などごく少数である。そんななか、作詞も自分でこなしたからには、よほど強い思い入れがあったものと思われる。

☆7・7・7・5が基調

『江差追分』（以下『追分』と略記）は江戸中期に原型が確立したとされ、歴史の古さから、今日までにさまざまな歌詞が生まれてきた。前唄でも後唄でもない、本唄の歌詞でもっとも有名なのは、「鴎の鳴く音に／ふと目を覚まし／あれが蝦夷地《えぞち》の／山かいな」である。北海道を新天地として目指した人の感慨が見事に表現されている。

『追分』は、前唄・本唄・後唄のいずれもが基本的には7・7・7・5の計二六音からなっている。『江差・追分・風の街』は三番まであるが、いずれも前半は7・7・7・5で構成されている。語呂が一致するのは、明らかに『追分』を踏まえているからである（ちなみに、後半は5・5・8・8）。以下において、私の歌詞解釈を披露しよう。

舞台は、「町」にも「宿」にも「港」にも『追分』が流れている土地、ほかならぬ檜山郡江差町である。一九六三年以降、町では、毎年九月にその歌いぶりを競う全国大会が開かれている。伴奏は尺八だけで、町を吹く風もその音色を彷彿とさせる。

「風も尺八ヒュルヒュルヒュル」——風音を「ヒュー」ではなく、「ヒュル」と表現しているところが斬新である。

　主人公の男は、彼にとってはいわく付きの江差町を久しぶりに訪れた。一番には「あの人に詫びたいよ」、二番には「あの人はどこにいる」、三番には「あの人に逢いたいよ」とある。久しぶりに訪れたこの町で、その人を探して、逢って、詫びたいというわけである。

　昔は、その人の「情けの深さを知らない」で礼を欠いた。今は、「心の痛みをなぐさめ合いたい」。かつて自分は加害者であり、相手は被害者であった。しかし、今の自分も、昔の自分から「心の痛み」を惹起される被害者であり、昔の自分が加害者である。互いに被害者同士、「心の痛み」をもっている。それを「なぐさめ合いたい」というのである。

　人と人は「この世がかぎりの縁《えにし》」である。わだかまりはこの世で清算せねばならない。そんな思いで主人公は江差にやって来た。

江差追分会館の全景　©ばたちゃん

☆『江差追分』の教訓

かつての主人公は、江差にいながら、『追分』の歌詞がもつ教訓に気付けなかった。『追分』の歌詞に次のようなものがある。

「浮世の荒波／漕ぎ出てみれば／仇やおろかに／過ごされぬ／浮くも沈むも／みなその人の／舵の取りよと／風次第」（前唄）

「荒い波でも／やさしく受けて／こころ動かぬ／沖の石」（本唄）

「波に映りし／月影さえも／乱れながらも／丸くなる」（後唄）

「荒い波でもやさしく受けて」くれた人がいたから今の自分がある。今の自分は、「乱れながらも丸くな」った。そう気付けたからこそ、主人公は江差に戻ってきたのだ。

江差町に隣接する厚沢部《あっさぶ》町の出身で、江差高校を卒業した民謡研究家・館《たて》和夫の名著『江差追分物語』（北海道新聞社、一九八九年）を読んでみると、『追分』全体を評して次のように書かれていた。

――都の栄華も、吉野の花にも関わりなく、遠く北の果てまで流浪して追分節を伝えた人々の旅姿がしのばれる。うわべを見れば、この分かれ道の由来を、ちょっとしゃれてみせただけ

の歌にすぎないが、旅、すなわち人生への寓意をこめた一首の意味には自《おのずか》ら深いものがあろう。（前掲書、七二〜七三ページ）

遠藤実は、高等小学校を卒業後、紡績の職工、門付け芸人、流しの演歌師などの職を転々とし、やがて作曲家として大成したという人物である。彼にも「情けの深さを知らない」で礼を欠いたという昔があって、それがトラウマになり、この楽曲に結実したのかもしれない。

ほかにも、次に取り上げるこまどり姉妹が歌った『ソーラン渡り鳥』（これも作曲は遠藤）をはじめとして、三橋美智也（6参照）の『江差恋しや』、杜《もり》このみの『江差初しぐれ』など、歌詞やタイトルに江差が登場する演歌は少なくないが、たいていは異郷で江差を恋しがる歌であって、厳密にいえばご当地ソングではない。

江差は、演歌の世界でも決して安住の地ではなく、人生の追分、つまり分岐点となるべく宿命づけられた町であるようだ。

78 こまどり姉妹の『ソーラン渡り鳥』

☆都会で偲ぶ故郷の江差

「旅」の最後を飾るのは、こまどり姉妹が歌った『ソーラン渡り鳥』である。一九六一年四月に発表され、たちまち大ヒットした。作詞は石本美由紀、作曲は遠藤実で、ともに、歌謡界の大御所となった二人である。石本については3『函館青柳町』、遠藤については13『襟裳岬』と77『江差・追分・風の街』で詳しく触れたので参照いただきたい。

こまどり姉妹は、一九三八年、北海道厚岸《あっけし》町に一卵性双生児として誕生した。敗戦まで樺太で育ち、戦後、極貧のなかで帯広や釧路を転々し、一九五一年に上京した。父親に連れられ、三味線を手に台東区浅草界隈を流して歩いたという。

スカウトされ、姉妹の生き様を明確に意識してつくられた『浅草姉妹』で一九五九年にレコードデビューし、同じく彼女たちの生き様に想を得た『三味線姉妹』などとともにヒットした。テレビ・ラジオに、ステージに、映画にと大活躍したことは、年配の方々であればよくご存じであろう。

やがて、妹が病気になるほか、姉の交通事故などといった不幸が続き、一九七三年に芸能界から離れたが、のち復帰し、現在も活躍している。

『ソーラン渡り鳥』の内容を見てみよう。津軽海峡を渡って都会に出てきた「ねぐら持たない／みなしごつばめ」が、三味線を弾きながら「愛嬌えくぼ」を振りまき、北海道の代表的な民謡『ソーラン節』を聴かせて生活の糧としている。故郷「江差」の「鰊場《にしんば》」や「はまなすの花」が恋しくなる苦労の日々ではあるが、決して「辛いことには泣かない」と歌われている。

厳密にいえば江差のご当地ソングではなく、江差に対する一種の望郷ソングである。民謡『ソーラン節』の囃し言葉も巧みに織りこまれており、完成度の高い歌謡曲となっている。

この歌も、一見、姉妹の生き様を下敷きにしてつくられたかに見える。しかし、『浅草姉妹』や『三味線姉妹』とは異なり、タイトル・歌詞のどちらから見てからも、流しのヒロインは姉妹ではなく、単身と考えるほうが自然と言える。実は、この歌は、もともと彼女たちのためにつくられたものではなく、あるソロ歌手のためのものであった。ところが、その音源の声がかすれていたためにレコードとして発売されず、めぐりめぐって、後日、こまどり姉妹の持ち歌となった（林家たけ平『よみがえる歌声』ワイズ出版、二〇一二年参照）。

☆片岡義男に刺さった刺《とげ》

作家の片岡義男は、エッセイ『歌謡曲が聴こえる』（新潮新書、二〇一四年）のなかで、『ソーラン渡り鳥』にまつわる若き日の体験を綴っている。

早稲田大学の四年生だった一九六二年の夏、彼は東京竹芝桟橋の特設ステージで、偶然にこの曲の実演を聴いた。そのときのことを、次のように書いている。

> 良く出来た歌謡曲という不思議なものが、いくつも持っているはずの奇妙な刺《とげ》のうちの一本が、僕に初めて突き刺さった。（中略）ひとつの歌謡曲が僕の内部に入り込んでそこにとどまることになった、これはその記念すべき最初の体験だった。

さらに同書で片岡は、彼に刺さったその「刺」が何だったのかを分析している。そして結論的に、その刺は、「オキュパイド・ジャパン」（被占領の日本）に代わって彼の内部に蓄積されてきていた「本来の日本」（独立国日本）が、こまどり姉妹と触れ合って生じた「火花」のようなものだった、と言葉巧みに綴っている。

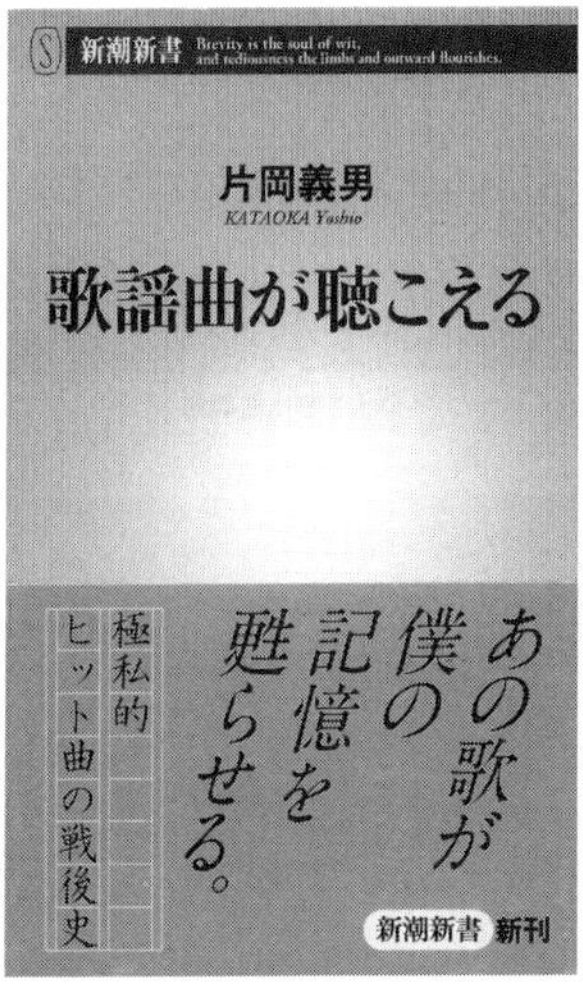
新潮新書
Brevity is the soul of wit, and tediousness the limbs and outward flourishes.
片岡義男
KATAOKA Yoshio
歌謡曲が聴こえる
あの歌が僕の記憶を甦らせる。
極私的ヒット曲の戦後史
新潮新書 新刊

一九三九年三月生まれの片岡は、敗戦時は六歳、極東国際軍事裁判（東京裁判）終了時は九歳、「サンフランシスコ平和条約」が発効し、日本が独立を回復した一九五二年四月には一三歳である。その一〇年後の一九六二年が大学の最終学年であった。

一九六二年といえば、日本が「被占領」を引きずり、対米従属を深めていった「日米安全保障条約」の改定（一九六〇年）と、「独立国」としての威信をかけた東京オリンピックの開催（一九六四年）との、ちょうど中間に位置する年である。この年に、純和風テイストのこまどり姉妹と遭遇して「火花」が散ったという彼の体験談には、私も含む熟年世代の読者層を大いに共鳴させる力がある。

私は片岡より一五歳も年下で、「サンフランシスコ平和条約」が発効された二年後の一九五四年生まれである。こまどり姉妹がデビューしたときには、小学生にもなっていなかった。著名人である片岡の体験と並べるのも滑稽であるが、私にも、私なりのこまどり姉妹体験がある。

☆こまどりとピーナッツ

東京の我が家で白黒テレビを購入したのが一九六一年、私は小学校の一年生であった。そのころ、こまどり姉妹がテレビによく出ていた。当時の歌謡曲ファンは一様に、同じ一卵性双生児の「ザ・ピーナッツ」とセットにして彼女らを捉えていた。和装・演歌系・ユニゾンの「こまどり姉妹」と洋装・ポップス系・ハーモニーの「ザ・ピーナッツ」。好対照でありながら、そっくりな姿、そっくりな仕草がもたらす摩訶不思議な魅力は共通していたと言える。

私の父が、こまどり姉妹の大ファンであった。一九六三年、ドラマ『ふたりぽっち』がフジテレビ系で放送されたが、このドラマを我が家では毎週見ていた。北海道から上京して有名歌手になるまでの艱難辛苦を、こまどり姉妹自身が再現したものである。父親役が伊沢一郎（一九一二～一九九五）で、母親役が桜むつ子（一九二一～二〇〇五）であったことを、なぜか鮮明に記憶している。その主題歌が、同名の『ふたりぽっち』である。

ドラマでは、人情は温かいが自然環境は厳しい北海道と、利便性は高いが人情は希薄な東京が対比的に描かれていたように記憶している。『ソーラン渡り鳥』の、「辛いことには泣かないけれど／人の情けが欲しくて泣ける」の部分とオーバーラップする。

そのころの私は、四〇代になった自分が、自ら望んで東京都民から北海道民に転進するとは夢にも思わなかった。しかし、こうして北海道に違和感なく溶けこめたのは、幼いころにこまどり姉妹を通して、異郷の北海道に対する免疫が私の体内に形成されていたからなのかもしれない。

前掲した片岡の著書によれば、彼はこの曲の、「瞼の裏に咲いている／幼馴染のはまなすの花」の部分を真っ先に記憶したらしい。私の「瞼の裏」にも、知る由のない「はまなすの花」が知らず知らずのうちに咲いていたようだ。

こまどり姉妹の対極にいたザ・ピーナッツについては、「ハナ肇とクレージーキャッツ」が主役のバラエティー番組「シャボン玉ホリデー」にレギュラー出演しており、歌にコントに大活躍していたことは記憶している。しかし、どういうわけか、歌に関してはほとんど記憶がない。歌であれ、ファッションであれ、こちらに傾倒する児童のほうが圧倒的に多かったはずだ。もしも、私があのころ、父の影響を受けずにこまどり姉妹よりザ・ピーナッツに親しんでいたなら、今、決してこのような文章は書けなかっただろう。

あとがき

歌をガイドブックとする長い長い北海道の「旅」も、ようやく終わりとなった。「はるばる来たぜ函館へ」ではじまり、最後は江差から「津軽の海を越えて」本州に渡るという円環が完結した。

「まえがき」にも記したが、楽曲の選定に当たっては、ヒットしたかどうかにはまったくこだわらず、歌手の知名度にもこだわらなかったが、歌手一人当たり一曲に制限するという方針だけは堅持した。一方、作詞者・作曲者については重複を厭わなかったので、結果的に、作詞は星野哲郎のものがもっとも多くて一一曲（補作詞一曲を含む）、作曲は船村徹のものがもっとも多く七曲となっている。歌手は総勢七八組であるが、作詞者は五三名、作曲者も五三名（不詳二名を含む）となっている。

流行歌・歌謡曲の類を論評した単行本、そして新聞・雑誌記事やウェブサイトは少なくない。執筆にあたっては、むろんそれらも大いに参考にしたが、決して真似ることなく、意識的にオリジナルな視点を打ち出すよう心掛けた。

北海道のご当地ソングを論ずることが、そのまま北海道が抱え続けてきている深刻な問題を垣間見たり、考えたりすることにもつながった。北方領土問題、赤字ローカル線問題、漁業斜陽化の問題、アイヌ民族に対する差別・偏見の問題、そして急激な過疎化の進行の問題などである。少々暗い話にもなるが、本州以南の方々には、北海道のこうした厳しい現実も頭の片隅に入れていただき、そのうえで、北海道ならではの雄大な自然に触れたり、美味しい食事に舌鼓を打ったりして「旅」を十分に満喫していただきたいと考え、項目ごとにまとめておく。

進展のない北方領土

第二次世界大戦終結直前、ソビエト連邦（現ロシア）は、一方的に「日ソ中立条約」を破棄して南樺太・北方領土などに侵攻し、さまざまな惨害を引き起こした。

南樺太の真岡郵便電信局で集団自決した電話交換手たちの悲劇を扱ったのが『氷雪の門』である。『国後の女』と『オホーツクの船唄』では、旧ソ連に占拠されたままの国後島《くなしりとう》への望郷の念が謳われている。『瑶瑶瑁海峡』のヒロインの夫は歯舞《はぼまい》群島貝殻島付近で働く漁師であるが、この漁場は常に拿捕の危険にさらされてきた。『さいはての唄』のヒロインには、歯舞群島に亡き親の墓がある。

国後島・択捉島《えとろふとう》が千島に含まれるか否かをめぐっては日ロ間に見解の相違があっても、歯舞群島と色丹島《しこたんとう》のほうは、歴史的に北海道の一部であることが明白である。この二島すらいまだにロシアに占拠されているのは、理不尽としか言いようがない。一刻も早い返還を願うばかりである。

消えゆく鉄道路線

　人流・物流の交通体系は空路・海路・陸路（道路）、そして鉄路（鉄道）からなるが、このうち鉄路にからむ歌には、北海道の悲惨な現実が反映されている。路線はいくつも廃止され、一九八三年には総延長が四〇〇〇キロ以上あった北海道の国鉄は、ＪＲ北海道が発足した一九八七年には三一〇〇キロ台、現在では二三〇〇キロ台にまで減り、今後さらに減ることが予想される。

『幸福と言う名の駅』は一九七〇年代に大ブームとなった広尾線の幸福駅を舞台としたものだが、同線は一九八七年に廃線となっている。『天塩川』には音威子府《おといねっぷ》駅で宗谷本線から分岐する天北線が描かれているが、同線は一九八九年に廃線となった。そして、一九九四年に廃線となった函館本線上砂川支線の、終着駅であった上砂川駅をモデルとして歌われたのが『悲別』である。

　一方、まだ存続している路線からも悲鳴は聞こえてくる。『恋路の果て』の舞台の釧網《せんもう》本線では、すでに途中駅がいくつか廃止されている。根室本線最東部が舞台の『花咲線』では、「失《な》くなると噂流れた」と、廃線危機が歌詞に反映している。さらに、根室本線最西部が舞台の『終着…雪の根室線』に登場する幾寅駅も、すでに廃止が決まっている。

かげりも見える水産業

周りを海に囲まれた北海道では、当然ながら水産業が盛んである。それを反映させたご当地ソングは多いが、苦難を思わせる描写が少なくない。北海道の代表的漁業といえば、かつてはニシン、次いでサケ、さらにはサンマであったが、いずれも衰退傾向が続いている。

『石狩挽歌』は、かつては「ニシン御殿」に象徴される活況を見せていた朝里の浜の、ニシン漁の衰退のさまを切なく描いている。『オホーツクの船唄』には、かつての「秋あじ」、つまりサケの大漁が描かれている。『道南夫婦船』には、内浦湾の出口付近でサンマ漁に勤しむ二〇年ほど前の漁師夫婦が描かれているが、近年、サンマは、本場の釧路沖や根室沖でさえ不漁が続いている。

先住民族アイヌへの偏見

戦後間もなくのころから、先住民族アイヌをモチーフとする歌が多数発売されてきたが、それらには偏見を助長するものも少なくない。アイヌ伝説と見せて、観光用に捏造《ねつぞう》されたストーリーを盛りこんだ歌も見られる。

『毬藻の唄』では阿寒湖の毬藻が悲恋の男女の化身であるかのように描かれ、『サロマ湖の歌』では湖水の塩辛さが恋人を喪ったアイヌ娘の涙に由来するとされ、『余市の女』では黒百合を介して恋が成就すると示唆され、『神威岬《かむいみさき》』では火祭りがアイヌの祭祀であるかのように描かれている。いずれのストーリーも偽造伝説に由来している。とはいえ、偽造だと承知のうえで歌として楽しむのなら、むろん、それもまた一興ではあるが。『十勝平野』の歌詞は、「開拓」の成果としての「素晴しい故郷《ふるさと》」に対して「ありがとう」と感謝している。明治期以降に本州以南から移住してきた開拓民の子孫にとっては、「ありがとう」は偽らざる心境であろう。しかし、先住のアイヌ系の人々にとっては、手放しでは共感できないという複雑な思いがあろう。二〇二〇年七月、アイヌ文化の復興・創造・発展の拠点として胆振総合振興局管内の白老郡白老町に「ウポポイ（民族共生象徴空間）」が開業した。アイヌにまつわる歌が今後どのように変容してゆくのか注目したい。

ウポポイ　©インディアナジョー

札幌一極集中

北海道では札幌一極集中と他市町村の過疎化とが急激に進んでいる。『幾春別《いくしゅんべつ》の詩《うた》』は、炭鉱が閉山し「幾つもの春と別れ」てきた三笠市の一地区に対する鎮魂歌と言ってよい。『悲別』は、閉山後閉山によって運炭路線が廃止された後の上砂川町がモデルである。『夕張川から』では、閉山後に財政破綻した夕張市がメロン栽培などに活路を求めている。『稚内ブルース』は、地理的位置から気分も閉塞しがちな稚内を「先がない」、「後がない」と悲観的に描いている。

これらとは対照的に、札幌を舞台とする『恋の町札幌』、『好きですサッポロ』、『最終便まで』はいずれも曲調が明るい。歌にも、札幌一極集中が色濃く反映しているようだ。

本州以南の方々、ひいては外国の方々が北海道を訪れる際には、以上の点を頭の片隅にとどめていただき、たとえば自家用車を使わずに列車にしていただくとか、札幌・小樽・函館といった都会だけでなく人口のごく少ない土地にも足を運んでいただくとか、魚介類も無尽蔵にあるわけではないので残さずに召し上がっていただく、などの点に心掛けていただけると嬉しく思う。

流行歌・歌謡曲の類はさまざまな角度から論ずることができる。『恋の町札幌』で用いたフレーズを繰り返せば、「たかが歌謡曲、されど歌謡曲」であり、奥が深い。とはいえ、楽譜を添えないエッセイという性質上、本書ではメロディーやアレンジ（編曲）の面にはほとんど触れず、歌詞を重視した。

私なりに歌詞のベストワンを選んでみたい。固有名詞はほぼ「小樽」のみにとどめ、普通名詞を選りすぐって「坂のまち」の魅力を遺憾なく描いた『小樽夢見坂』、これが最高傑作だと私は思う。読者のみなさんにおかれても、ＣＤ、YouTubeなどさまざまな方法で音源にアクセスしていただき、ご自分なりのベストワンを選んでいただけたら幸いである。

また、本書の各節では、取り上げた流行歌・歌謡曲の類を、それのみ切り離して論ずることはなるべく避け、その楽曲の歴史的背景にも広く触れることを心掛けた。たとえば『風蓮湖の歌』ではチャイコフスキー作曲のバレエ音楽『白鳥の湖』に言及したし、『江差・追分・風の街』では『江差追分』など追分節のルーツを探り、『月寒《つきさっぷ》乙女』では、「浅草オペラ」の歴史にも触れた。これらの記述を通して読者の方々の興味・関心がさらに広がってゆくとしたら望外の幸せである。たとえば、浅草オペラの公演に興味・関心をお持ちくださった方なら、東京室内歌劇場（電話：〇三―五六四二―一二二六）まで問い合わせていただければ、きっと、新たな歌との素晴らしい出逢いが待っているだろう。

さて、この「あとがき」を記している二〇二三年九月三〇日、私のもとに新曲のＣＤが届いた。九月二七日に発売された、網走市生まれの走裕介（21参照）が歌う『釧網本線』である。作曲は札幌市生まれの幸斉たけし（40参照）で、作詞は、口紅のCM曲として注目された渡辺真知子歌唱の『唇よ、熱く君を語れ』（一九八〇年）など、多くのヒット曲を手掛けてきた東海林良《しょうじりょう》である。

新曲『釧網本線』の歌詞では、沿線に広がるオホーツク海の流氷やカモメ、「小清水原生花園」の花や鳥、清澄な摩周湖を飛び交う螢《ほたる》などが踏まえられ、しかも、赤字続きの釧網本線そのものにも熱いエールが送られている。完成度の高い「ご当地ソング」となっており、本来なら21『恋路の果て』（走裕介）のなかに盛り込んで紹介したいところであるが、本書の刊行時期の関係で加筆は不可能となった。ここに記して、読者のみなさんの参考に供したい。

本書は、株式会社新評論の武市一幸社長と編集部のみなさまの並々ならぬご尽力によって刊行が実現した。武市氏には、私の文章表現や内容に至らない点が多々あることを随所で御指摘いただき、感謝に堪えない。また、この四半世紀、北海道の名所・旧跡等をいろいろと巡ってきた私ではあるが、撮影した写真となると、素人写真の域を出ないものが大半で、とても恥ずかしくて掲載できないものが多かったので、パブリックドメインの写真と差し替えたり、撮影者の許可のもと、それらを収集するといった手間をお掛けすることになった。武市社長をはじめ編集部のみなさま、そして撮影者の方々には深く感謝申し上げる次第である。

また、執筆にあたっては、友人・知人など多くの方々から激励やご叱正《しっせい》を頂戴してきた。とりわけ、鳥谷部恒司氏（月刊総合情報誌「メデイアあさひかわ」編集者）、竹中英泰氏（旭川大学名誉教授にして総合的な「ほっかいどう学」の提唱・実践者）・両瀬渉氏（上川郡東川町好蔵寺僧侶・旭川医科大学非常勤講師）・加藤政昭氏（旭川医科大学研究支援課元課長）には、折に触れて数々の貴重なご助言をいただいた。末尾でたいへん恐縮であるが、ここに記して厚く御礼申し上げたい。

二〇二三年九月

藤尾　均

参考文献一覧

・青木純二『アイヌの傳説と其情話』富貴堂、一九二四年
・井上ひさし『完本　ベストセラーの戦後史』文藝春秋、二〇一四年
・上西晴治『十勝平野』上下巻、筑摩書房、一九九三年
・内村直也『雪の降る街を』水星社、一九六七年
・奥山英明『いつまでさまようのか！日本の教育』ポプラ社、二〇〇二年
・片岡義男『歌謡曲が聴こえる』新潮新書、二〇一四年
・倉本聰『昨日、悲別で』理論社、一九九一年
・更科源藏編著『アイヌ伝説集』北書房、一九七一年
・沢木耕太郎『流星ひとつ』新潮社、二〇一三年
・澤地久枝『石川節子　愛の永遠を信じたく候』講談社、一九八一年
・志賀重昂『日本風景論』講談社学術文庫（新装版）、二〇一四年
・志賀　貢『美幌峠で逢った女』角川文庫、一九八六年
・時雨音羽『レコード芸術　歌謡随筆』宗高書院、一九四七年
・時雨音羽『「出船の港」と利尻島』北書房、一九七六年
・昭文社編集部企画・編集『北海道旅事典』昭文社、二〇二三年

・杉沢拓男『釧路湿原』北海道新聞社、二〇〇〇年
・添田知道『演歌の明治大正史』岩波新書、一九六三年
・館　和夫『江差追分物語』北海道新聞社、一九八九年
・田中うめの『梅一輪　命を燃やした昭和の女』アドクリエイション、一九八九年
・筒井清忠『西條八十』中央公論新社、二〇〇五年
・永井秀夫監修『北海道の地名』（日本歴史地名体系）平凡社、二〇〇三年
・長坂純一『北を歌う男』北海道新聞社、一九九六年
・中島啓幸『塩狩峠、愛と死の記録』いのちのことば社、二〇〇七年
・なかにし礼『兄弟』文藝春秋、一九九八年
・なかにし礼『翔べ！わが想いよ』東京新聞出版局、一九八九年
・なかにし礼『歌謡曲から「昭和」を読む』NHK出版、二〇一一年
・中村小太郎『まだまだ。いつも次の夢をみている』求龍堂、二〇〇五年
・中山正男『馬喰一代』春陽文庫、一九五四年
・新倉百恵『林檎の木』ふらんす堂、二〇一三年
・西沢　爽『日本近代歌謡史』（全三巻）桜風社、一九九〇年
・林家たけ平『よみがえる歌声　昭和歌謡黄金時代』ワイズ出版、二〇一二年
・原田康子『挽歌』新潮社、一九六一年（新潮文庫、二〇一三年改版）
・平尾昌晃『昭和歌謡１９４５～１９８９』廣済堂出版、二〇一三年
・星野哲郎『歌、いとしきものよ』集英社、一九八四年

・堀　淳一『北海道　地図の中の鉄路』亜璃西社、二〇一四年
・堀　淳一『北海道　地図の中の廃線』亜璃西社、二〇一四年
・三浦綾子『氷点』（上下巻）朝日新聞社、一九八二年（角川文庫、二〇一二年改版）
・三浦綾子『塩狩峠』新潮社、一九七三年（新潮文庫、二〇〇五年改版）
・溝尾良隆『ご当地ソング、風景百年史』原書房、二〇一一年
・三波春夫『熱血！日本偉人伝』集英社、二〇〇〇年
・三波美夕紀『昭和の歌藝人　三波春夫』さくら舎、二〇一六年
・森　達也『放送禁止歌』光文社知恵の森文庫、二〇〇三年
・森繁久彌『隙間からスキマへ』日本放送出版協会、一九九二年
・柳谷実智博『北海道の歌謡曲』旭川振興公社、一九八二年
・吉川　潮『流行歌　西條八十物語』新潮社、二〇〇四年
・読売新聞社文化部編『この歌この歌手』（上下二冊）社会思想社、一九九七年
・輪島裕介『創られた「日本の心」神話』光文社新書、二〇一〇年
・「北海道新聞」日曜版「歌の風景」二〇一四年四月一六日付

著者紹介

藤尾　均（ふじお・ひとし）
1954年11月　東京都青梅市に出生。
東京大学文学部卒業、同大学院理学系研究科博士課程満期退学、順天堂大学医学部講師（非常勤）などを経て、
1998年４月　旭川医科大学医学部教授に就任（人文系教養教育担当）。
学長補佐、図書館長、副学長、理事を経て、
2020年４月　旭川医科大学名誉教授。
著書：『医療人間学のトリニティー』（太陽出版、2005年）ほか。
嗜好：日本映画（とくに成瀬巳喜男作品）、流行歌（とくに美空ひばり）、和菓子（とくに羊羹・おはぎ）

歌が誘う北海道の旅
—珠玉の78曲—

2023年11月15日　初版第１刷発行

著者　藤尾　均
発行者　武市一幸

発行所　株式会社　新評論

〒169-0051
東京都新宿区西早稲田３-16-28
http://www.shinhyoron.co.jp

電話　03（3202）7391
FAX　03（3202）5832
振替・00160-1-113487

落丁・乱丁はお取り替えします。
定価はカバーに表示してあります。

印刷　フォレスト
製本　中永製本所
装丁　山田英春

Printed in Japan
ISBN978-4-7948-1251-3

新評論　好評既刊

写真文化首都「写真の町」東川町 編

東川町ものがたり

町の「人」があなたを魅了する

大雪山麓、写真文化首都「写真の町」東川町が総力を結集。
人口 8,000 人、国道・鉄道・上水道のない町の「凄さ」に驚く！

四六並製　328 頁 1980 円　ISBN978-4-7948-1045-8

中村稔彦

攻める自治体「東川町」

地域活性化の実践モデル

人口減に見舞われ、過疎地指定を受けながらもユニークな施策で
発展を続ける唯一無二の北の町。地域活性化策の宝庫に学ぼう！

四六並製　256 頁　1980 円　ISBN978-4-7948-1206-3

轡田紗世

田んぼの中のコーヒー豆屋

東川町で起きた八年間の奇跡

コーヒー嫌いが始めた豆屋がなぜここまで成長したのか？
人口増加数道内1位の町で現在形で起きている奇跡の物語。

四六並製　290 頁　1980 円　ISBN978-4-7948-1227-8

川嶋康男編

100 年に一人の椅子職人

長原實とカンディハウスのデザイン・スピリッツ

「旭川家具」の巨人にしてカンディハウス創設者は、「職人」の概念を超える
異才だった！壮大な「長原ワールド」の全貌に迫る。

四六上製　280 頁　2750 円　ISBN978-4-7948-1038-0

川嶋康男

七日食べたら鏡をごらん

ホラ吹き昆布屋の挑戦

卑弥呼や楊貴妃を人質に、ホラを吹いてみよう、女を口説いてみよう―
昆布専門店「利尻屋みのや」が仕掛けた、奇想天外な小樽の街並み復古大作戦！

四六並製　280 頁　1760 円　ISBN978-4-7948-0952-0

＊表示価格はすべて税込み価格です